2024

한국 형법 제정 70주년 기념
법학 교육 방법 개선 연구서

낭독
형법판례

하태영

法 文 社

서 문

출 판

이 책은 대법원이 2023년 선고한 형법 판결집이다. 대법원 판례공보가 선정한 중요한 판결이다. 형법 분야에서 60개 선정하였다. 형법전편제순으로 정리하였다. 최근 형법 이론을 이해함에 도움이 될 것이다.

이 책을 만든 이유는 세 가지이다.

첫째 대법원 판결문을 소리 내어 읽고 싶었다. 대법원 판결문을 읽으면서 문장 공부를 심화하고 싶었다. 대법원 판결문을 읽기 쉽게 끊어서 정리했다.

둘째 국어^{訓民正音}를 사랑하는 마음이 깊었다. 모국어를 유창하게 말하고 싶은 의지가 높았다. 대법원 판결문을 읽으면서 한글^{訓民正音}의 조사를 생각했다.

셋째 법학 교육 방법 개선을 염원하였다. 눈으로 이해하면 문해력이다. 귀로 이해하면 청취력이다. 입으로 이해하면 발성력이다. 모두 집중력을 높이고 뇌를 자극한다. 신앙인들이 성경^{聖經}·불경^{佛經}·도덕경^{道德經}을 소리 내어 읽는 것과 같다. 우리는 나라를 잃고 언어 학습 방법을 잃었다. 낭독 훈련은 법학 교육 방법에서 기초였다.

대법원 판례를 소리 내어 읽으면서 국어 사랑·문장 공부·사회 이해·범죄 이해·법률 이해·법리 이해·형사재판 이해에 도움이 되었다.

언어^{言語}는 사유^{思惟}의 집^宙이다.

언어^{言語}는 소통^{疏通}의 집^宙이다. 소통은 3요소로 구성된다. 청취력^{聽取力}·문해력^{文解力}·발성력^{發聲力}이다. 집중력^{集中力} 없이는 불가능하다. 알맞은 체제로 쉽고 정확하게 전달하면 성공이다. 미성^{美聲}은 몸에서 우러나오는 신^神의 선물이다.

> "문장은 인간 내면을 도끼로 깨뜨리는 작업이다."
>
> ― 프란츠 카프카 · Franz Kafka · 1883-1924

문장을 소리 내서 읽어야 한다. 한글은 소리 문자이다. 훈민정음은 세상의 모든 소리를 표현할 수 있다. 2만 5천 가지 소리이다. 소리聲는 외국어 공부의 기초이다. 한국인은 발음이 강하다.

판결문

대법원 판결문은 시대時代 지성知性의 공약수公約數이다. 판결문을 읽으면 사회 현상을 이해할 수 있다. 범죄는 사회 갈등의 극단적 표출이기 때문이다. 살인사건은 정신병·경제병·자존병이 원인이다. 많은 범죄가 발생한다. 모두 원인이 있다. 형사재판은 정의라는 이름으로 진행한다. 형사법학자들은 형사소송 목적을 '법을 통한 평화 회복'이라고 정의한다. 정치권과 사회단체는 형사정책을 제안한다. 사후약방문死後藥方文이라는 비판을 듣는다.

대법원 판결문을 소리 내서 읽어 보자. 복잡한 내용을 단순하게, 어려운 내용을 쉽게, 갈피를 잡을 수 없는 상태에서 일목요연一目瞭然한 상태로 옮겨 가는 지혜를 찾을 수 있다.

이 책은 사실관계·검사 기소·제1심판결·제2심판결·대법원판결을 간략히 정리한 낭독집이다. 판결문을 낭독하면서 소낙비를 맞듯이 푹 젖어야 한다. 판결문 뜻을 거슬러 올라가는 노력이다. 노력努力은 깨닫기 위한 궁리窮理이다. 노력하고 또 노력하면 중요한 내용과 중요하지 않은 내용이 구분되기 시작한다. 한번 깨닫고 나면 모든 것이 한꺼번에 달라진다. 뇌에 굉장한 변화가 일어난다. 한마디로 차원이 달라진다(정민, 고전독서법, 깨달음의 길, 보람출판사, 2012, 188면). 판결문은 법이론을 명쾌하게 설명하고 있다.

낭독朗讀·낭송朗讀·암송暗誦

책 읽는 소리가 가장 좋은 소리이다. 책 읽는 소리를 들으면 기쁨을 다 표현할 수가 없다. 낭랑朗朗하기 때문이다. 옛날에는 책을 눈目으로 읽지 않고 입口으로 읽었다. 책을 1백 번 읽으면 의미를 저절로 알게 된다.^{독서백편의자현(讀書百篇意自見)} 소리를 통해 기운을 구한다.^{인성구기(因聲求氣)} 동양과 서양에서 예전에는 무조건 큰 소리로 책을 읽었다. 소리 내서 읽는 것을 성독^{聲讀} 또는 낭독^{朗讀}이라고 한다. 독서^{讀書}는 책을 읽는 것이다. 독^讀은 그냥 눈으로 읽는 것이 아니다. 소리를 내어 읽는 뜻이다. 좋은 글을 소리 내면서 읽으면 읽기뿐 아니라 쓰기 공부에도 크게 도움이 된다(정민, 고전독서법, 소리 내서 읽어라, 보람출판사, 2012, 70–78면). 깊이 공감한다.

낭독^{朗讀}·낭송^{朗誦}·암송^{暗誦}은 다르다.
낭독과 낭송을 합하면 암송이 된다.

낭독은 소리 내어 글을 읽어 뜻을 이해하는 공부이다.

> **낭:독**(朗讀) 【출전】 국어사전
> 囡 [~하다 → 타동사]
> 소리를 내어 글을 읽거나 해독함.
> ········· ● 시를 ~하다.
> **朗** 밝을 낭{랑}; 月 – 총11획; [lǎng]
> 밝다, 맑게 환하다, 유쾌하고 활달하다, 소리 높이, 또랑또랑하게
> **讀** 읽을 독; 言 – 총22획; [dú,dòu]
> 읽다, 소리를 내어 글을 읽다, 문장 구절의 뜻을 해독하다, 풀다, 설명하다, 읽기, 읽는 법

낭송은 소리 내어 글을 읽어 뜻을 외우는 공부이다.

> **낭:송**(朗誦) 【출전】 국어사전
> 囡 [~하다 → 타동사]
> 소리를 내어 글을 읽거나 욈.
> ········· ● 시를 ~하다.
> **朗** 밝을 낭{랑}; 月 – 총11획; [lǎng]
> 밝다, 맑게 환하다, 유쾌하고 활달하다, 소리 높이, 또랑또랑하게
> **誦** 욀 송; 言 – 총14획; [sòng]
> 외다, 암송하다, 말하다, 여쭈다, 의논하다

암송은 두 눈을 감고 뇌에 새겨진 문장을 소리 내어 읽는 공부이다.

> **암:송**(暗誦) 【출전】 국어사전
> 명 [~하다 → 타동사]
> 시나 문장 따위를 보지 않고 소리 내어 욈.
> ········· ● 시를 ~하다.
> **暗** 어두울 암; 日 – 총13획; [àn]
> 어둡다, 주위가 어둡다, 사리에 어둡다, 밤, 어둠, 몰래, 남이 알지 못하게
> **誦** 욀 송; 言 – 총14획; [sòng]
> 외다, 암송하다, 말하다, 여쭈다, 의논하다

낭독을 꾸준히 하면, 낭송이 된다. 낭송을 열심히 하면, 암송이 된다. 암송을 매일하면, 자유자재自由自在가 된다. 도인道人의 길道이다. 전문가專門家가 된다.

청취력과 발성력이 강한 한국인

한국인은 청취력과 발성력이 뛰어난 민족이다. 구강은 발성에 최적합하다. 영어 R뤼이 안 된다고 말한다. 그러나 리스펙트respect라고 가르치기 때문이다. 그래서 뢰스펙트respect가 안 나오는 것이다. 한글은 리L와 뢰R를 구분한다. 리턴return이 아니고 뢰터언return이다.

한민족은 소리 언어에 탁월한 능력을 갖추었다. 훈민정음訓民正音 때문이다. 발성 능력을 극대화하면 언어를 유창하게 구사할 수 있다. 정확하게 말하고 비문非文을 줄일 수 있다.

대법원 형법 판례를 아침·점심·저녁 식사 전에 15분만 읽어 보자. 세미나 발표시간과 같다. 맑고 밝게 소리 내어서 읽자. 옛 선조들은 소리를 내어서 읽어야만, 책 내용이 죽은 기호에서 살아 있는 말로 깨어난다고 생각했다. 눈으로 읽는 독서를 목독目讀 또는 묵독默讀이라 말한다. 눈으로만 읽는 독서를 옛날에는 오히려 괴이한 일로 생각했다. 한국인은 옛날에 서당에서 글을 소리 내어 읽었다.

변호사^{辯護士}는 문장과 웅변으로 법리를 표현한다. 정확한 한글 사용은 소리^音에서 시작한다. 웅장한 소리는 사람 기질^{氣質}을 바꾼다. 소리가 웅장한 사람은 주목을 받는다. 내공^{內功}이 울리는 소리이다. 사람 소리는 인간^{人間}·인성^{人性}·인격^{人格}·인품^{人品}을 대변한다.

도서관은 책을 소리 내면서 읽는 장소이다. 오늘날 도서관은 그러나 옛날 서당 전통을 계승하지 않았다. 고대 알렉산드리아 도서관은 소란스러운 공간이었다. 여러 사람이 언제나 하루 내내 알렉산드리아 도서관에서 소리 내어 책을 읽었다. 책 읽는 소리가 높은 천장 위로 웅웅대며 떠다녔다.

훈민정음^{訓民正音}

형사재판^{刑事裁判}에서

공판중심주의는 법정에서 묻고 답하는 열린 재판이다. 소리로 진행한다.

검사는 법정에서 공소장을 낭독한다. 훈민정음이다.

변호인은 변론이유서를 법정에서 설명한다. 훈민정음이다.

재판장은 법정에서 판결문을 선고한다. 훈민정음이다.

변호사는 방송에서 판결문을 해설한다. 훈민정음이다.

우리나라 법학전문대학원과 법학부는 낭독^{朗讀}·낭송^{朗誦}·암송^{暗誦}의 효과를 아직도 정확히 모른다. 문해력^{文解力} 공부 방법에 몰입^{沒入}되어 있다. 도서관·학습실은 정말 고요하다. 법학 공부 방법은 변해야 한다. 말이 입에 잘 붙지 않고 뻑뻑하게 느껴지면 좋은 글이 아니고 올바른 공부도 아니다. 앞으로 법학전문대학원과 법학부는 판결문 낭독 강좌를 법학입문으로 개설해야 한다. 토론은 법학 수업의 기본이기 때문이다. 토론은 소리로 하는 최고의 공부방법이다.

4차 산업혁명과 낭독

4차 산업혁명은 진행 중이다. 온 세상이 인공지능이다. 정치인·지식인·경제인·산업인은 하루에 한 번씩 4차 산업혁명을 말한다. 4차 산업혁명은 '소리^音'의 세상이다. 인공지능^{AI}은 사람 소리를 알아듣고 지시한 업무를 수행한다. 소리 공부를 해야 더 깊이 이해할 수 있다. 모든 소리가 문자로 순간에 바뀌는 세상이다. 휴대전화로 동시통역도 가능한 세상이다. 소리 내면서 읽는 성독^{聲讀} 전통을 부활해야 한다. 인공지능^{AI} 시대에 우리가 가야 할 공부 방법이다. 묻고 답하는 시대이다. 우리 선조의 공부 방법이 빛을 웅장하게 발산하는 시대가 도래했다.

좋은 글은 소리 내어 읽어 보면 금방 안다. 낭독의 힘은 건강^健·열정^情·시간^節·돈^金·성과^實·재산^財을 보장한다. 낭독 훈련은 발성과 청취로 사람 기운을 만든다. 정확한 훈련은 집중력으로 가능하다. 집중력은 뇌의 차원을 바꾸는 힘이 된다.

기운^{氣運}은 소리^音에서 나온다. 눈으로 읽는 간서^{看書}와 소리 내면서 읽는 송서^{誦書}는 차원이 완전히 다르다. 소리 내면서 읽는 습관이 운명을 바꾼다. 소리에 이상한 힘이 있음을 깨닫는다.

『**낭독 형법판례**』를 읽으면서 자신과 세상을 더 깊이 이해하는 기쁨과 기회를 누리시길 기원한다. 상상해 보시라.

> 한국 법률가는 세미나에서 발표를 잘한다.
> 판결문 낭독 공부를 하기 때문이다.
> 한국 법률가는 목소리가 자기 넋임을 안다.
> 광부가 갱도를 파 들어가듯
> 잡념을 버리고 정신을 집중하여
> 판결문 암송하는 훈련을 한다.
>
> ― 2030년 법률가 목소리

이 책은 법학 교육 방법 개선을 갈망하며 1년을 갈아서 만든 연구서이다. 대한민국 형법 제70주년¹⁹⁵³⁻²⁰²³을 기념하며 만들었다. 2023년 형법 판례로 제작했다. 『낭독 판례 시리즈 제1권』으로 『대법원 2023년 형법 중요 판례』를 선정하였다. 형법 제정 제100주년¹⁹⁵³⁻²⁰⁵³까지 이어지길 소망한다.

법률문장론·법조계 글쓰기 개혁운동의 확산을 염원한다. 국민의 입술에서, 법률가의 입술에서, 가슴에서 오래도록 살아 있는 그런 명문의 형사판결문을 만나게 되기를 많은 사람이 바라고 있다.

훈민정음을 사랑하는 법조인

고종주 변호사님께 깊이 감사드린다. 고종주, 재판의 법리와 현실 – 소송사건을 이해하고 표현하는 방법, 법문사, 2011. 이 책이 나에게 큰 충격을 주었다. 고종주 변호사님은 훈민정음訓民正音을 사랑하는 법조인이다. 한글을 정말 소중히 가꾸는 시인·언어연구가이다. 수백 편의 시詩를 암송하시는 분이다. 고종주 변호사님의 문장은 예술품藝術品이다.

사람은 누구나 가슴 속에 하나의 문장을 가지고 있어야 한다는 말이 있지만, 한 인간의 삶은 어찌 보면 후세 사람들에게 의미 있는 문장 하나를 남기는 일이라고도 할 수 있다.

사람이 자신의 전 생애를 통하여 터득한 오직 하나의 문장, 한평생의 메시지가 응결된 다이아몬드 같은 문장은 우리를 숙연하게 하며 전율하게 한다. 그 도저(到底)한 문장 앞에서 우리는 옷깃을 여미며 신발을 벗기도 한다.

그리하여 철학자 프리드리히 니체는 오직 피로 쓴 문장만이 살아남을 수 있다고 했고, 작가 프란츠 카프카는 얼어붙은 인간의 내면을 깨뜨리는 도끼 같은 문장이 아니라면 왜 우리가 그걸 읽어야 하는지 모르겠다고 하였다.

유대인 수용소에 살아남은 엘리 비젤은 자기가 쓰는 글은 수용소에서 죽은 사람들의 가슴에 새기는 슬픈 비명(碑銘)이라고 했고, 동양의 어느 선비는 글은 모름지기 대리석에 한자 한자 새기듯이 심혈을 기울여 자기를 주입하여야 한다고 썼다.

─ 고종주·전 부산지방법원 부장판사

건강을 위하여 항상 기도드린다.

2024년 3월 1일
대한민국 형법 제정 70주년 기념
대한민국 근대 형법 발상지
부산 서구 구덕로 225·부민동 2가
동아대학교 법학전문대학원
仁德 하태영 올림

[논단]

대법원 판결문에서 법문장 문제점과 개선방안

1. "안타깝고 서글프다. 난해한 어휘와 길고 답답한 문장은 비난의 대상이 되었다. 긴 문장을 여러 개의 문장으로 나누고, 주어가 바뀌면 문장을 끝내야 하며, 세 줄을 넘으면 마침표를 찍고 새로 문장을 시작하고, 두괄식으로 글을 쓰자고 제의한다. 우리나라 판결문에 문제가 있다. 판결문의 문장구성방식에 기인한다. 동사 중심으로 다시 풀어씀으로써 우리 어법에 맞는 말로 돌아올 수 있다."(고종주, 재판의 법리와 현실 —소송사건을 이해하고 표현하는 방법—, 법문사, 2011, 142면).

2. "판결 문장 작성의 2대 원리 — 품위 있고 읽기 쉽게. 쉬운 단어와 짧은 문장, 핵심사항을 간결 명료, 귀로 읽어 걸림이 없어야 한다. 능동태로 사용한다. 단순 긍정으로 적는다. 구체적이고 생생하게 재현하고 논증은 두괄식이다. 어법에 맞는 단어와 문장을 정확하게 쓴다. 판결문이 그 자체로 완결성을 갖추었는지 최종 점검한다. 좋은 판결문은 완성도가 높다. 명료하여 오해 여지가 없어야 한다. 서술 체제가 잘 정돈되어 있어야 한다. 품위를 갖추고 있다는 점, 법원 견해이자 국가의사, 소중한 의견과 희망을 담은, 향기롭고 아름다운 그릇이어야 한다."(고종주, 재판의 법리와 현실 —소송사건을 이해하고 표현하는 방법—, 법문사, 2011, 125~233면 요약).

3. "거대한 문장 덩어리를 바꾸어야 한다. 짧고 명료하게 판결문을 써야 한다. 판결문은 요점을 추려도 도해圖解가 가능해야 한다. 강제력이 있는 국가의 중요한 문서는 당사자를 설득하는 글이다. 동사 중심으로 돌아와야 한다. 진행과정의 끝이 장면으로 선명하게 떠올려야 정확한 의미를 터득할 수 있다."(고종주, 재판의 법리와 현실 —소송사건을 이해하고 표현하는 방법—, 법문사, 2011, 125~233면 요약).

4. "재판서는 실용 문서이므로, 건조한 학술논문식의 글쓰기를 연상시키는 방식이나 체제는 권장하고 싶지 않다. ① 짧은 문장, ② 쟁점별로 번호와 소제목 넣어 쓰기, ③ 결론을 앞에 내세우는 두괄식 문장 쓰기, ④ 도표와 수식, 각주 등 적절히 활용하기 등이다. 괄호를 벗긴 다음, 문장 중에 그 취지가 자연스럽게 녹아들게 표현한다. 법관의 책상 위에 용례가 풍부한 우리말 사전 외에 동의어 사전이 있어야 되는 이유가 바로 그 때문이다."(고종주, 재판의 법리와 현실 −소송사건을 이해하고 표현하는 방법−, 법문사, 2011, 157~160면 요약).

5. "역사에 길이 남는 명문은 주로 쉬운 문장이다. 국민들의 입술에서, 가슴에서 오래도록 살아 있는 그런 명문의 판결문을 만나게 되기를 많은 사람이 바라고 있다. 언어 광복이 있어야 한다. 법률문장론이나 법조계 글쓰기 개혁운동이 확산되어야 한다."(고종주, 재판의 법리와 현실 −소송사건을 이해하고 표현하는 방법−, 법문사, 2011, 167~169면 요약).

【출전】 하태영, 대법원 판결문에서 법문장 문제점과 개선방안, 동아법학 제75호, 동아대학교 법학연구소, 2017, 1−55면(51−52면).

차 례

제 3 장 특별형법 187

형법 총론

01~22

죄형법정주의

무허가 담배제조업 영위 여부가 문제된 사건
대법원 2023. 1. 12. 선고 2019도16782 판결
[담배사업법위반]

[공소사실 요지]

피고인은 담배제조업허가와 담배소매인 지정을 받지 않았다. 그럼에도 자신의 영업점을 방문한 손님에게 연초 잎, 담배 필터 등을 제공하였다. 그 다음 손님에게 영업점에 비치된 담배제조기계를 조작하게 하거나 또는 자신이 직접 그 기계를 조작하는 방법으로 담배를 제조하고, 소비자에게 그 담배를 판매하였다.

피고인은 주식회사 베스트타바코로부터 담배 재료를 공급받았다. 2017. 2. 9.경부터는 공소외인으로부터 담배제조기계를 공급받았다. 그 후 불특정 다수의 손님에게 연초 잎·담배 필터·담뱃갑을 제공하였다. 손님에게 담배제조기계를 조작하게 하거나 또는 자신이 직접 그 기계를 조작하는 방법으로 담배를 제조하였다. 손님에게 담배를 판매함으로써 단독으로 또는 공소외인과 공모하여 담배제조업 허가 및 담배소매인 지정을 받지 아니하고 담배를 제조·판매하였다.

검사는 피고인을 담배사업법 제27조 제1항 제1호·제11조 담배제조업의 허가 위반죄로 기소하였다.

[원심 판단]

제1심법원은 피고인에게 무죄를 선고하였다.

원심법원은 제1심판결을 파기하고 유죄를 선고하였다.

피고인은 손님에게 연초를 판매하면서 같은 장소에서 궐련제조에 편의를 제공하는 장비까지 무료로 제공하여 담배가공의 기회를 제공하였다. 그런데 이러한 피고인의 행위는 손님의 직접 가공이라는 형식을 빌린 것일 뿐 실질적으로는 '담배의 제조'에 해당한다. 원심은 공소사실을 무죄로 판단

한 제1심판결을 파기하고 유죄로 판단하였다.
피고인이 상고하였다.

[대법원 판단]

대법원은 원심판결 중 피고인에 대한 부분을 파기하고, 이 부분 사건을 의정부지방법원에 환송한다.

(1) 피고인이 자신의 영업점에서 실제 행한 활동은 손님에게 연초 잎 등 담배의 재료를 판매하고 담배제조시설을 제공한 것인데, 이러한 피고인의 활동은 담배의 원료인 연초 잎에 일정한 작업을 가한 것이 아니어서 '담배의 제조'로 평가하기는 어렵다.

(2) 피고인의 영업점에서 손님은 피고인으로부터 받은 연초 잎 등 담배의 재료와 담배제조시설을 이용하여 가공작업을 직접 수행하였는데, 당시 영업점에 비치된 담배제조시설의 규모와 자동화 정도 등에 비추어 볼 때 위와 같은 손님의 작업이 명목상의 활동에 불과하다고 보기는 어렵다. 그 작업을 피고인의 활동과 같게 볼만한 특별한 사정을 찾기도 어렵다는 점을 근거로, 피고인이 담배를 제조하였다거나 제조된 담배를 소비자에게 판매하였다고 보기 어렵다. 대법원은 이와 달리 판단한 원심판결에 담배사업법 제11조에서 정한 '담배의 제조'의 의미 등에 관한 법리를 오해한 잘못이 있다고 보아, 원심판결을 파기·환송하였다.

낭독 형법 판결문 01

대법원 2023. 1. 12. 선고 2019도16782 판결 [담배사업법위반]
〈무허가 담배제조업 영위 여부가 문제된 사건〉

판시 사항

[1] 죄형법정주의 원칙에 따른 형벌법규의 해석 / 담배사업법 제11조에서 정한 '담배의 제조'의 의미 및 어떠한 영업행위가 '담배의 제조'에 해당하는지 판단하는 방법 / 담배가공을 위한 일정한 작업을 수행하지 않은 자의 행위를 무허가 담배제조로 인한 담배사업법 제11조, 제27조 제1항 제1호 위반죄로 의율하는 것이 죄형법정주의의 내용인 확장해석 금지 원칙에 어긋나는지 여부(원칙적 적극)

[2] 피고인이 불특정 다수의 손님들에게 연초 잎, 담배 필터, 담뱃갑을 제공하여 손님으로 하여금 담배제조기계를 조작하게 하거나 자신이 직접 그 기계를 조작하는 방법으로 담배를 제조하고, 손님에게 담배를 판매함으로써 담배제조업 허가 및 담배소매인 지정을 받지 아니하고 담배를 제조·판매하였다는 이유로 담배사업법 위반으로 기소된 사안이다. **피고인이 담배를 제조하였다거나 제조된 담배를 소비자에게 판매하였다고 보기 어려운데도, 이와 달리 본 원심판단에 법리오해의 잘못이 있다고 한 사례.**

판결 요지

[1] **죄형법정주의**罪刑法定主義**는**
국가형벌권의 자의적인 행사로부터
개인의 자유와 권리를 보호하기 위하여
범죄犯罪**와 형벌**刑罰**을 법률**法律**로 정하도록 요구한다.**
그러한 취지에 비추어 보면
형벌법규의 해석解釋**은 엄격하여야 한다.**

문언文言**의 가능한 의미를 벗어나**
피고인被告人**에게 불리한 방향으로 해석하는 것은**
죄형법정주의의 내용인 확장해석금지擴張解釋禁止**에 따라**
허용되지 않는다.

담배사업법 제2조 제1호는,
"담배"란 연초의 잎을 원료의 전부 또는 일부로 하여
피우거나, 빨거나, 증기로 흡입하거나, 씹거나,
냄새 맡기에 적합한 상태로 제조한 것을 말한다고 규정한다.

담배사업법 제11조에 규정된 '담배의 제조'는
일정한 작업으로 담배사업법 제2조의 '담배'에 해당하는 것을

만들어 내는 것을 말한다.

어떠한 영업행위가 여기서 말하는 '담배의 제조'에 해당하는지는,

그 영업행위의 실질적인 운영형태,

담배가공을 위해 수행된 작업의 경위·내용·성격,

담배사업법이 담배제조업을 허가제로 규정하고 있는 취지 등을

종합적으로 고려하여 사회통념에 비추어 합리적으로 판단하여야 한다.

한편 '담배의 제조'는

담배가공을 위한 일정한 작업 수행을 전제한다.

그러므로 그러한 작업을 수행하지 않은 자의 행위를

무허가 담배 제조로 인한

담배사업법 제27조 제1항 제1호·제11조 위반죄로 의율擬律하는 것은

특별한 사정이 없는 한

문언의 가능한 의미를 벗어나

피고인에게 불리한 방향으로 해석한 것이다.

죄형법정주의의 내용인 확장해석금지 원칙에 어긋난다.

[2] 피고인이 불특정 다수의 손님들에게 연초 잎, 담배 필터, 담뱃갑을 제공하여 손님으로 하여금 담배제조기계를 조작하게 하거나 자신이 직접 그 기계를 조작하는 방법으로 담배를 제조하고, 손님에게 담배를 판매함으로써 담배제조업 허가 및 담배소매인 지정을 받지 아니하고 담배를 제조·판매하였다는 이유로 담배사업법 위반으로 기소된 사안이다.

피고인이 자신의 영업점에서 실제 행한 활동은 손님에게 연초 잎 등 담배의 재료를 판매하고 담배제조시설을 제공한 것인데, 이러한 피고인의 활동은 담배의 원료인 연초 잎에 일정한 작업을 가한 것이 아니어서 '담배의 제조'로 평가하기는 어려운 점,

피고인의 영업점에서 손님은 피고인으로부터 받은 연초 잎 등 담배의 재료와 담배제조시설을 이용하여 가공작업을 직접 수행하였는데, 당시 영업점에 비치된 담배제조시설의 규모와 자동화 정도 등에 비추어 볼

때 위와 같은 손님의 작업이 명목상의 활동에 불과하다고 보기는 어렵고, 그 작업을 피고인의 활동과 같게 볼 만한 특별한 사정을 찾기도 어려운 점, 담배사업법상 연초 잎의 판매와 개별 소비자에 의한 담배제조가 금지되어 있지 않은 점,

피고인의 영업방식에 따르면, 손님과 피고인 사이에 수수된 돈은 '완성된 담배'가 아닌 '담배의 재료 또는 제조시설의 제공'에 대한 대가라고 봄이 타당한 점 등을 종합하면,

피고인이 담배를 제조하였다거나 제조된 담배를 소비자에게 판매하였다고 보기 어려운데도, 이와 달리 본 원심판단에 법리오해의 잘못이 있다고 한 사례.

판결 해설

법률 없으면 범죄 없고 형벌도 없다(nullum crimen, nulla poena sine lege). 죄형법정주의는 입법권과 법관의 자의로부터 국민 자유를 보호하는 기능을 가진다. 민주적 정당성을 가진 입법기관만이 형법을 제정할 수 있다. 법관은 형법을 엄격하게 적용해야 한다. 법률은 법적 안정성과 예측가능성을 담보한다(임웅, 형법총론, 제13정판, 법문사, 2023, 18-56면).

✎ 참조 조문

헌법 제12조 제1항 누구든지 법률과 적법한 절차에 의하지 아니하고는 처벌·보안처분 또는 강제노역을 받지 아니한다.

형법 제1조 제1항 범죄의 성립과 처벌은 행위시의 법률에 의한다.

☞ 법률주의·명확성원칙·소급효금지원칙·유추금지·엄격해석원칙이다. 담배 '제조'란 담배 '가공 행위'를 말한다. 피고인에게 유리한 방향으로 해석한다.

✎ 입법 제안

형법 제1조(범죄성립과 범죄처벌) ① 어떤 행위가 범죄로 처벌되려면, 범죄성립과 범죄처벌이 ¹**행위 전에** ²**법률로** ³**명확히** 규정되어야 한다.

형벌법규 해석방법

「농수산물의 원산지 표시 등에 관한 법률」 제14조 제2항에서 정한 재범자 가중처벌 요건 중 '제1항의 죄로 형을 선고받고 그 형이 확정된 후'의 해석이 문제된 사건

대법원 2023. 5. 18. 선고 2022도10961 판결
[농수산물의원산지표시등에관한법률위반]

[공소사실 요지]

피고인은 2015년경 원산지표시법 제14조 제1항을 위반하여 벌금 100만 원의 약식명령을 고지 받아 확정된 후, 2018년경 외국산 돼지고기를 국내산 돼지고기로 허위로 표기하여 판매하였다.

검사는 피고인을 재범 가중처벌 규정인 제14조 제2항을 적용한 원산지표시법 위반죄로 기소하였다.

[원심 판단]

제1심법원은 피고인에게 무죄를 선고하였다.

원심법원은 피고인에게 무죄를 선고하였다.

피고인이 이 사건 이전에 동종 범행으로 벌금형의 약식명령을 고지받았을 뿐 벌금형의 선고를 받지 않아 원산지표시법 제14조 제2항에서 정한 가중처벌 요건에 해당하지 않는다. 이 사건 공소사실에 대하여 무죄로 판단하였다.

검사가 상고하였다.

[대법원 판단]

대법원은 원심판결을 파기하고, 사건을 부산고등법원에 환송한다.

원산지표시법 제14조 제2항에서 정한 '제1항의 죄로 형을 선고받고 그 형이 확정된 후'란 원산지표시법 제6조 제1항 또는 제2항을 위반하여 7년 이하의 징역형, 1억 원 이하의 벌금형, 징역형에 벌금형이 병과되어 그

형이 확정된 경우를 의미한다. 그 확정된 벌금형에는 공판절차에서 형을 선고받아 확정된 경우뿐만 아니라 약식절차에서 벌금형의 약식명령을 고지 받아 확정된 경우까지 포함된다. 원심판결을 파기·환송하였다.

낭독 형법 판결문 02

대법원 2023. 5. 18. 선고 2022도10961 판결 [농수산물의원산지표시등에관한법률위반]

〈「농수산물의 원산지 표시 등에 관한 법률」 제14조 제2항에서 정한 재범자 가중처벌 요건 중 '제1항의 죄로 형을 선고받고 그 형이 확정된 후'의 해석이 문제된 사건〉

판시 사항

[1] 형벌법규의 해석 방법 / 죄형법정주의에서 파생되는 '명확성의 원칙'의 의미 및 법규범이 명확성의 원칙에 위배되는지 판단하는 기준

[2] 구 농수산물의 원산지 표시에 관한 법률 제14조 제2항에서 정한 '제1항의 죄로 형을 선고받고 그 형이 확정된 후'의 의미(=같은 법 제6조 제1항 또는 제2항을 위반하여 7년 이하의 징역형, 1억 원 이하의 벌금형, 징역형에 벌금형이 병과되어 그 형이 확정된 경우) 및 이때 **확정된 벌금형에는 공판절차에서 형을 선고받아 확정된 경우뿐만 아니라 약식절차에서 벌금형의 약식명령을 고지받아 확정된 경우까지 포함되는지 여부(적극)**

판결 요지

[1] 형벌법규는
문언에 따라 엄격하게 해석·적용하여야 한다.
피고인에게 불리한 방향으로 지나치게 확장해석하거나
또는 유추해석하여서는 안 된다.

형벌법규의 해석에 있어서도
가능한 문언의 의미 내에서

당해 규정의 입법 취지와 목적 등을 고려한
법률체계적 연관성에 따라
그 문언의 논리적 의미를 분명히 밝히는
체계적·논리적 해석방법은
그 규정의 본질적 내용에 가장 접근한 해석을 위한 것으로서
죄형법정주의의 원칙에 부합한다(대법원 2007. 6. 14. 선고 2007도2162
판결 등 참조).

또한 죄형법정주의에서 파생되는
명확성의 원칙은
법률이 처벌하고자 하는 행위가 무엇이며
그에 대한 형벌이 어떠한 것인지를
누구나 예견할 수 있고
그에 따라 자신의 행위를 결정할 수 있도록
구성요건을 명확하게 규정하는 것을 의미한다.
그러나 처벌법규의 구성요건이 명확하여야 한다고 하여
모든 구성요건을 단순한 서술적 개념으로
규정하여야 하는 것은 아니다.

다소 광범위하여
법관의 보충적인 해석을 필요로 하는 개념을
사용하였다고 하더라도
건전한 상식과 법감정을 가진 사람이면
통상의 해석방법에 의하여
당해 처벌법규의 보호법익과 금지된 행위 및
처벌의 종류와 정도를
알 수 있도록 규정하였다면
처벌법규의 명확성에 배치되지 않는다.

그리고 어떠한 법규범이 명확한지 여부는
그 법규범이 수범자에게
법규의 의미내용을 알 수 있도록
공정한 고지를 하여
예측가능성을 주고 있는지 여부 및
그 법규범이 법을 해석·집행하는 기관으로 하여금
자의적인 해석이나 집행을 하지 못하게 하는지 여부,
다시 말하면 예측가능성 및
자의적 법집행 배제가 확보되는지 여부에 따라 이를 판단할 수 있다.

나아가 법규범의 의미내용은
그 문언뿐만 아니라
입법 목적이나 입법 취지,
입법 연혁,
그리고 법규범의 체계적 구조 등을
종합적으로 고려하는 해석방법에 의하여
구체화하게 된다.

그러므로 결국 법규범이
명확성의 원칙에 위배되는지 여부는
위와 같은 해석방법에 의하여
그 의미내용을
합리적으로 파악할 수 있는
해석기준을 얻을 수 있는지 여부에 달려 있다고 할 것이다(대법원
2006. 5. 11. 선고 2006도920 판결 등 참조).

[2] 농산물·수산물과 그 가공품 등에 대하여
적정하고 합리적인 원산지 표시와 유통이력을 관리하도록 함으로써
공정한 거래를 유도하고
소비자의 알권리를 보장하여
생산자와 소비자를 보호하기 위하여
2010. 2. 4. 법률 제10022호로 제정된
「농수산물의 원산지 표시에 관한 법률」
(이하 '원산지표시법'이라 한다)
제6조 제1항은
'누구든지 원산지 표시를 거짓으로 하거나
이를 혼동하게 할 우려가 있는 표시를 하는 행위 등을
하여서는 아니 된다'고 정하고,
원산지표시법 제14조는
이를 위반한 자에 대하여
7년 이하의 징역이나
1억 원 이하의 벌금에 처하거나
이를 병과할 수 있다고 정하였다.

그 후 2016. 12. 2. 법률 제14291호로 개정된
원산지표시법은
위 제14조를 제14조 제1항으로 개정하고
제14조 제2항을 신설하여
'제1항의 죄로 형을 선고받고
그 형이 확정된 후
5년 이내에 다시
제6조 제1항 또는 제2항을 위반한 자는
1년 이상 10년 이하의 징역 또는

500만 원 이상 1억 5천만 원 이하의 벌금에 처하거나
이를 병과할 수 있다'고 정하여
원산지를 거짓으로 표시하는 자에 대한 벌칙을 강화하였다.

이와 같이 원산지표시법 제14조 제2항에서 정한
'제1항의 죄로 형을 선고받고
그 형이 확정된 후'란,
원산지표시법 제6조 제1항 또는 제2항을 위반하여
7년 이하의 징역형,
1억 원 이하의 벌금형,
징역형에 벌금형이 병과되어
그 형이 확정된 경우를 의미한다.

확정된 벌금형에는
공판절차에서 형을 선고받아 확정된 경우뿐만 아니라
약식절차에서 벌금형의 약식명령을 고지받아
확정된 경우까지 포함된다고 보아야 한다.
구체적인 이유는 다음과 같다.

가. 원산지표시법이 제14조 제2항을 신설하여 재범자를 가중처벌하는
이유는, 동일한 구성요건을 충족하는 행위로 인한 기존 범행에 대한 형
벌의 경고기능을 무시하고 다시 동종 범행을 저지른 것이라는 점에서
그 불법성과 비난가능성을 무겁게 평가하여 징벌의 강도를 높임으로써
이와 같은 범죄를 예방하려는 데 있다.
따라서 비록 제14조 제2항에서 '제1항의 죄로 형의 선고를 받고 그 형
이 확정된 후'라고 표현되어 있더라도, 이는 기존 동종 범행에 대한 형
이 확정되었다는 점에 중점이 있다고 보일 뿐, 그 형이 어떠한 형사소
송절차에 의해 확정되었는지를 구별하여 가중처벌 여부를 달리하려는
의도나 목적 등을 찾기 어렵다.

나. 형법 제41조는 사형, 징역, 금고, 자격상실, 자격정지, 벌금, 구류, 과료, 몰수를 형의 종류로 정하고 있다. 그중 '벌금형'의 경우 형사소송절차상 검사가 피고인에 대한 공소를 제기한 경우 법원은 공판절차를 거쳐 피고인을 벌금형에 처할 수 있고, 검사의 청구가 있는 때에는 특별한 사정이 없는 한 공판절차 없이 약식명령으로 피고인을 벌금 등에 처할 수도 있다(형사소송법 제448조). 다만 검사와 피고인에게 재판서의 송달로 약식명령을 고지하여(형사소송법 제452조), 검사 또는 피고인이 그 고지를 받은 날로부터 7일 이내에 정식재판을 적법하게 청구한 경우에는 법원은 공판절차에 의하여 심판하여 벌금형에 처할 수 있다(형사소송법 제453조, 제455조 제3항). 또한 「즉결심판에 관한 절차법」(이하 '즉결심판법'이라 한다)이 정한 즉결심판 절차에 의해 20만 원 이하의 벌금형에 처할 수 있는 등 법원이 피고인을 벌금형에 처하는 형사소송절차 자체는 일률적이지 않다.

[3] 이와 같이 벌금·과료에 처할 수 있는 사건에 대하여 공판절차를 거치지 아니하고 서면심리만으로 벌금 등을 과하는 간이한 형사절차로서, 형사재판의 신속을 기하는 동시에 경미 사건에 있어 공개재판에 따르는 피고인의 사회적·심리적 부담을 덜어 주는 '약식절차'를 비롯하여, 범죄의 증거가 명백하고 죄질이 경미한 범죄사건을 신속·적정한 절차로 심판하여 20만 원 이하의 벌금, 구류 또는 과료에 처할 수 있도록 즉결심판법이 정한 '즉결심판 절차'는 일종의 형사소송절차의 특례에 해당한다고 볼 수 있으나, 이는 소송절차상 차이에 불과하고 그로 인해 피고인에 대한 벌금형의 효력 등에 있어 차등이 발생한다고 볼 수 없다.

즉, ① 검사의 공소제기 후 공판절차에서 벌금형을 선고받아 확정된 경우, ② 벌금형의 약식명령을 고지받아 확정된 경우, ③ 즉결심판에서 벌금형을 선고받아 확정된 경우, ④ 약식명령 또는 즉결심판에 대하여 정식재판청구를 하여 공판절차에서 벌금형을 선고받아 확정된 경우와 같이, 피고인에 대하여 벌금형이 확정되는 과정이나 모습이 해당 절차에 따라 일부 차이가 있을 수 있으나, 형법 또는 관련법령 등은 어떠한 절차를 거쳐 그 벌금형이 확정되었는지 여부를 기준으로 이를 구분하거나 효력에 차이를 두고 있지 않다. 오히려 형사소송법 제457조, 즉결심판법 제16조는 약식명령, 즉결심판이 정식재판청구기간의 경과 등으로 확정된 경우 확정판결과 동일한 효력이 있음을 명시하고 있으므로, 공판절차에서 벌금형의 선고를 받고 그 형이 확정된 경우와 마찬가지로 봄이 타당하다.

[4] 만일 이와 달리, 피고인이 공판절차 없이 벌금형의 약식명령을 고지받아 그 형이 확정된 경우에는 원산지표시법 제14조 제2항에서 정한 '제1항의 죄로 형을 선고받고 그 형이 확정된 경우'에 해당하지 않는 반면, 피고인이 약식명령에 대하여 정식재판을 청구하여 벌금형을 선고받아 확정된 경우에는 '위 형을 선고받아 그 형이 확정된 경우'에 해당한다고 본다면, 피고인으로서는 원산지표시법이 정한 가중처벌의 위험 등을 피하기 위해 약식명령에 대한 정식재판청구권을 제대로 행사하지 못하게 될 수 있다.

또한 그와 같이 본다면, 검사의 공소제기 방식, 법원의 공판절차 회부 여부, 피고인의 정식재판청구 여부 등에 따라 피고인에 대한 벌금형에 차등을 두는 부당한 결과가 발생하고, 피고인이 정식재판을 청구하여 공판절차에서 약식명령과 동일한 벌금형을 선고받게 되더라도 약식명령을 고지받은 경우보다 오히려 불리하게 되는 등 약식절차 및 정식재판청구의 제도적 취지에 반하게 된다.

[5] 따라서 비록 원산지표시법 제14조 제2항에서 '제1항의 죄로 형을 선고받고 그 형이 확정된 후'라고 정하였더라도, 이는 일정기간 내에 동종 범행을 반복한 행위자를 가중처벌하기 위한 것으로, 그 행위자가 동종 범행으로 법원에 의해 벌금형에 처해져 그 형이 확정된 경우를 의미하는 것으로 해석함이 타당하고, 이는 공판절차 등에서 벌금형을 선고받아 확정된 경우 외에 법원으로부터 벌금형의 약식명령을 고지받은 경우까지 포함된다고 보아야 하며, 이러한

해석이 피고인에게 불리한 방향으로 지나치게 확장해석하거나 유추
해석하는 것으로 볼 수는 없다.

판결 해설

　형법해석 방법은 문리해석·논리해석·목적해석이 있다. 문리해석^{文理解釋}
은 형법해석에서 출발점이다. 논리해석^{論理解釋}은 용어의 체계적 연관에
따라 논리적 의미를 밝힌다. 목적해석^{目的解釋}은 법률해석에서 왕관이다.
① 주관적·역사적 해석방법은 역사적인 입법자 의사에 따라 해석한다.
② 객관적·목적적 해석방법은 법규의 현재 의미와 목적에 따라 해석한다.

　해석과 유추는 다르다. 해석은 의미를 명확히 한다. 유추는 법문이
없어도 유사 법문을 가져야 법을 적용한다. 유추는 형법에서 금지한다.
현재 확장해석은 허용되지만 유추적용은 금지한다. 형벌법규는 엄격히
해석해야 한다. 따라서 확장해석도 형법에서 금지되어야 한다.

　대법원은 유추해석뿐만 아니라 확장해석도 죄형법정주의 원칙에
어긋나는 것으로서 허용되지 않는다는 태도를 일관하고 있다.

　언어의 가능한 의미를 넘는 법해석은 형법해석학이 담당할 수 없는
일이다. 입법이 해결하여야 할 사항이다(임웅, 형법총론, 제13정판, 법문사,
2023, 32-39면). '형이 확정된 후'란 약식명령 벌금형도 포함한다.

　　죄형법정주의는 국가형벌권의 자의적인 행사로부터 개인의 자유와
　권리를 보호하기 위하여 범죄와 형벌을 법률로 정할 것을 요구한다.
　그러한 취지에 비추어 보면 형벌법규의 해석은 엄격하여야 한다. 문
　언의 가능한 의미를 벗어나 피고인에게 불리한 방향으로 해석하는 것
　은 죄형법정주의 내용인 확장해석금지에 따라 허용되지 아니한다.
　　법률을 해석할 때 입법 취지와 목적, 제정·개정 연혁, 법질서 전체
　와 조화, 다른 법령과 관계 등을 고려하는 체계적·논리적 해석방법을
　사용할 수 있다. 그러나 문언 자체가 비교적 명확한 개념으로 구성되
　어 있다면, 원칙적으로 이러한 해석 방법은 활용할 필요가 없거나 또
　한 제한될 수밖에 없다. 죄형법정주원칙이 적용되는 형벌법규의 해석
　에서 더욱 그러하다.

범죄 후 법률변경
법무사법 제2조 제1항 제6호 개정

개인파산사건 및 개인회생사건 신청 대리가 법무사의 업무로
추가된 법무사법 개정이 형법 제1조 제2항 및 형사소송법
제326조 제4호가 적용되는 사안에 해당하는지에 관한 사건

대법원 2023. 2. 23. 선고 2022도4610 판결
[변호사법위반]

[공소사실 요지]

법무사인 피고인은 개인파산·회생사건 관련 법률사무를 위임받아 취급하여 변호사법 제109조 제1호 위반죄로 기소되었다. 범행 이후인 2020. 2. 4. 법률 제16911호로 법무사법 제2조 제1항 제6호가 개정되었다. '개인의 파산사건 및 개인회생사건 신청의 대리'가 법무사의 업무로 추가되었다.

검사는 피고인을 변호사법 제109조 제1호·구 법무사법(2020. 2. 4. 법률 제16911호로 개정되기 전의 것) 제2조·법무사법 제2조 제1항 제6호 변호사법 위반죄로 기소하였다.

[원심 판단]

제1심법원은 피고인에게 유죄를 선고하였다.

원심법원은 피고인에게 유죄를 선고하였다.

피고인의 범행 이후인 2020. 2. 4. 법률 제16911호로 개정된 법무사법 제2조 제1항 제6호에 의하여 개인의 파산사건 및 개인회생사건 신청의 대리가 법무사의 업무로 추가되었다. 그러므로 범죄 후 법령의 개폐로 형이 폐지된 때로서 면소판결 대상이라는 피고인의 주장을 받아들이지 않고, 변호사법 제109조 제1호 위반의 유죄를 인정하였다.

피고인이 상고하였다.

[대법원 판단]
대법원은 상고를 기각한다.

낭독 형법 판결문 03

대법원 2023. 2. 23. 선고 2022도4610 판결 [변호사법위반]
〈개인파산사건 및 개인회생사건 신청 대리가 법무사의 업무로 추가된 법무사법 개정이 형법 제1조 제2항 및 형사소송법 제326조 제4호가 적용되는 사안에 해당하는지에 관한 사건〉

판시 사항

[1] 범죄의 성립과 처벌에 관하여 규정한 형벌법규 자체 또는 그로부터 수권 내지 위임을 받은 법령의 변경에 따라 범죄를 구성하지 아니하게 되거나 형이 가벼워진 경우, 원칙적으로 형법 제1조 제2항과 형사소송법 제326조 제4호가 적용되는지 여부(적극) / 해당 형벌법규 자체 또는 그로부터 **수권 내지 위임을 받은 법령이 아닌 다른 법령이 변경된 경우**에 형법 제1조 제2항과 형사소송법 제326조 제4호를 적용하려면, **해당 형벌법규에 따른 범죄의 성립 및 처벌과 직접적으로 관련된 형사법적 관점의 변화를 주된 근거로 하는 법령의 변경에 해당하여야 하는지 여부(적극)** 및 그러한 법령 변경에 해당하는지 판단하는 기준

[2] 법무사인 피고인이 개인파산·회생사건 관련 법률사무를 위임받아 취급하여 변호사법 제109조 제1호 위반으로 기소되었는데, 범행 이후인 2020. 2. 4. 개정된 법무사법 제2조 제1항 제6호에 의하여 '개인의 파산사건 및 개인회생사건 신청의 대리'가 법무사의 업무로 추가된 사안이다. 위 법무사법 개정은 범죄사실의 해당 형벌법규 자체인 변호사법 제109조 제1호 또는 그로부터 수권 내지 위임을 받은 법령이 아닌 별개의 다른 법령의 개정에 불과하고, 변호사법 제109조 제1호 위반죄의 성립 요건과 구조를 살펴보더라도 법무사법 제2조의 규정이 보충규범으로서 기능하고 있다고 보기 어려운 점 등을 종합하면, 위 **법무사법 개정은 형**

사법적 관점의 변화를 주된 근거로 하는 법령의 변경에 해당하지 않는
다고 한 사례.

판결 요지

[1] 범죄 후 법률이 변경되어
그 행위가 범죄를 구성하지 아니하게 되거나
형이 구법보다 가벼워진 경우에는
신법에 따라야 한다(형법 제1조 제2항).
범죄 후의 법령 개폐로 형이 폐지되었을 때는
판결로써 면소의 선고를 하여야 한다(형사소송법 제326조 제4호).
이러한 형법 제1조 제2항과 형사소송법 제326조 제4호의 규정은
입법자가 법령의 변경 이후에도
종전 법령 위반행위에 대한 형사처벌을 유지한다는
내용의 경과규정을 따로 두지 않는 한
그대로 적용되어야 한다.
따라서 범죄의 성립과 처벌에 관하여 규정한 형벌법규 자체
또는 그로부터 수권 내지 위임을 받은 법령의 변경에 따라
범죄를 구성하지 아니하게 되거나
형이 가벼워진 경우에는,
종전 법령이 범죄로 정하여 처벌한 것이 부당하였다거나
과형이 과중하였다는
반성적 고려에 따라 변경된 것인지 여부를 따지지 않고 원칙적으로
형법 제1조 제2항과 형사소송법 제326조 제4호가 적용된다.

그러나 해당 형벌법규 자체 또는
그로부터 수권 내지 위임을 받은 법령이 아닌
다른 법령이 변경된 경우
형법 제1조 제2항과 형사소송법 제326조 제4호를 적용하려면,

해당 형벌법규에 따른 범죄의 성립 및 처벌과
직접적으로 관련된 형사법적 관점의 변화를
주된 근거로 하는 법령의 변경에 해당하여야 한다.

그러므로 이와 관련이 없는 법령의 변경으로 인하여
해당 형벌법규의 가벌성에 영향을 미치게 되는 경우에는
형법 제1조 제2항과 형사소송법 제326조 제4호가 적용되지 않는다.

즉, 해당 형벌법규 자체 또는
그로부터 수권 내지 위임을 받은 법령이 아닌
다른 법령이 변경된 경우
해당 형벌법규에 따른 범죄 성립의 요건과 구조,
형벌법규와 변경된 법령과의 관계,
법령 변경의 내용·경위·보호목적·입법 취지 등을
종합적으로 고려하여,
법령의 변경이
해당 형벌법규에 따른 범죄의 성립 및 처벌과
직접적으로 관련된 형사법적 관점의 변화를
주된 근거로 한다고 해석할 수 있을 때
형법 제1조 제2항과 형사소송법 제326조 제4호를 적용할 수 있다.

[2] 법무사인 피고인이 개인파산·회생사건 관련 법률사무를 위임받아 취급하여 변호사법 제109조 제1호 위반으로 기소되었다.
범행 이후인 2020. 2. 4. 법률 제16911호로 개정된 법무사법 제2조 제1항 제6호에 의하여 '개인의 파산사건 및 개인회생사건 신청의 대리'가 법무사의 업무로 추가된 사안이다.

위 법무사법 개정은 범죄사실의 해당 형벌법규 자체인 변호사법 제109조 제1호 또는 그로부터 수권 내지 위임을 받은 법령이 아닌 별개의 다

른 법령의 개정에 불과하고,

변호사법 제109조 제1호 위반죄의 성립 요건과 구조를 살펴보더라도 법무사법 제2조의 규정이 보충규범으로서 기능하고 있다고 보기 어려운 점,

법무사법 제2조는 법무사의 업무범위에 관한 규정으로서 기본적으로 형사법과 무관한 행정적 규율에 관한 내용이므로,

그 변경은 문제 된 형벌법규의 가벌성에 간접적인 영향을 미치는 경우에 해당할 뿐인 점,

법무사법 제2조가 변호사법 제109조 제1호 위반죄와 불가분적으로 결합되어 보호목적과 입법 취지 등을 같이한다고 볼 만한 특별한 사정도 없는 점 등을 종합하면,

위 법무사법 개정은 형사법적 관점의 변화를 주된 근거로 하는 법령의 변경에 해당하지 않는다는 이유로,

원심이 형법 제1조 제2항과 형사소송법 제326조 제4호를 적용하지 아니하고 변호사법 제109조 제1호 위반의 유죄를 인정한 것은 정당하다고 한 사례.

판결 해설

법률 변경이란 '총체적 법률상태' 변화이다. 여기서 법률은 실체법을 말한다. 형법·형사특별법·명령·규칙·조례·백지형법 충전 규정이다. 절차법인 형사소송법은 포함되지 않는다. 법률변경으로 범죄를 구성하지 않으면, 형법 제1조 제2항과 형사소송법 제326조 제4호에 근거하여 면소판결을 선고한다(임웅, 형법총론, 제13정판, 법문사, 2023, 76-77면).

그러나 이 사건 법률 개정은 변호사법 제109조 제1호 또는 그 수권·위임을 받은 법령이 아닌 별개 다른 법령 개정이다. 그러므로 면소판결을 선고할 수 없다(대법원 2022. 12. 22. 선고 2020도16420 전원합의체 판결 참조).

범죄 후 법률변경
도로교통법 제2조 제19호의2 및 제21호의2 개정

전동킥보드와 같은 개인형 이동장치가
구「특정범죄 가중처벌 등에 관한 법률」제5조의11 제1항의
'원동기장치자전거'에 해당하는지 여부가 문제된 사건

대법원 2023. 6. 29. 선고 2022도13430 판결
[특정범죄가중처벌등에관한법률위반(위험운전치상)·도로교통법위반(음주운전)]

[공소사실 요지]

피고인은 '2020. 10. 9. 음주의 영향으로 정상적인 운전이 곤란한 상태에서 전동킥보드를 운전하여 사람을 상해에 이르게 하였다.'

피고인의 위 범행 이후인 2020. 12. 10. 시행된 개정 도로교통법은 전동킥보드와 같은 '개인형 이동장치'에 관한 규정을 신설하면서, 이를 원동기장치자전거가 포함된 제2조 제21호의 '자동차 등'이 아닌 동조 제21호의2의 '자전거 등'으로 분류하였다.

검사는 피고인을 특정범죄 가중처벌 등에 관한 법률 위반(위험운전치상) 제5조의11 제1항 등의 공소사실로 기소하였다.

[원심 판단]

제1심법원은 피고인에게 유죄를 선고하였다.

원심법원은 피고인에게 유죄를 선고하였다.

피고인이 상고하였다.

[대법원 판단]

대법원은 상고를 기각한다.

구「특정범죄 가중처벌 등에 관한 법률」(2022. 12. 27. 법률 제19104호로

개정되기 전의 것) 제5조의11 제1항의 '원동기장치자전거'에는 전동킥보드와 같은 개인형 이동장치도 포함된다. 개정 도로교통법이 개인형 이동장치에 관한 규정을 신설하면서 이를 '자전거 등'으로 분류하였다고 하여 이를 형법 제1조 제2항의 '범죄 후 법률이 변경되어 그 행위가 범죄를 구성하지 아니하게 된 경우'라고 볼 수는 없다. 위 공소사실을 유죄로 판단한 원심의 결론을 정당한 것으로 수긍하고 피고인의 상고를 기각한다.

낭독 형법 판결문 04

대법원 2023. 6. 29. 선고 2022도13430 판결 [특정범죄가중처벌등에관한법률위반(위험운전치상)·도로교통법위반(음주운전)]
〈전동킥보드와 같은 개인형 이동장치가 구「특정범죄 가중처벌 등에 관한 법률」제5조의11 제1항의 '원동기장치자전거'에 해당하는지 여부가 문제된 사건〉

판시 사항

구 특정범죄 가중처벌 등에 관한 법률 제5조의11 제1항에서의 '원동기장치자전거'에 전동킥보드와 같은 개인형 이동장치가 포함되는지 여부(적극) 및 2020. 6. 9. 법률 제17371호로 개정되어 2020. 12. 10. 시행된 도로교통법이 전동킥보드와 같은 개인형 이동장치에 관한 규정을 신설하면서 이를 '자동차 등'이 아닌 '자전거 등'으로 분류한 것이 형법 제1조 제2항의 '범죄 후 법률이 변경되어 그 행위가 범죄를 구성하지 아니하게 된 경우'에 해당하는지 여부(소극)

판결 요지

구 특정범죄 가중처벌 등에 관한 법률(2022. 12. 27. 법률 제19104호로 개정되기 전의 것, 이하 '구 특정범죄가중법'이라 한다)
제5조의3 제1항, 제5조의11 제1항은
음주 또는 약물의 영향으로
정상적인 운전이 곤란한 상태에서
도로교통법 제2조에 규정된 자동차 또는 원동기장치자전거를 운전하여 사람을 상해에 이르게 한 사람을 처벌하도록 규정하고 있다.

구 도로교통법(2020. 6. 9. 법률 제17371호로 개정되기 전의 것, 이하 '구 도로교통법'이라 한다) 제2조 제19호 (나)목은
'배기량 50시시 미만(전기를 동력으로 하는 경우에는 정격출력 0.59킬로와트 미만)의 원동기를 단 차(자전거 이용 활성화에 관한 법률 제2조 제1호의2에 따른 전기자전거는 제외한다)'를 원동기장치자전거 중 일부로 규정하였고,
전동킥보드는 위 규정에 따라 원동기장치자전거에 해당하였다.

그런데 구 도로교통법이 2020. 6. 9. 법률 제17371호로 개정되어 2020. 12. 10. 개정 도로교통법이 시행되면서
제2조 제19호의2 및 제21호의2에서
전동킥보드와 같은 "개인형 이동장치"와
이를 포함하는 "자전거 등"에 관한 정의규정을 신설하였다.
이에 따라 개인형 이동장치는
개정 도로교통법 제2조 제21호의 "자동차 등"이 아닌
같은 조 제21호의2의 "자전거 등"에 해당하게 되었다.

그러나 개정 도로교통법 제2조 제19호의2는
"개인형 이동장치"란 제19호 (나)목의 원동기장치자전거 중
시속 25킬로미터 이상으로 운행할 경우
전동기가 작동하지 아니하고
차체 중량이 30킬로그램 미만인 것으로서
행정안전부령으로 정하는 것을 말한다고 규정함으로써
그 문언상 원동기장치자전거 내에
개인형 이동장치가 포함되어 있음을 알 수 있다.

또한 개정 도로교통법 제17조 제1항, 제50조 제3항 등

여러 규정을 보더라도
개인형 이동장치가 원동기장치자전거 내에 포함됨을 전제로
이를 위 각 규정의 적용 대상에서 제외하는 방식을 취하고 있고,
개정 도로교통법 제13조의2, 제15조의2 등
기존의 자전거의 통행방법 등에 관한 규정에
개인형 이동장치까지 포함하도록 정하고 있다.

이러한 점을 고려하면
전동킥보드와 같은 개인형 이동장치는
원동기장치자전거와는 다른 별개의 개념이 아니라
원동기장치자전거에 포함되고,
다만 개정 도로교통법은 통행방법 등에 관하여
개인형 이동장치를 자전거에 준하여 규율하면서
입법기술상의 편의를 위해
이를 "자전거 등"으로 분류하였다고 보는 것이 타당하다.

이러한 개정 도로교통법의 문언·내용·체계에다가
도로교통법 및 특정범죄가중법의 입법 목적과 보호법익,
전동킥보드와 같은 개인형 이동장치에 대한
특정범죄가중법상의 규율 및 처벌의 필요성 등을 고려해 보면,
구 특정범죄가중법 제5조의11 제1항에서의 '원동기장치자전거'에는
전동킥보드와 같은 개인형 이동장치도 포함된다고 판단된다.

비록 개정 도로교통법이
전동킥보드와 같은 개인형 이동장치에 관한 규정을 신설하면서
이를 "자동차 등"이 아닌 "자전거 등"으로 분류하였다고 하여
이를 형법 제1조 제2항의 '범죄 후 법률이 변경되어
그 행위가 범죄를 구성하지 아니하게 된 경우'라고 볼 수는 없다.

고 의

운전면허 취소사실을 알지 못하고 사다리차를 운전하던 중, 전방주시의무를 위반한 과실로 교통사고를 일으켜 피해차량 탑승자들에게 상해를 입힌 사건

대법원 2023. 6. 29. 선고 2021도17733 판결
[교통사고처리특례법위반(치상)·도로교통법위반(무면허운전)]

[공소사실 요지]

피고인은 자동차 운전면허가 취소되어 자동차 운전면허를 받지 아니하고 사다리차를 운전하던 중, 전방주시의무를 위반하여 차선을 변경하다가 신호대기 중이던 피해 차량을 충격하여 그 탑승자들에게 상해를 입혔다.

검사는 피고인을 도로교통법 제43조, 제152조 제1호, 교통사고처리 특례법 제3조 제1항, 제2항 제7호 위반죄로 기소하였다.

[원심 판단]

제1심법원은 피고인에게 일부 무죄와 일부 공소기각을 선고하였다.

원심법원은 피고인에게 일부 무죄와 일부 공소기각을 선고하였다.

피고인이 운전면허 취소사실을 고지 받았다는 증거가 없다는 이유로 도로교통법 위반(무면허운전)죄에 대하여 무죄를 선고하면서, 교통사고처리특례법위반(치상)의 점에 대하여는 피고인이 운전한 차량이 자동차종합보험에 가입되었으므로 운전자에 대하여 공소를 제기할 수 없다는 이유로 공소를 기각하였다.

검사가 상고하였다.

[대법원 판단]

대법원은 상고를 기각한다.

고의범인 도로교통법 위반(무면허운전)죄와 규정 형식이 동일한 무면허운전에 관한 교통사고처리특례법상 종합보험 가입특례 배제사유 역시 도로

교통법 위반(무면허운전)죄와 마찬가지로 유효한 운전면허가 없음을 알면서도 자동차를 운전하는 경우만을 의미한다고 보아야 한다. 교통사고처리특례법위반(치상) 부분 공소를 기각한 원심 판단을 수긍하여 검사의 상고를 기각한다.

낭독 형법 판결문 05

대법원 2023. 6. 29. 선고 2021도17733 판결 [교통사고처리특례법위반(치상)·도로교통법위반(무면허운전)]
〈운전면허 취소사실을 알지 못하고 사다리차를 운전하던 중, 전방주시의무를 위반한 과실로 교통사고를 일으켜 피해차량 탑승자들에게 상해를 입힌 사건〉

판시 사항

[1] 위법성 및 책임의 조각사유나 소추조건 또는 처벌조각사유인 형면제 사유의 범위를 제한적으로 유추적용하여 행위자의 가벌성의 범위를 확대하는 것이 허용되는지 여부(소극)
[2] 도로교통법 위반(무면허운전)죄는 유효한 운전면허가 없음을 알면서도 자동차를 운전하는 경우에만 성립하는 고의범인지 여부(적극) / 교통사고처리 특례법 제3조 제2항 단서 제7호에서 말하는 '도로교통법 제43조를 위반'한 행위도 도로교통법 위반(무면허운전)죄와 마찬가지로 유효한 운전면허가 없음을 알면서도 자동차를 운전하는 경우만을 의미하는지 여부(적극)

판결 요지

법규정 문언의 가능한 의미를 벗어나
형벌법규를 해석하는 것은 유추해석으로서
죄형법정주의에 위반된다.

유추해석금지의 원칙은
모든 형벌법규의 구성요건과 가벌성에 관한 규정에 준용된다.

그러므로 위법성 및 책임의 조각사유나 소추조건,
또는 처벌조각사유인형면제 사유에 관하여
범위를 제한적으로 유추적용하면
행위자의 가벌성의 범위가 확대되어 행위자에게 불리하다.
이는 가능한 문언의 의미를 넘어
범죄구성요건을 유추적용하는 것과 같은 결과를 초래한다.
그러므로 죄형법정주의의 파생원칙인
유추해석금지의 원칙에 위반하여 허용될 수 없다(대법원 1997. 3. 20.
선고 96도1167 전원합의체 판결 참조).

도로교통법 위반(무면허운전)죄는
도로교통법 제43조를 위반하여 운전면허를 받지 아니하고
자동차를 운전하는 경우에 성립하는 범죄이다.
유효한 운전면허가 없음을 알면서도
자동차를 운전하는 경우에만 성립하는 고의범이다(대법원 2004. 12.
10. 선고 2004도6480 판결 참조).

「교통사고처리 특례법」제3조 제2항 단서 제7호는
도로교통법위반(무면허운전)죄와 동일하게
도로교통법 제43조를 위반하여 운전면허를 받지 아니하고
자동차를 운전하는 행위를 대상으로
교통사고 처벌 특례를 적용하지 않도록 하고 있다.

따라서 위 단서 제7호에서 말하는
'도로교통법 제43조를 위반'한 행위는
도로교통법 위반(무면허운전)죄와 마찬가지로
유효한 운전면허가 없음을 알면서도
자동차를 운전하는 경우만을 의미한다고 보아야 한다.

판결 해설

　고의故意란 행위자 정신이다. 사실을 인식하고 구성요건 실현을 의욕 또는 인용한다. 구성요건에서 객관 요소이다. 고의가 '행위의 방향'을 결정짓는 측면에서 '행위반가치'의 판단대상이 된다. 행위자 '의사형성'을 반영하는 측면에서 '심정반가치'의 판단대상이 된다. 이중지위설은 행위반가치로서 고의를 구성요건 고의라 한다. 심정반가치로서 고의를 책임고의라 부른다(임웅, 형법총론, 제13정판, 법문사, 2023, 169－186면).

　'미필적 고의'란 "구성요건 실현이 불확실하지만, 행위자는 이를 가능한 것으로 인식하고, 구성요건실현을 인용한 경우"를 말한다. 행위자가 가능하다고 인식한 결과 발생에 내심으로 동의한 경우, 결과가 발생해도 부득이한 것으로 본다. '인용'(용인)한 경우, 발생 위험을 감수한 경우, 고의가 있다. 고의가 부정되면 과실을 인정한다. 대법원은 미필적 고의에 대하여 고의 성립을 긍정한다.

　고의 대상은 "구성요건에서 객관 요소에 해당하는 모든 사실"이다. 행위주체·행위객체·행위(태양), 결과범에서 결과, 인과관계이다. 고의는 '행위시'에, 즉 실행 착수부터 실행행위가 종료하기까지 존재해야 한다.

　확정 고의와 불확정 고의가 있다. 불확정 고의는 결과발생 대상 중 어느 대상에서 결과가 발생할 것인지 불확실하게 인식한 경우이다. 행위자가 제1행위로 발생한 것으로 오신하였으나, 의도한 결과가 제2행위로 발생한 경우이다. '택일 고의'는 결과발생 대상을 다자택일·양자택일하여 인식한 경우이다.

　이 사안에서 피고인은 자동차 운전면허 취소사실을 인식하지 못하였다. 구성요건 요소에 대한 인식과 의욕이 없다. 고의가 부정된다.

계 속 범

공소사실의 계속범 해당 여부가 문제된 사건

대법원 2023. 3. 16. 선고 2022도15319 판결
[아동·청소년의성보호에관한법률위반(성착취물소지)]

[공소사실 요지]

피고인은 2019. 5.경부터 2020. 8. 11.경까지 아동·청소년성착취물을 소지하였다. 그런데 이러한 소지 행위가 계속되던 중인 2020. 6. 2.「아동·청소년의 성보호에 관한 법률」(이하 '청소년성보호법')이 개정되었다. 법정형이 1년 이하의 징역형 또는 2,000만 원 이하의 벌금형에서 1년 이상의 징역형으로 상향되었다.

검사는 피고인을 개정된 아동·청소년의 성보호에 관한 법률 제11조 제5항(성착취물소지), 형법 제1조 제1항 위반죄로 기소하였다.

[원심 판단]

제1심법원은 피고인에게 유죄를 선고하였다.
원심법원은 피고인에게 유죄를 선고하였다.
피고인이 상고하였다.

[대법원 판단]

대법원은 상고를 기각한다.
청소년성보호법위반(성착취물소지)죄는 계속범이다. 그러므로 실행행위가 종료되는 시점에 시행되던 법률을 적용하여야 한다.

낭독 형법 판결문 06

대법원 2023. 3. 16. 선고 2022도15319 판결 [아동·청소년의성보호에관한법률위반(성착취물소지)]

〈공소사실의 계속범 해당 여부가 문제된 사건〉

판시 사항

아동·청소년의 성보호에 관한 법률 제11조 제5항에서 정한 '소지'의 의미 및 위 조항 위반(성착취물소지)죄가 이른바 계속범인지 여부(적극) / 원칙적으로 계속범에 대하여 적용되는 법률(＝실행행위가 종료되는 시점의 법률)

판결 요지

「아동·청소년의 성보호에 관한 법률」(2020. 6. 2. 법률 제17338호로 개정되어 같은 날 시행된 것, 이하 '청소년성보호법'이라고 한다)
제11조 제5항에서 정한 소지란
아동·청소년성착취물을 자기가 지배할 수 있는 상태에 두고
지배관계를 지속시키는 행위를 말한다.

그러므로 청소년성보호법위반(성착취물소지)죄는
아동·청소년성착취물임을 알면서
소지를 개시한 때부터
지배관계가 종료한 때까지
하나의 죄로 평가되는 이른바 계속범이다. · 계속범

원칙적으로 계속범에 대해서는
실행행위가 종료되는 시점의 법률이 적용된다. · 실행행위종료시점 법률

양벌규정

법인의 사용인이 영업비밀을 부정사용하려다가 미수에 그친 경우 법인을 부정경쟁방지법상 양벌규정으로 처벌할 수 있는지 여부

대법원 2023. 12. 14. 선고 2023도3509 판결
[업무상배임]

[공소사실 요지]

피고인 법인의 사용인이 피해자의 영업비밀을 부정사용하려다가 미수에 그쳤다.

피고인 주식회사 인터코스코리아(이하 '피고인 회사'라 한다)는 부정한 이익을 얻거나 피해자 한국콜마 주식회사(이하 '피해 회사'라 한다)에 손해를 끼칠 목적으로 사용인 상무 피고인 1이 원심 판시 기재와 같이 피고인 회사의 업무에 관하여 원심판결문 별지 범죄일람표2 순번 10 및 범죄일람표3 순번 21을 제외한 나머지 영업비밀을 부정사용하려다가 미수에 그쳤다.

검사는 피고인 법인을 구 「부정경쟁방지 및 영업비밀보호에 관한 법률」 제19조의 양벌규정을 적용하여 기소하였다.

[원심 판단]

제1심법원은 피고인 법인에게 유죄를 선고하였다.

원심법원은 피고인 법인에게 유죄를 선고하였다.

피고인이 상고하였다.

[대법원 판단]

대법원은 원심판결 중 피고인 주식회사 인터코스코리아에 대한 부분을 파기하고, 이 부분 사건을 수원지방법원에 환송한다.

피고인 1의 상고를 기각한다.

낭독 형법 판결문 07

대법원 2023. 12. 14. 선고 2023도3509 판결 [업무상배임]
〈법인의 사용인이 영업비밀을 부정사용하려다가 미수에 그친 경우 법인을 부정경쟁방지법상 양벌규정으로 처벌할 수 있는지 여부〉

판시 사항

구「부정경쟁방지 및 영업비밀보호에 관한 법률」제19조의 법인에 대한 양벌규정의 적용범위

판결 요지

구 부정경쟁방지 및 영업비밀보호에 관한 법률(2019. 1. 8. 법률 제16204호로 개정되기 전의 것) 제19조는
'법인의 대표자나 법인 또는 개인의 대리인, 사용인, 그 밖의 종업원(이하 '사용인 등'이라 한다)이
그 법인 또는 개인의 업무에 관하여
제18조 제1항부터 제4항까지의
어느 하나에 해당하는 위반행위를 하면
그 행위자를 벌하는 외에
그 법인 또는 개인에게도
해당 조문의 벌금형을 과한다.'고 규정한다.

이에 따르면 위 양벌규정은
사용인 등이 영업비밀의 취득 및 부정사용에 해당하는
제18조 제1항부터 제4항까지의
위반행위를 한 경우에 적용될 뿐이고,
사용인 등이 영업비밀의 부정사용에 대한 미수범을 처벌하는
제18조의2에 해당하는 위반행위를 한 경우에는
위 양벌규정이 적용될 수 없다.

인과관계

> ## 의사인 피고인이 간호사에게 환자 감시 업무를 맡기고 수술실을 이탈한 후 피해자인 환자에게 심정지가 발생하여 사망한 사건
>
> 대법원 2023. 8. 31. 선고 2021도1833 판결
> [업무상과실치사·의료법위반]

[공소사실 요지]

피고인은 서울 강서구 ○○병원에 마취통증의학과 전문의로 근무하는 사람이고, 피고인 2는 위 병원의 간호사이다. 마취통증의학과 의사인 피고인은 피해자에 대하여 마취를 시행한 후 간호사에게 환자 감시를 맡긴 뒤 수술실을 이탈하였다. 이후 피해자는 저혈압이 발생하며 혈압 회복과 저하가 반복되었다. 이에 간호사는 피고인을 몇 차례 호출하였다. 그러나 피고인이 피해자의 심정지 발생 후에야 수술실에 복귀하여 심폐소생술 등의 조치를 취하였다. 피해자는 사망하였다. • 요약

더 구체적으로 살펴보면, 피해자는 2015. 12. 30. 10:25경 혈압이 약 70/42㎜Hg로 저하되어 혈압상승제인 에페드린 10㎎을 투여받고 혈압이 상승하였으나 다시 10:45경 약 75/55㎜Hg로 저하되었다. 다시 에페드린 10㎎을 투여받고 혈압이 유지되었으나 11:00경 다시 약 80/55㎜Hg로 저하되었다. 또 다시 에페드린 5㎎을 투여받았으나 11:15경 피해자의 혈압이 측정되지 않으면서 심박수, 동맥혈산소포화도가 급격히 저하된 후 사망에 이르렀다. 그리고 피해자에 대한 부검이 이루어졌음에도 피해자의 사인이 명확히 밝혀지지 않았다.

검사는 피고인을 형법 제268조 업무상과실치사죄, 구 의료법(2016. 12. 20. 법률 제14438호로 개정되기 전의 것, 이하 같다) 제90조, 제21조 제5항 진료기록의 사본 등 미송부로 인한 의료법 위반죄, 구 의료법 제88조, 제22조 제3항, 형법 제30조 진료기록부 허위작성으로 인한 의료법 위반죄로 기소하였다.

[원심 판단]

제1심법원은 피고인에게 유죄를 선고하였다.

원심법원은 피고인에게 유죄를 선고하였다.

피해자에게 마취가 진행되는 동안 마취간호사도 아니고 마취간호 업무를 시작한 지 2~3개월밖에 안 된 간호사 공소외인에게 환자의 감시 업무를 맡긴 채 다른 수술실로 옮겨 다니며 다른 환자들에게 마취시술을 하고, 피해자의 활력징후 감시장치 경보음을 들은 공소외인으로부터 호출을 받고도 신속히 수술실로 가지 않고 휴식을 취하는 등 마취유지 중 환자감시 및 신속한 대응 업무를 소홀히 한 업무상과실이 있다. 피고인의 업무상과실과 피해자의 사망 사이에 상당인과관계가 있다.

피고인이 상고하였다.

[대법원 판단]

대법원은 원심판결 중 피고인의 업무상과실치사에 관한 부분을 파기하고, 이 부분 사건을 서울중앙지방법원에 환송한다. 나머지 상고를 기각한다.

마취유지 중 환자감시 등의 업무상 과실은 인정된다고 할 수 있다. 그러나 마취과 간호사는 피고인이나 다른 마취과의사의 구두지시를 받아 반복적인 혈압상승제 투여를 하였음에도 불구하고 피해자는 알 수 없는 원인으로 계속적으로 혈압 저하 증상을 보이다가 사망하였다. 검사가 제출한 증거만으로 피고인이 직접 피해자를 관찰하거나 간호사의 호출을 받고 신속히 수술실에 가서 대응하였다면 구체적으로 어떤 조치를 더 할 수 있는지, 그러한 조치를 취하였다면 피해자가 심정지에 이르지 않았을 것인지 알기 어려운 점, 피해자에게 심정지가 발생하였을 때 피고인이 피해자를 직접 관찰하고 있다가 심폐소생술 등의 조치를 하였더라면 피해자가 사망하지 않았을 것이라는 점에 대한 증명도 부족한 점, 피해자의 부검이 이루어졌음에도 피해자의 사인이 명확히 밝혀지지 않은 사정 등을 고려하면 피고인의 업무상 과실로 피해자가 사망하게 되었다는 점이 합리적인 의심의 여지가 없을 정도로 증명되었다고 보기는 어렵다. 업무상과실치사를 유죄로 인정한 원심판결을 파기·환송한다.

반면, 같은 날 선고된 동일 사안 민사사건(2022다219427)에서는 진료상 과실과 환자 사망 사이의 인과관계가 인정되어 손해배상 책임이 인정되었다.

낭독 형법 판결문 08

대법원 2023. 8. 31. 선고 2021도1833 판결 [업무상과실치사·의료법위반]

〈의사인 피고인이 간호사에게 환자 감시 업무를 맡기고 수술실을 이탈한 후 피해자인 환자에게 심정지가 발생하여 사망한 사건〉

판시 사항

[1] 의사에게 의료행위로 인한 업무상과실치사상죄를 인정하기 위한 요건 중 '업무상과실과 상해·사망 등 결과 발생 사이에 인과관계가 있음'에 대한 증명책임 소재(=검사) 및 증명 정도(=합리적인 의심의 여지가 없을 정도) / 형사재판에서의 인과관계에 관한 판단이 동일 사안의 민사재판과 달라질 수 있는지 여부(적극)

[2] 마취통증의학과 의사인 피고인이 수술실에서 환자인 피해자 갑(73세)에게 마취시술을 시행한 다음 간호사 을에게 환자의 감시를 맡기고 수술실을 이탈하였는데, 이후 갑에게 저혈압이 발생하고 혈압 회복과 저하가 반복됨에 따라 을이 피고인을 수회 호출하자, 피고인은 수술실에 복귀하여 갑이 심정지 상태임을 확인하고 마취해독제 투여, 심폐소생술 등의 조치를 취하였으나, 갑이 심정지 등으로 사망에 이르게 된 사안이다. 피고인에게 업무상과실치사죄를 인정한 원심판단에 의사의 업무상과실과 피해자의 사망 사이의 인과관계 증명 등에 관한 법리오해의 잘못이 있다고 한 사례.

판결 요지

[1] 의사에게 의료행위로 인한
업무상과실치사상죄를 인정하기 위해서는,
의료행위 과정에서 공소사실에 기재된 업무상과실의 존재는 물론
그러한 업무상과실로 인하여
환자에게 상해·사망 등 결과가 발생한 점에 대하여도
엄격한 증거에 따라
합리적 의심의 여지가 없을 정도로 증명이 이루어져야 한다.

따라서 검사는 공소사실에 기재한 업무상과실과
상해·사망 등 결과 발생 사이에 인과관계가 있음을
합리적인 의심의 여지가 없을 정도로 증명하여야 한다.

의사의 업무상과실이 증명되었다는 사정만으로
인과관계가 추정되거나
증명 정도가 경감되는 것은 아니다.

이처럼 형사재판에서는 인과관계 증명에 있어서
'합리적인 의심이 없을 정도'의 증명을 요한다.
그러므로 그에 관한 판단이 동일 사안의 민사재판과 달라질 수 있다.

[2] 마취통증의학과 의사인 피고인이
수술실에서 환자인 피해자 갑(73세)에게 마취시술을 시행한 다음
간호사 을에게 환자의 감시를 맡기고 수술실을 이탈하였다.
그런데 이후 갑에게 저혈압이 발생하고
혈압 회복과 저하가 반복됨에 따라
을이 피고인을 수회 호출하자,
피고인은 수술실에 복귀하여
갑이 심정지 상태임을 확인하고
마취해독제 투여, 심폐소생술 등의 조치를 취하였다.
그러나 갑이 심정지 등으로 사망에 이르게 된 사안이다.

피고인이 갑에게 마취가 진행되는 동안
마취간호사도 아니고
마취간호 업무를 시작한 지 2~3개월밖에 안 된 을에게
환자의 감시 업무를 맡긴 채
다른 수술실로 옮겨 다니며 다른 환자들에게 마취시술을 하고,

갑의 활력징후 감시장치 경보음을 들은 을로부터 호출을 받고도
신속히 수술실로 가지 않고 휴식을 취하는 등
마취유지 중 환자감시 및 신속한 대응 업무를
소홀히 한 업무상과실이 있다고 본 원심판단은 정당하나,

한편 갑은 반복적인 혈압상승제 투여에도 불구하고
알 수 없는 원인으로 계속적으로
혈압 저하 증상을 보이다가 사망하였다.
그런데 검사가 제출한 증거만으로는
피고인이 직접 갑을 관찰하거나
을의 호출을 받고 신속히 수술실에 가서 대응하였다면
구체적으로 어떤 조치를 더 할 수 있는지,
그러한 조치를 취하였다면
갑이 심정지에 이르지 않았을 것인지 알기 어렵다.

갑에게 심정지가 발생하였을 때
피고인이 갑을 직접 관찰하고 있다가
심폐소생술 등의 조치를 하였더라면
갑이 사망하지 않았을 것이라는 점에 대한 증명도 부족하다.

그러므로 피고인의 업무상과실로 갑이 사망하게 되었다는 점이
합리적인 의심의 여지가 없을 정도로 증명되었다고 보기 어렵다.

이러한 이유로,
이와 달리 피고인의 업무상과실로 인하여 갑이 사망하였다고 보아
피고인에게 업무상과실치사죄를 인정한 원심 판단에
의사의 업무상과실과 피해자의 사망 사이의 인과관계
증명 등에 관한 법리오해의 잘못이 있다고 한 사례.

참고 판례

형사판결과 민사판결 비교분석

대법원 2023. 8. 31. 선고 2022다219427 판결 [손해배상(의)] (타) 상고기각
〈의료과오 민사소송에서 인과관계 증명완화 법리를 새로 설시한 사건〉

[판시사항]

진료상 과실이 인정된 경우 진료상 과실과 환자의 사망 등 손해 사이의 인과
관계를 추정하는 요건 및 기준

[판결요지]

진료상 과실로 인한 손해배상책임이 성립하기 위해서는 다른 경우
와 마찬가지로 손해가 발생하는 것 외에 주의의무 위반, 주의의무
위반과 손해 사이의 인과관계가 인정되어야 한다.

그러나 의료행위는 고도의 전문적 지식을 필요로 하는 분야로서 환
자 측에서 의료진의 과실을 증명하는 것이 쉽지 않고, 현대의학지
식 자체의 불완전성 등 때문에 진료상 과실과 환자 측에게 발생한
손해(기존에 없던 건강상 결함 또는 사망의 결과가 발생하거나, 통상적으
로 회복가능한 질병 등에서 회복하지 못하게 된 경우 등) 사이의 인과관
계는 환자 측뿐만 아니라 의료진 측에서도 알기 어려운 경우가 많다.

이러한 증명의 어려움을 고려하면, 환자 측이 의료행위 당시 임상
의학 분야에서 실천되고 있는 의료수준에서 통상의 의료인에게 요
구되는 주의의무의 위반 즉 진료상 과실로 평가되는 행위의 존재를
증명하고, 그 과실이 환자 측의 손해를 발생시킬 개연성이 있다는
점을 증명한 경우에는, 진료상 과실과 손해 사이의 인과관계를 추
정하여 인과관계 증명책임을 완화하는 것이 타당하다.

여기서 손해 발생의 개연성은 자연과학적, 의학적 측면에서 의심이

없을 정도로 증명될 필요는 없으나, 해당 과실과 손해 사이의 인과관계를 인정하는 것이 의학적 원리 등에 부합하지 않거나 해당 과실이 손해를 발생시킬 막연한 가능성이 있는 정도에 그치는 경우에는 증명되었다고 볼 수 없다.

한편 진료상 과실과 손해 사이의 인과관계가 추정되는 경우에도 의료행위를 한 측에서는 환자 측의 손해가 진료상 과실로 인하여 발생한 것이 아니라는 것을 증명하여 추정을 번복시킬 수 있다.

[판결해설 1]
환자(1942년생 남자)가 '오른쪽 어깨 전층 회전근개파열과 어깨충돌 증후군 소견'으로 전신마취 아래 관정결 시술을 받던 중 수 차례 혈압상승제 투여에도 불구하고 저혈압 증상이 반복되다가 사망하였고, 부검에도 불구하고 사인이 밝혀지지 않았다.

[판결해설 2]
대법원은, 진료상 과실로 인한 손해배상 사건에서 인과관계 추정에 관한 위 법리를 새로 설시하고, 이 사건에서 마취과 전문의에게는 응급상황에서 간호사의 호출에 즉시 대응하지 못한 진료상 과실이 있고, 원심판결 이유 및 기록에 나타난 제반 사정을 고려하면 만약 마취과 전문의가 간호사 호출에 대응하여 신속히 혈압회복 등을 위한 조치를 하였더라면 저혈압 등에서 회복하였을 가능성도 상당하다고 보이므로 진료상 과실은 망인의 사망을 발생시킬 개연성이 있으며, 따라서 피고 측에서 망인의 사망이 진료상 과실로 인하여 발생한 것이 아니라 다른 원인으로 인하여 발생한 것이라는 점을 증명하지 아니하는 이상, 진료상 과실과 사망 사이의 인과관계를 추정할 수 있다고 판단하여 피고측 상고를 기각하였다.

[판결해설 3]
반면 같은 날 선고된 업무상과실치사 형사사건(2021도1833)에서는 진료상 과실과 사망 사이의 인과관계에 대한 증명 부족을 이유로 무죄 취지로 파기·환송하였다.

위법성조각사유 전제사실 착오

위법성조각사유 전제사실의 착오에 관한 사건
대법원 2023. 11. 2. 선고 2023도10768 판결
[상해]

[공소사실 요지]

피고인은 복싱클럽 관장과 회원인 피해자(17세)의 몸싸움을 지켜보던 중 피해자가 왼손을 주머니에 넣어 휴대용 녹음기를 꺼내어 움켜쥐자 피해자의 왼손 주먹을 강제로 펴게 함으로써 위 관장과 동시에 피해자를 폭행하여 피해자에게 약 4주간의 치료가 필요한 좌 제4수지 중위지골 골절을 가한 사안이다. **·요약**

피고인은 서울 성북구 (주소 생략)에 있는 (명칭 생략) 복싱클럽에서 코치로 근무하던 자이고, 공소외 1(33세)은 위 복싱클럽 관장이며, 피해자 공소외 2(17세)는 위 복싱클럽 회원등록을 하였던 자로서 등록을 취소하는 과정에서 공소외 1로부터 "어른에게 눈 그렇게 뜨고 쳐다보지 말라." 라는 질책을 들었다.

공소외 1은 2020. 11. 4. 19:00경 위 복싱클럽 내에서 "내가 눈을 어떻게 떴냐?"라며 항의하는 피해자의 멱살을 잡아당기면서 다리를 걸어 넘어뜨리려고 하고, 출입문 밖 복도로 밀고 나간 후 몸통을 양팔로 꽉 껴안아 들어 올리고, 몸을 밀어 바닥에 세게 넘어뜨린 후 목을 조르거나, 누르고, 옆 굴리기를 하였다.

피고인은 위 일시, 장소에서 공소외 1과 피해자가 몸싸움하던 것을 지켜보던 중 피해자가 왼손을 주머니에 넣어 휴대용 녹음기를 꺼내어 움켜쥐자 피해자의 왼손을 잡아 쥐고 있는 주먹을 강제로 펴게 하였다.

이로써 피고인과 공소외 1은 동시에 피해자를 폭행하여 피해자에게 약 4주간의 치료가 필요한 좌 제4수지 중위지골 골절을 가하였다.

[원심 판단]

제1심법원은 피고인에게 형법 제257조 제1항, 형법 제16조, 형법 제20조, 형법 제21조를 적용하여 무죄를 선고하였다.

피고인이 피해자에게 상해를 가하였다. 그러나 피고인에게 그 행위가 죄가 되지 않는 것으로 오인한 데 정당한 정당한 이유가 있다.

원심법원은 피고인에게 유죄를 선고하였다.

피고인이 피해자에게 상해를 가하였음은 물론 그 행위가 죄가 되지 않는 것으로 오인한 데 정당한 이유가 있다고 볼 수 없다. 이와 달리 그 오인에 정당한 이유가 있다고 보아 무죄를 선고한 제1심판결을 파기하고 피고인에 대하여 유죄판결을 선고하였다.

피고인이 상고하였다.

[대법원 판단]

대법원은 원심판결을 파기하고, 사건을 서울북부지방법원에 환송한다.

피고인이 공소사실 기재 행위 당시 죄가 되지 않는 것으로 오인한 것에 대해 '정당한 이유'를 부정하여 공소사실을 유죄로 판단하였는바, 이러한 원심의 판단에는 위법성조각사유의 전제사실에 관한 착오, 정당한 이유의 존부에 관한 법리를 오해함으로써 판결에 영향을 미친 잘못이 있다.

(1) 관장과 피해자는 외형상 신체적 차이가 크지 않았다. 피해자는 제압된 상태였더라도 상당한 정도의 물리력을 행사할 수 있는 능력이 있었다. 그 직전까지도 몸싸움을 하는 등 급박한 상황이 계속되고 있었다. 피해자가 위 관장에 대한 항의 내지 보복의 감정을 가진 상태에서 계획적·의도적으로 다시 찾아옴에 따라 몸싸움이 발생하였다.

(2) **피고인은 일관되게 '피해자가 호신용 작은 칼 같은 흉기를 꺼내는 것으로 오인하여 이를 확인하려고 하였다.'는 취지로 진술하였다.** 피해자도 수사과정에서 '피고인이 상해를 입힐 의도가 있었다고 생각하지는 않는다. 내가 쥐고 있던 물건이 무엇인지 확인하기 위해서였다고 생각한다.'라고 진술하였다. 피해자가 가진 '휴대용 녹음기'와 피고인이 착각하였다고 주장하는 '호신용 작은 칼'은 크기·길이 등 외형상 큰 차이가 없어 이를 쥔 상태의 주먹이나 손 모양만으로는 양자를 구별하는 것이 쉽지 않다. 피해자의 주먹이나 손 모양만으로 그가 움켜쥔 물건이 무엇인지조차 알기 어려웠다.

(3) 피해자가 진술한 바와 같이 당시 왼손으로 휴대용 녹음기를 움켜쥔 상태에서 이를 활용함에 별다른 장애가 없었다. 그러므로 몸싸움을 하느라 신체적으로 뒤엉킨 상황에서 피해자가 실제로 위험한 물건을 꺼내어 움켜쥐고 있었다면, 그 자체로 위 관장의 생명·신체에 관한 급박한 침해나 위험이 초래될 우려가 매우 높은 상황이었다. 수사기관도 이러한 정황을 고려하였기에 원심에서 공소장을 변경하기 전까지 공소사실에 피고인이 한 행위의 이유·동기에 관하여 '위험한 물건으로 착각하여 빼앗기 위하여'라고 기재하였다. 이러한 수사기관의 인식이야말로 당시 상황에 대한 객관적 평가이자 피고인이 피해자의 행동을 오인함에 정당한 이유가 있었음을 뒷받침하는 사정에 해당한다. 비록 원심에서 공소장변경을 통해 이 부분 기재를 공소사실에서 삭제하였다고 하여 수사기관의 당초 인식 및 평가가 소급하여 달라질 수 없다. 그럼에도 원심이 마치 그 삭제만으로 처음부터 그러한 사정이 존재하지 않았던 것처럼 '피고인이 피해자의 손에 있는 물건이 흉기라고 오인할만한 별다른 정황도 보이지 않는다.'라고 단정한 것은 형사재판에서 범죄사실에 대한 증명 및 유죄 인정의 첫걸음에 해당하는 것이자 검사에게 증명책임과 작성권한이 있는 공소사실 내지 그 경정 혹은 변경의 의미에 대한 올바른 평가라고 보기도 어렵다.

(3) 이러한 점 등을 이유로, **피고인에 대하여 유죄로 판단한 원심판단에 위법성조각사유의 전제사실에 관한 착오, 정당한 이유의 존부에 관한 법리를 오해하여 판결에 영향을 미친 잘못이 있다.**

✎ **참조 조문**

┃ 형법 제16조, 제20조, 제21조, 제257조 제1항

▪ 낭독 형법 판결문 09 ▪

대법원 2023. 11. 2. 선고 2023도10768 판결 [상해]
〈위법성조각사유 전제사실의 착오에 관한 사건〉

판시 사항

갑은 관장 을이 운영하는 복싱클럽에 회원등록을 하였던 자로서 등록을 취소하는 문제로 을로부터 질책을 들은 다음 약 1시간이 지난 후 다시

복싱클럽을 찾아와 을에게 항의하는 과정에서 을이 갑의 멱살을 잡아당기거나 바닥에 넘어뜨린 후 목을 조르는 등 을과 갑이 뒤엉켜 몸싸움을 벌였는데, 코치인 피고인이 이를 지켜보던 중 갑이 왼손을 주머니에 넣어 불상의 물건을 꺼내 움켜쥐자 갑의 왼손 주먹을 강제로 펴게 함으로써 갑에게 손가락 골절상을 입혔다는 상해의 공소사실로 기소된 사안이다. 피고인이 당시 죄가 되지 않는 것으로 오인한 것에 대해 '정당한 이유'를 부정하여 공소사실을 유죄로 인정한 원심판결에 위법성조각사유의 전제사실에 관한 착오, 정당한 이유의 존부에 관한 법리오해의 잘못이 있다고 한 사례.

판결 요지

갑은 관장 을이 운영하는 복싱클럽에 회원등록을 하였던 자로서
등록을 취소하는 문제로 을로부터 질책을 들은 다음
약 1시간이 지난 후 다시 복싱클럽을 찾아와
을에게 항의하는 과정에서
을이 갑의 멱살을 잡아당기거나
바닥에 넘어뜨린 후
목을 조르는 등 을과 갑이 뒤엉켜 몸싸움을 벌였다. ·싸움

그런데 코치인 피고인이 이를 지켜보던 중
갑이 왼손을 주머니에 넣어
불상의 물건을 꺼내 움켜쥐자
갑의 왼손 주먹을 강제로 펴게 함으로써
갑에게 약 4주간의 치료가 필요한 손가락 골절상을 입혔다는
상해의 공소사실로 기소된 사안이다. ·상해

① 을과 갑은 외형상 신체적 차이가 크지 않고,
당시 갑은 제압된 상태였더라도
상당한 정도의 물리력을 행사할 수 있는 능력이 있었을뿐더러

그 직전까지도 을과 몸싸움을 하는 등
급박한 상황이 계속되고 있었으며, ·현재성
몸싸움은 일시적·우발적으로 발생한 것이라기보다는
갑이 을에 대한 항의 내지 보복의 감정을 가진 상태에서
계획적·의도적으로 다시 찾아옴에 따라 발생하였고,
더구나 코치로서 관장과 회원 사이의 시비를
말리거나 더 커지는 것을 막아야 하는
위치에 있던 피고인의 입장에서,

둘 사이의 몸싸움이 격화되는 과정에서
갑이 왼손을 주머니에 넣어 특정한 물건을 움켜쥔 채
꺼내는 것을 목격하자,
이를 갑이 상대방의 생명·신체에 위해를 가하려는 것으로
충분히 오인할 만한 객관적인 정황이 있었던 점, ·위해 상황

② 피고인은 일관하여
'갑이 호신용 작은 칼 같은 흉기를 꺼내는 것으로 오인하여
이를 확인하려고 하였다.'는 취지로 진술하였고,
갑 역시 수사과정에서
'피고인에게 상해의 의도가 있었다기보다는
손에 쥐고 있던 물건이 무엇인지
확인하기 위해서였다고 생각한다.'라고 같은 취지로 진술하였으며,

갑이 가지고 있던 '휴대용 녹음기'와
피고인이 착각하였다고 주장하는 '호신용 작은 칼'은
크기·길이 등 외형상 큰 차이가 없어
이를 쥔 상태의 주먹이나 손 모양만으로는
양자를 구별하는 것이 쉽지 않았으므로,

당시 피고인은 갑의 주먹이나 손 모양만으로
그가 움켜쥔 물건이 무엇인지조차 알기 어려웠던 점, ·호신용 작은 칼

③ 갑은 당시 왼손으로 휴대용 녹음기를 움켜쥔 상태에서
이를 활용함에 별다른 장애가 없었으므로,
만일 몸싸움을 하느라 신체적으로 뒤엉킨 상황에서
갑이 실제로 위험한 물건을 꺼내어 움켜쥐고 있었다면
그 자체로 을의 생명·신체에 관한 급박한 침해나
위험이 초래될 우려가 매우 높은 상황이었던 점, ·급박 상황

④ 형법 제20조의 사회상규에 의한 정당행위를
인정하기 위한 요건들 중
행위의 '긴급성'과 '보충성'은
다른 실효성 있는 적법한 수단이 없는 경우를 의미하지
'일체의 법률적인 적법한 수단이 존재하지 않을 것'을
의미하지는 않는다는 판례 법리에 비추어, ·형법 제20조 사회상규

피고인의 행위는 적어도
주관적으로는 그 정당성에 대한 인식하에 이루어진 것이라고 보기에
충분한 점 등을 종합하면,

피고인이 당시 죄가 되지 않는 것으로 오인한 것에 대해
'정당한 이유'를 부정하여
공소사실을 유죄로 인정한 원심판결에는
위법성조각사유의 전제사실에 관한 착오,
정당한 이유의 존부에 관한 법리오해의 잘못이 있다고 한 사례.

판결 해설

1. 판결문 문장

대법원이 왜 이렇게 한 문장으로 된 장문을 사용하는지 이해하기 어렵다. 여러 문장으로 끊어서 읽기 쉽게 문장을 만들면, 모두가 판결문을 쉽게 이해할 수 있다. 여러 상황을 '~고, ~나, ~자, ~며, ~데, ~면, ~서'로 이어 쓴 이유가 무엇일까? 대법원 판결문 문장이 훈민정음^{訓民正音}인지 의문이다.

2. 형법 제21조 정당방위

이 사안은 형법 제21조 정당방위에 해당한다. 타인 법익·현재성·침해·상당성 요건을 모두 충족한다. 상당성은 필요성과 사회윤리적 제한을 말한다. 이 사안을 행위자의 관점에서 보면, 정당방위 상황이며, 정당방위 상황 인식이 있다. 판결문은 정확하게 지적한다.

> 만일 몸싸움을 하느라 신체적으로 뒤엉킨 상황에서 갑이 실제로 위험한 물건을 꺼내어 움켜쥐고 있었다면 그 자체로 을의 생명·신체에 관한 급박한 침해나 위험이 초래될 우려가 매우 높은 상황이었다(대법원 2023. 11. 2. 선고 2023도10768 판결 [상해]).

3. 형법 제20조 정당행위 사회상규

이 사안은 형법 제20조 정당행위 사회상규에 부합한다. 위법성조각사유가 경합하는 경우 개별·특수 정당화사유인 형법 제20조 정당행위 법령·업무에 근거한 행위·형법 제21조 정당방위·형법 제22조 정당화 긴급피난·형법 제23조 자구행위·형법 제24조 피해자승낙·형법 제310조 위법성조각 순으로 검토한다. 마지막에 형법 제20조 정당행위 사회상규를 검토한다(임웅, 형법총론, 제13정판, 법문사, 2023, 301–304면).

이 사안에서 형법 제21조 정당방위는 형법 제20조 정당행위에서 사회상규 보다 우선 적용된다. 대법원은 사회상규를 다음과 같이 설명한다.

> 형법 제20조 정당행위에 관한 판례 법리, 즉 사회상규에 의한 정당행위를 인정하려면, 행위 동기나 목적 정당성, 행위 수단이나 방법

상당성, 보호이익과 침해이익과의 법익균형성, 긴급성, 그 행위 외에 다른 수단이나 방법이 없다는 보충성 등 요건을 갖추어야 한다. 그런 데 위 '목적·동기', '수단', '법익균형', '긴급성', '보충성'은 불가분적으로 연관되어 하나의 행위를 이루는 요소들로 종합적으로 평가되어야 한다. 그중 행위의 긴급성과 보충성은 다른 실효성 있는 적법한 수단이 없는 경우를 의미한다. '일체의 법률적인 적법한 수단이 존재하지 않을 것'을 의미하는 것은 아니다. 이러한 법리(대법원 2023. 5. 18. 선고 2017도2760 판결 참조)에 비추어 보아도 그러한 바, 이 사건 당시 피고인 행위는 적어도 주관적으로 그 정당성에 대한 인식하에 이루어진 것이라고 보기에 충분하다.

4. 형법 제16조 위법성조각사유 전제사실 착오

이 사안은 형법 제21조 정당방위와 형법 제20조 정당행위에 해당한다. 대법원은 유죄를 선고한 원심법원의 법리 해석을 오류라고 판단한다. 대법원 논지는 정확하고 타당하다. 그러나 대법원이 추가로 설시하는 위법성조각사유 전제사실에 대한 착오(이하 '위전착'이라 한다)는 문제가 많다. 언급할 필요가 전혀 없는 문제이기 때문이다.

이 사안은 정당방위 문제이지, 위전착 문제가 아니다. 위전착 사안으로 볼 이유도 없다. 우리나라 형법은 제3의 착오 유형을 명확하게 규정하지 않았다. 그래서 해석 논란이 심하다. 형법 제16조 법률착오로 해석할 이유가 없다. 형법 제16조는 위법성 착오를 규정한 조문이기 때문이다. 형법 제16조를 적용하면 결론은 유죄와 무죄뿐이다. 정당한 이유가 있으면 무죄가 선고되고 없으면 유죄이다. 형법 제16조 법률착오로 행위자를 과실범으로 처벌할 수가 없다. 일부 학설은 법률효과를 제한하는 책임설로 과실책임을 언급한다. 형법 몇조에 근거하여 과실범으로 처벌되어야 하는지 의문이다.

형법 제16조 법률착오는 위전착을 해결하는 법조문이 아니다. 과실책임을 도출할 수도 없다. 이 점을 대법원은 명확하게 인식해야 한다.

5. 복싱클럽 상해사건 해결방안

제1심법원은 피고인에게 형법 제21조 정당방위를 인정하여 무죄를 선고하였다. 올바른 법리 해석이다.

위전착 문제를 해결하는 원칙은 두 가지이다. ① 어떤 유형의 착오인가? ② 형법 몇 조를 적용할 것인가? 이 순서로 사건을 분석하고 판단하면 된다. 제3의 착오유형이면, 형법 제14조를 적용하여 과실범으로 처벌한다. 합일태 범죄체계에 따르면, 형법 제14조 과실은 이중기능이 있다. 위전착의 경우 구성요건 고의는 인정하지만, 책임 과실만 부담한다. 위전착에 따라 이 사안을 해결하면, 형법 제257조 제1항, 형법 제13조를 적용하여 구성요건해당성과 위법성을 인정한다. 책임에서 형법 제267조, 제14조를 적용하여 과실치상죄가 성립한다. 오스트리아 형법 제8조처럼 형법 제16조 개정을 통해 위전착을 명문화하면 해석논란을 종식할 수 있을 것이다(하태영, 위법성조각사유 전제사실의 착오 체계 문제, 죄형법정원칙과 법원 1, 박영사, 2023, 183-208면).

6. 오스트리아 형법 제8조

오스트리아 형법 제8조가 연구 대상이 될 수 있다. 장점은 3단계 범죄체계를 유지하면서, 고의·과실의 이중적 기능을 인정하고, 제3의 독자적인 착오를 해결하는데 명확하기 때문이다. 이 조문은 죄형법정주의와 형법 정신이 조화를 이루고, 범죄체계와 정밀한 형법해석을 지원하고 있다.

✎ 참조 조문

§8 ÖStGB Irrtümliche Annahme eines rechtfertigenden Sachverhaltes
Wer irrtümlich einen Sachverhalt annimmt, der die Rechtswidrigkeit der Tat ausschließen würde, kann wegen vorsätzlicher Begehung nicht bestraft werden. Er ist wegen fahrlässiger Begehung zu bestrafen, wenn der Irrtum auf Fahrlässigkeit beruht und die fahrlässige Begehung mit Strafe bedroht ist.

오스트리아 제8조(위법성조각사유 전제사실 착오) 행위의 위법성을 조각하는 사실을 착오로 오인한 사람은 고의기수행위로 처벌될 수 없다. 착오가 과실에 근거하고 과실기수행위가 법률로 처벌된다면, 위법성조각사유 전제사실착오는 과실기수행위로 처벌될 수 있다.

공동정범

시세조종행위에 대한 공동정범 인정 여부가 문제된 사건

대법원 2023. 12. 21. 선고 2018도20415 판결
[자본시장과금융투자업에관한법률위반]

[공소사실 요지]

한국 도이치증권 주식회사 및 그 직원이 도이치은행 홍콩지점의 시세조종
행위에 가담하였다.

검사는 피고인을 자본시장과금융투자업에관한법률위반으로 기소되었다.

[원심 판단]

제1심법원은 피고인에게 무죄를 선고하였다.

원심법원은 피고인에게 무죄를 선고하였다.

검사가 제출한 증거만으로는 피고인이 이 사건 은행의 투기적 포지션 구
축 사실 및 그로 인해 주가가 하락할 경우 투기적 포지션에서 이익을 얻
을 것이라는 사실까지 사전에 인지하였고, 나아가 이 사건 은행과 공동의
의사로 이 사건 시세조종행위를 하기 위해 일체가 되어 서로 다른 사람의
행위를 이용하여 자기의 의사를 실행한다는 상호이해가 있었다는 점이 합
리적 의심을 배제할 정도로 충분히 증명되었다고는 보기 어렵다.

검사가 상고하였다.

[대법원 판단]

대법원은 상고를 기각한다.

피고인이 이 사건 은행의 투기적 포지션 구축 및 코스피200 지수 조종
사실을 인식·용인하고 공동의 의사로 범행에 대한 본질적인 기여를 통한
기능적 행위 지배를 하였다는 점이 합리적인 의심의 여지가 없을 정도로
충분히 증명되었다고 보기 어렵다. 대법원은 공소사실을 무죄로 판단한
원심판결을 수긍하여 상고를 기각하였다.

낭독 형법 판결문 10

대법원 2023. 12. 21. 선고 2018도20415 판결 [자본시장과금융투자업에관한법률위반]

〈시세조종행위에 대한 공동정범 인정 여부가 문제된 사건〉

판시 사항

공동정범의 성립요건

판결 요지

형법 제30조의 공동정범은 2인 이상이 공동하여 죄를 범하는 것이다.
공동정범이 성립하기 위해서는
주관적 요건인 공동가공의 의사와
객관적 요건인 공동의사에 의한 기능적 행위지배를 통한 범죄의 실행사실이 필요하다.

여기서 공동가공의 의사는
타인의 범행을 인식하면서도
이를 제지하지 아니하고 용인하는 것만으로는 부족하다.
공동의 의사로
특정한 범죄행위를 하기 위하여
일체가 되어
서로 다른 사람의 행위를 이용하여
자기의 의사를 실행에 옮기는 것을 내용으로 하여야 한다.

따라서 공동정범으로 인정하려면
범죄 실행의 전 과정을 통하여
각자의 지위와 역할,
공범에 대한 권유내용 등을 구체적으로 검토하고
이를 종합하여 위와 같은

상호이용의 관계가

합리적인 의심을 할 여지가 없을 정도로 증명되어야 한다.

그와 같은 증명이 없다면

설령 피고인에게 유죄의 의심이 간다 하더라도

피고인의 이익으로 판단할 수밖에 없다(대법원 2005. 3. 11. 선고 2002
도5112 판결, 대법원 2018. 5. 11. 선고 2017도21033 판결 등 참조).

판결 해설

1. 공동정범 의의

공동정범共同正犯은 2인 이상이 공동하여 죄를 범한 사람이다. 특징은
기능적 행위지배이다. 공동정범 본질은 범죄공동설과 행위공동설이 대
립한다. 다수설과 판례는 행위공동설이다(임웅, 형법총론, 제13정판, 법문
사, 2023, 463−489면).

2. 공동정범 성립요건

주관적 요건으로 공동가공 의사와 객관적 요건으로 기능적 행위지배
이다. 동시범은 2인 이상이 죄를 범하여도 공동의사가 없어서 공동정범
이 될 수 없다.

3. 공동정범 유형

편면적 공동정범은 인정될 수 없다. 한 사람만 범죄의사를 가진 경우
이다. 공동의사 방법은 묵시적·암묵적 의사연결이 인정되면 충분하다.

공모공동정범은 공동의사가 행위 이전에 성립한 경우이다. 우연적 공
동정범은 공동의사가 행위시에 성립한 경우이다. 승계적 공동정범은 공
동의사가 행위 도중, 즉 실행행위 일부 종료 후 그 기수 이전에 성립한
경우이다. 판례는 승계적 공동정범을 인정한다. 후행자에게 가담 이후
행위에 대해 공동정범 성립을 인정한다.

과실범의 공동정범도 인정된다. 성립요건은 공동의 주의의무위반과
구성요건 실현행위의 공동이다. 판례는 행위공동설에 따라 과실범의 공

동정범을 인정한다. 과실범의 공동정범에서 망을 보는 사람은 실행행위를 분담한 것이다. 실행행위의 분담은 반드시 현장에서 함께 하지 않아도 된다.

공모공동정범은 2인 이상 사람이 공모하여 일부가 범죄 실행에 나아간 때 실행행위를 담당하지 아니한 공모자에게도 공동정범이 성립한다. 판례는 배후거물이나 분담형 공모공동정범을 정범으로 처벌한다. 분업에 의한 기능적 역할분담에 중심이 있다.

적어도 공모자 중 1인은 실행에 착수하여야 한다. 판례는 "공모공동정범에서 공모는 어느 범죄에 공동가담하여 그 범죄를 실현하려는 의사결합만 있으면 족하다"고 판시하였다. 전체 계획에 중요한 역할을 담당해야 한다.

4. 공모관계로부터 이탈과 공동정범과 중지미수

대법원 판례는 "다른 공모자가 실행에 착수한 후에 이탈한 경우, 다른 공범자에 의하여 그 범죄가 기수에 이른 때, 피고인은 그 범죄의 기수로 처벌받으며, 중지미수가 되지 않는다"고 판시하였다.

대법원은 종래 공모자 1인이 다른 공모자가 실행행위에 이르기 전에 공모관계에서 이탈한 때, 다른 공모자 행위에 대하여 공동정범 성립을 부정하였다. 그리고 공모자가 공모에 주도적으로 참여하여 다른 공모자 실행에 영향을 미친 때, 범행을 저지하기 위하여 적극적으로 노력하는 등 실행에 미친 영향력을 제거하지 아니하는 한. 공모관계에서 이탈하였다고 할 수 없다"고 보았다.

5. 공동의사와 공동정범과 형사처벌

공동정범은 각자를 그 죄의 정범으로 처벌한다(형법 제30조 제1항). 대법원은 "강도의 공동정범 가운데 한 사람이 상해를 가한 이상 다른 공동정범도 당연히 강도상해죄 공동정범의 죄책을 면할 수 없다"고 판시하였다. 공동정범은 공동의사 범위를 초과하여 성립할 수 없다. 초과한 부분에 대하여 공동정범이 성립하기 위해서 다른 공동자에게 고의가 있어야 한다(임웅, 형법총론, 제13정판, 법문사, 2023, 481 – 486면).

6. 결과적 가중범과 공동정범

결과적 가중범에서 공동정범은 인정된다. 대법원은 행위공동설의 입장에서 "기본행위에 대한 공동이 있는 이상 다른 공동자도 결과적 가중범에 대한 책임을 면할 수 없다"고 판시하였다. 결과적 가중범의 공동정범을 인정하기 위해서 공동정범의 각자가 형법 제15조 제2항에 근거하여 결과발생을 예견할 수 있어야 한다.

7. 비신분자와 공동정범

공무원 아닌 자도 수뢰죄 또는 허위공문서작성죄 공동정범이 될 수 있다. 비점유자도 점유자와 같이 횡령죄 공동정범이 될 수 있다. 타인과 공동하여 친족 재물을 절취한 사람은 처벌되지 않는다. 그러나 공동자는 절도죄 책임을 면할 수 없다. 타인과 공동하여 타인 존속을 살해한 사람은 보통살인죄가 성립한다.

8. 공동정범과 착오

공동정범 착오는 사실 착오에 대한 이론이 적용된다. 공동정범에서 한 사람의 객체착오는 다른 공동정범의 고의를 조각하지 않는다.

죄질이 서로 다른 구성요건 사이에 착오가 있는 경우 공동정범 성립을 부정한다. 질적 착오이다. 다만 공동의사 부분은 음모죄 또는 예비죄로 처벌된다. 갑과 을이 절도 공모를 하였지만, 을이 강간한 경우이다.

죄질이 서로 같은 구성요건 사이에 착오가 있는 경우 공동정범이 성립한다. 양적 초과 실행의 경우 공모한 부분만 공동정범이 성립한다. 갑과 을이 절도를 공모하였지만, 을이 강도한 경우이다. 과소 실행의 경우 실행한 사실의 범위에서 공동정범이 성립한다. 갑과 을이 강도를 공모하였지만, 을이 절도한 경우이다.

방 조 범

위법한 쟁의행위에 조력하는 행위가 업무방해방조죄에
해당하는지 문제된 사건

대법원 2023. 6. 29. 선고 2017도9835 판결
[업무방해방조]

[공소사실 요지]

철도노조 조합원 2인이 한국철도공사의 순환전보방침에 반대하고자 높이
15m가량의 조명탑 중간 대기 장소에 올라가 이를 점거함으로써 한국철도
공사로 하여금 위 조합원들의 안전을 위해 조명탑의 전원을 차단하게 하
여 위력으로 한국철도공사의 야간 입환업무를 방해하였다. 피고인들은 위
조합원들의 농성을 지지하고자 조명탑 아래 천막을 설치하고, 지지집회를
개최하고, 음식물 등 물품을 제공하여 위 업무방해범행을 용이하게 함으
로써 이를 방조하였다.

검사는 피고인들을 형법 제314조, 형법 제32조 제1항 업무방해방조죄로
기소하였다.

[원심 판단]

제1심법원은 피고인들에게 유죄를 선고하였다.

원심법원은 피고인들에게 유죄를 선고하였다.

피고인들이 상고하였다.

[대법원 판단]

대법원은 원심판결을 파기하고, 사건을 서울서부지방법원에 환송한다.

피고인들이 조명탑 점거농성 개시부터 관여한 것으로는 보이지 않는다. 회
사 인사 방침에 대한 의견을 표현하는 집회의 개최 등은 조합활동에 속한
다. 농성자들에게 제공한 음식물 등은 생존을 위해 요구되는 것이다. 이 점
등의 사정을 들어 피고인들의 행위가 전체적으로 보아 조명탑 점거에 일

부 도움이 된 측면이 있었다고 하더라도, 행위의 태양과 빈도, 경위, 장소적 특성 등에 비추어 농성자들의 업무방해범죄 실현과 밀접한 관련이 있는 행위로 보기 어렵다. 방조죄에서 요구하는 인과관계를 부정한다. 대법원은 이와 달리 공소사실을 모두 유죄로 인정한 원심을 파기·환송하였다.

낭독 형법 판결문 11

대법원 2023. 6. 29. 선고 2017도9835 판결 [업무방해방조]

〈위법한 쟁의행위에 조력하는 행위가 업무방해방조죄에 해당하는지 문제된 사건〉

판시 사항

철도노조 조합원 2인이 조명탑 대기장소에 올라가 농성을 벌이는 가운데, 그 아래에 천막을 설치하고, 지지 집회를 개최하고 음식물과 책 등 물품을 제공한 피고인들의 행위가 위 조합원들의 업무방해범죄의 실현과 인과관계가 인정되는지 여부(소극)

판결 요지

[1] 형법 제32조 제1항은

"타인의 범죄를 방조한 자는 종범으로 처벌한다."라고 정하고 있다.

방조란 정범의 구체적인 범행준비나 범행사실을 알고

그 실행행위를 가능·촉진·용이하게 하는 지원행위 또는

정범의 범죄행위가 종료하기 전에

정범에 의한 법익 침해를 강화·증대시키는 행위로서,

정범의 범죄 실현과 밀접한 관련이 있는 행위를 말한다.

방조범은 정범에 종속하여 성립하는 범죄이다.

그러므로 방조행위와 정범의 범죄 실현 사이에는

인과관계가 필요하다.

방조범이 성립하려면

방조행위가 정범의 범죄 실현과 밀접한 관련이 있고
정범으로 하여금 구체적 위험을 실현시키거나
범죄 결과를 발생시킬 기회를 높이는 등으로
정범의 범죄 실현에 현실적인 기여를 하였다고
평가할 수 있어야 한다.

정범의 범죄 실현과 밀접한 관련이 없는 행위를
도와준 데 지나지 않는 경우에는
방조범이 성립하지 않는다.

[2] 쟁의행위가 업무방해죄에 해당하는 경우
제3자가 그러한 정을 알면서
쟁의행위의 실행을 용이하게 한 경우에는
업무방해방조죄가 성립할 수 있다.
다만 헌법 제33조 제1항이 규정하고 있는 노동3권을
실질적으로 보장하기 위해서는
근로자나 노동조합이 노동3권을 행사할 때
제3자의 조력을 폭넓게 받을 수 있도록 할 필요가 있다.
나아가 근로자나 노동조합에 조력하는 제3자도
헌법 제21조에 따른 표현의 자유나 헌법 제10조에 내재된
일반적 행동의 자유를 가지고 있다.
그러므로 위법한 쟁의행위에 대한 조력행위가
업무방해방조에 해당하는지 판단할 때는
헌법이 보장하는 위와 같은 기본권이 위축되지 않도록
업무방해방조죄의 성립 범위를 신중하게 판단하여야 한다(대법원
2021. 9. 9. 선고 2017도19025 전원합의체 판결, 대법원 2021. 9. 16. 선고
2015도12632 판결 등 참조).

누 범

특정범죄가중법 제5조의4 제5항 제2호 중 '이들 죄'의 의미가 문제된 사건

대법원 2023. 12. 21. 선고 2023도12852, 2023전도144 판결
[특정범죄가중처벌등에관한법률위반(강도)·특정범죄가중처벌등에관한
법률위반(절도)·특수주거침입·공문서부정행사·부착명령]

[공소사실 요지]

피고인이 과거에 강도상해죄, 강도치상죄, 절도죄 등으로 3회 이상 징역
형을 선고받고 다시 준특수강도미수죄를 범하였다.

검사는 피고인을 특정범죄가중법 제5조의4 제5항 제2호 위반의 공소사실
로 기소하였다.

[원심 판단]

제1심법원은 피고인에게 유죄를 선고하였다.

원심법원은 피고인에게 유죄를 선고하였다.

피고인이 절도죄 등으로 세 번 이상 징역형을 받은 사람으로서 누범기간
중 다시 이들 죄를 범하였다.

피고인이 상고하였다.

[대법원 판단]

대법원은 원심판결을 파기하고, 사건을 부산고등법원에 환송한다.

특정범죄가중법 제5조의4 제5항 제2호 중 '이들 죄를 범하여 누범으로 처
벌하는 경우' 부분에서 '이들 죄'라 함은, 형법 제333조 내지 제336조의
죄 및 제340조 제1항의 죄 또는 그 미수죄를 의미한다. 강도상해, 강도치
상죄가 「특정범죄 가중처벌 등에 관한 법률」 제5조의4 제5항 제2호 중
'이들 죄'에 해당하지 않는다. 대법원은 이와 달리 피고인이 특정범죄가중
법 제5조의4 제5항 제2호에 규정된 죄로 세 번 이상 징역형을 받은 사람

에 해당한다고 판단한 원심판결을 파기·환송하였다.

낭독 형법 판결문 12

대법원 2023. 12. 21. 선고 2023도12852, 2023전도144 판결 [특정범죄가중처벌
등에관한법률위반(강도)·특정범죄가중처벌등에관한법률위반(절도)·특수주거침입·공
문서부정행사·부착명령]
〈특정범죄가중법 제5조의4 제5항 제2호 중 '이들 죄'의 의미가 문제된 사건〉

판시 사항

반복적인 강도 범행 등에 대한 누범가중 처벌규정인 특정범죄 가중처벌
등에 관한 법률 제5조의4 제5항의 취지 / 같은 항 제2호 중 '이들 죄를
범하여 누범으로 처벌하는 경우' 부분에서 '이들 죄'의 의미(=형법 제
333조 내지 제336조의 죄 및 제340조 제1항의 죄 또는 그 미수죄)

판결 요지

「특정범죄 가중처벌 등에 관한 법률」(이하 '특정범죄가중법'이라 한
다) 제5조의4 제5항은
'형법 제329조부터 제331조까지,
제333조부터 제336조까지 및
제340조·제362조의 죄 또는 그 미수죄로
세 번 이상 징역형을 받은 사람이
다시 이들 죄를 범하여 누범으로 처벌하는 경우에는
다음 각 호의 구분에 따라 가중처벌한다.' 라고 규정하면서
제2호에서 '형법 제333조부터 제336조까지의 죄 및
제340조 제1항의 죄(미수범을 포함한다)를 범한 경우'에
가중처벌한다고 정하고 있다.

이러한 특정범죄가중법 제5조의4 제5항의 규정 취지는
같은 항 각 호에서 정한 죄 가운데
동일한 호에서 정한 죄를 3회 이상 반복 범행하고,
다시 그 반복 범행한 죄와
동일한 호에서 정한 죄를 범하여 누범에 해당하는 경우에는
동일한 호에서 정한 법정형으로 처벌한다는 뜻으로 보아야 한다.

그러므로 특정범죄가중법 제5조의4 제5항 제2호 중
'이들 죄를 범하여 누범으로 처벌하는 경우' 부분에서
'이들 죄'라 함은,
앞의 범행과 동일한 범죄일 필요는 없으나,
특정범죄가중법 제5조의4 제5항 각 호에 열거된 모든 죄가 아니라
앞의 범죄와 동종의 범죄,
즉 형법 제333조 내지 제336조의 죄 및
제340조 제1항의 죄 또는 그 미수죄를 의미한다(대법원 2020. 2. 27.
선고 2019도18891 판결 등 참조).

법조경합
흡수관계(불가벌적 사후행위)

불가벌적 사후행위 해당 여부에 관한 사건

대법원 2023. 11. 16. 선고 2023도12424 판결
[특정경제범죄가중처벌등에관한법률위반(사기)·사기]

[공소사실 요지]

피고인은 공소외 2 회사의 대표이사인 자로서, 2020. 7. 15.경 수원시 이하 불상지에서 피해자 공소외인에게 "기존 투자금 6,000만 원을 재투자하면 2020. 7. 15.부터 2021. 1. 14.까지 매월 배당금 240만 원을 지급하고 출자기간 만료일로부터 20일 이내에 출자원금을 돌려주며, 투자금은 장어양식 및 수산물 유통사업에 사용된다"라는 취지로 거짓말하였다.

그러나 사실 피고인은 다수의 투자자들로부터 투자금을 받아 다른 투자자에게 배당금과 출자반환금을 지급하는 방법으로 소위 '돌려막기'를 하고 있어 피해자로부터 돈을 받더라도 돌려막기에 사용할 목적이었고, 위 회사에서 추진하는 양식업 등에서는 전혀 수익이 발생하고 있지 않았을 뿐만 아니라 단기간 내에 수익이 발생할 수 있는 구체적인 사업 계획이나 정해진 거래처도 없었으므로 피해자로부터 돈을 받더라도 약정한 기한에 투자금을 돌려줄 의사나 능력이 없었다.

피고인은 위와 같이 피해자를 기망하여 이에 속은 피해자로부터 같은 날 기존 투자금 6,000만 원을 재투자받는 형식으로 교부받아 동액 상당의 재산상 이익을 취득하였다.

검사는 피고인을 유사수신행위의 규제에 관한 법률 제3조, 제6조 제1항, 형법 제37조, 제347조 제1항을 적용하여 기소하였다.

[원심 판단]

제1심법원은 피고인에게 유죄를 선고하였다.

원심법원은 피고인에게 유죄를 선고하였다.

피고인의 2020. 7. 15.경 피해자 공소외인에 대한 판시 사기의 점에 관한 공소사실에 대하여, 유사수신행위법 제3조에서 금지하는 유사수신행위에는 기망행위가 포함되어 있지 않고 유사수신행위법 위반죄와 사기죄는 구성요건을 달리하는 별개의 범죄로서 서로 행위의 태양이나 보호법익을 달리한다는 등의 이유로 기존 범죄인 유사수신행위법 위반죄의 가벌적 평가 범위 내에 흡수되는 불가벌적 사후행위에 해당하지 않는다.

피고인이 상고하였다.

[대법원 판단]

대법원은 상고를 기각한다.

피고인의 2020. 7. 15.경 피해자 A에 대한 사기의 점에 관한 공소사실에 대하여, 유사수신행위법 제3조에서 금지하는 유사수신행위에는 기망행위가 포함되어 있지 않고 유사수신행위법위반죄와 사기죄는 구성요건을 달리하는 별개의 범죄로서 서로 행위의 태양이나 보호법익을 달리한다는 등의 이유로 불가벌적 사후행위에 해당하지 않는다.

낭독 형법 판결문 13

대법원 2023. 11. 16. 선고 2023도12424 판결 [특정경제범죄가중처벌등에관한법률위반(사기)·사기]

〈불가벌적 사후행위 해당 여부에 관한 사건〉

판시 사항

유사수신행위를 금지·처벌하는 유사수신행위의 규제에 관한 법률 제6조 제1항, 제3조 위반죄가 사기죄와 별개의 범죄인지 여부(적극) / 유사수신행위를 한 자가 출자자에게 별도의 기망행위를 하여 유사수신행위로 조달받은 자금의 전부 또는 일부를 다시 투자받는 행위가 유사수신행위의 규제에 관한 법률 위반죄의 불가벌적 사후행위에 해당하는지 여부(소극) 및 별죄인 사기죄를 구성하는지 여부(적극)

유사수신행위의 규제에 관한 법률(이하 '유사수신행위법'이라 한다)
제6조 제1항, 제3조를 위반한 행위는
그 자체가 사기행위에 해당한다거나
사기행위를 반드시 포함한다고 할 수 없다.

유사수신행위법 위반죄는
형법 제347조 제1항의 사기죄와
구성요건을 달리하는 별개의 범죄이다.
서로 보호법익이 다른 이상,
유사수신행위를 한 자가
출자자에게 별도의 기망행위를 하여
유사수신행위로 조달받은 자금의 전부 또는 일부를
다시 투자받는 행위는 유사수신행위법 위반죄와
다른 새로운 보호법익을 침해하는 것이다.

유사수신행위법 위반죄의
불가벌적 사후행위가 되는 것이 아니라
별죄인 사기죄를 구성한다.

죄　수
포괄일죄

사기 범행의 피해자들이 부부인 경우 사기죄의 죄수관계가 문제된 사건

대법원 2023. 12. 21. 선고 2023도13514 판결
[사기]

[공소사실 요지]

피고인은 부부인 피해자들을 기망하여 피해자별로 계약서를 작성하고 피해자별 명의 각 계좌로부터 돈을 송금받아 편취하였다.

검사는 피고인을 편취한 이득액이 5억 원 이상으로 특정경제범죄 가중처벌 등에 관한 법률 위반(사기) 등 공소사실로 기소하였다.

[원심 판단]

제1심법원은 포괄일죄로 유죄를 선고하였다.

원심법원은 포괄일죄로 유죄를 선고하였다.

피해자 부부에 대한 사기죄가 포괄하여 일죄에 해당한다.

검사가 상고하였다.

[대법원 판단]

대법원은 상고를 기각한다.

부부인 피해자들에 대한 ① 기망행위의 공통성, ② 기망행위에 이르게 된 경위, ③ 재산 교부에 관한 의사결정의 공통성, ④ 재산의 형성·유지 과정, ⑤ 재산 교부의 목적 및 방법, ⑥ 기망행위 이후의 정황 등을 종합적으로 고려하여야 한다. 부부인 피해자들의 피해법익이 동일한 경우로 볼 수 있다. 이를 포괄일죄로 판단한 원심판결을 수긍하여 상고를 기각하였다.

▪ 낭독 형법 판결문 14 ▪

대법원 2023. 12. 21. 선고 2023도13514 판결 [사기]
〈사기 범행의 피해자들이 부부인 경우 사기죄의 죄수관계가 문제된 사건〉

판시 사항

수인의 피해자에 대하여 단일한 범의, 동일한 방법으로 각 피해자별로
기망행위를 한 경우 사기죄의 죄수관계

판결 요지

다수의 피해자에 대하여

각각 기망행위를 하여

각 피해자로부터 재물을 편취한 경우에는

범의가 단일하고 범행방법이 동일하더라도

각 피해자의 피해법익은 독립한 것이므로

이를 포괄일죄로 파악할 수 없고

피해자별로 독립한 사기죄가 성립된다(대법원 1989. 6. 13. 선고 89도
582 판결, 대법원 2003. 4. 8. 선고 2003도382 판결 등 참조).

다만 피해자들의 피해법익이 동일하다고

볼 수 있는 사정이 있는 경우에는

이들에 대한 사기죄를 포괄하여 일죄로 볼 수 있다(대법원 2015. 4.
23. 선고 2014도16980 판결 등 참조).

죄 수
상상적 경합

**근로자가 산업재해로 사망하여 사업주가
중대재해처벌법위반(산업재해치사) 등으로 기소된 사건**

대법원 2023. 12. 28. 선고 2023도12316 판결
[산업안전보건법위반]

[공소사실 요지]

피고인 1은 피고인 회사의 대표이사이다. 피고인 회사는 ○○산업(개인사업체)과 제강 및 압연 일용보수작업 업무에 관한 도급계약을 체결하였다. 그런데 ○○산업 소속 근로자인 피해자가 무게 1,220kg 상당의 방열판 보수 작업을 하는 도중 섬유벨트가 끊어지고 방열판이 낙하하면서 피해자를 덮쳐 사망하였다.

[원심 판단]

제1심법원은 피고인에게 유죄를 선고하였다.

원심법원도 유죄를 선고하였다.

중대재해처벌법위반(산업재해치사)죄와 근로자 사망으로 인한 산업안전보건법위반죄 및 업무상과실치사죄는 상호간 사회관념상 1개의 행위가 수개의 죄에 해당하는 경우로서 형법 제40조의 상상적 경합 관계에 있다.

검사가 상고하였다.

[대법원 판단]

대법원은 상고를 기각한다.

낭독 형법 판결문 15

대법원 2023. 12. 28. 선고 2023도12316 판결 [산업안전보건법위반]

〈근로자가 산업재해로 사망하여 사업주가 중대재해처벌법위반(산업재해치사) 등으로 기소된 사건〉

판시 사항

근로자가 산업재해로 사망 시 중대재해처벌법위반(산업재해치사)죄와 산업안전보건법위반죄 및 업무상과실치사죄의 죄수 관계(=상상적 경합)

판결 요지

상상적 경합은

1개의 행위가 수개의 죄에 해당하는 경우를 말한다(형법 제40조).

여기에서 1개의 행위라 함은 법적 평가를 떠나

사회관념상 행위가 사물자연의 상태로서

1개로 평가되는 것을 의미한다(대법원 1987. 2. 24. 선고 86도2731 판결,

대법원 2017. 9. 21. 선고 2017도11687 판결 등 참조).

중대재해처벌법과 산업안전보건법의

목적, 보호법익, 행위태양 등에 비추어 보면,

이 사건에서 중대재해처벌법위반(산업재해치사)죄와

근로자 사망으로 인한 산업안전보건법위반죄 및

업무상과실치사죄는

상호간 사회관념상 1개의 행위가

수개의 죄에 해당하는 경우로서

형법 제40조의 상상적 경합 관계에 있다.

죄 수
실체적 경합

중소기업협동조합법 위반죄와 업무상배임죄의
죄수관계가 문제된 사건

대법원 2023. 2. 23. 선고 2020도12431 판결
[중소기업협동조합법위반]

[공소사실 요지]

'피고인이 공소외 1 등과 공모하여 2015. 2. 27. 실시된 제25대 중소기업
중앙회장 선거에서 회장으로 입후보한 공소외 1을 당선시킬 목적으로 선
거일 전날인 2015. 2. 26. 선거인들에게 서울 강남구 ○○동 소재 △△호
텔 및 인근 중식당 등에서 숙식을 제공하여 재산상 이익을 제공하였다.'는
것이다(이하 '이 사건 중소기업협동조합법 위반 부분'이라 한다).

그런데 피고인에 대하여 유죄판결이 확정된 서울남부지방법원 2019. 4.
11. 선고 2017노883 판결(이하 '확정판결'이라 한다)의 범죄사실 중에는
'피고인이 경기북부아스콘사업협동조합 등의 법인카드로 공소외 1의 선거
관련 비용을 결제하기로 공소외 2 등과 공모하여 2015. 2. 26. 서울 강남
구 ○○동 소재 △△호텔 및 인근 중식당 등에서 위 조합 등의 법인카드
로 선거인들의 위 호텔 및 중식당 등에 대한 숙식료를 결제하여 그 임무
에 위배하여 피해자인 위 조합 등에 재산상 손해를 가하였다.'는 업무상배
임죄의 범죄사실이 포함되어 있다.

[원심 판단]

제1심법원은 피고인에게 중소기업협동조합법 위반죄와 업무상배임죄의 실
체적 경합을 인정하여 유죄를 선고하였다.

원심법원은 피고인에게 중소기업협동조합법 위반죄와 업무상배임죄의 실
체적 경합을 인정하여 유죄를 선고하였다.

피고인이 상고하였다.

[대법원 판단]
대법원은 상고를 기각한다.
원심판단은 정당하고 거기에 상상적 경합 관계 및 확정판결의 기판력에
관한 법리를 오해한 잘못이 없다.

낭독 형법 판결문 16

대법원 2023. 2. 23. 선고 2020도12431 판결 [중소기업협동조합법위반]
〈중소기업협동조합법 위반죄와 업무상배임죄의 죄수관계가 문제된 사건〉

판시 사항

피고인이 특정인을 중소기업중앙회장으로 당선되도록 할 목적으로 선거
인에게 재산상 이익을 제공하면서 그 비용을 자신이 이사장으로 있었던
협동조합의 법인카드로 결제한 사안이다.
선거인에 대한 재산상 이익 제공으로 인한 중소기업협동조합법 위반죄
와 협동조합에 재산상 손해를 가한 것으로 인한 업무상배임죄의 죄수관
계(실체적 경합 관계)

판결 요지

[1] 이 사건 중소기업협동조합법 위반 부분과
확정판결 중 업무상배임 부분은
각 범죄의 구성요건 및 행위의 태양과 보호법익을 달리하고 있어
상상적 경합 관계에 있다고 볼 수 없고,
실체적 경합 관계에 있다.

따라서 피고인이 업무상배임죄의 범죄사실에 관하여
확정판결을 받았다고 하더라도
그 확정판결의 기판력이

이 사건 중소기업협동조합법 위반죄의 공소사실에까지
미치는 것은 아니다.
그러므로 피고인에 대하여 면소를 선고할 수는 없다.

[2] 피고인은 '갑 등과 공모하여 중소기업중앙회장 선거에 입후보한 갑
을 당선시킬 목적으로 선거일 전날 선거인들에게 숙식 등 재산상 이익
을 제공하였다.'는 구 중소기업협동조합법 위반의 공소사실로 기소되었
는데,
피고인에 대한 유죄 확정판결 중에는 '갑의 선거관련 비용을 결제하기
로 을 등과 공모하여 같은 날 병 협동조합 등의 법인카드로 선거인들의
숙식료를 결제하여 병 조합 등에 재산상 손해를 가하였다.'는 업무상배
임죄의 범죄사실이 포함되어 있는 사안이다.
구 중소기업협동조합법 위반의 공소사실과 확정판결 중 업무상배임죄
부분은 각 범죄의 구성요건 및 행위 태양과 보호법익을 달리하여 실체
적 경합 관계에 있다.
그러므로 피고인이 업무상배임죄의 범죄사실에 관하여 확정판결을 받았
더라도
그 확정판결의 기판력이 위 공소사실에까지 미치는 것은 아니어서 면소
를 선고할 수 없다는 이유로, 같은 취지의 원심판단이 정당하다고 한
사례.

죄 수
실체적 경합

運행정지명령위반으로 인한 자동차관리법위반죄와
의무보험미가입자동차운행으로 인한
자동차손해배상보장법위반죄의 성립 여부가 문제된 사건

대법원 2023. 4. 27. 선고 2020도17883 판결
[자동차관리법위반]

[공소사실 요지]
피고인은 운행정지명령이 등록된 처 명의의 자동차를 운행하였다.
검사는 피고인을 운행정지명령위반으로 인한 자동차관리법위반 및 의무보험미가입자동차운행으로 인한 자동차손해배상보장법위반의 공소사실로 기소하였다.

[원심 판단]
제1심법원은 피고인에게 자동차관리법 제82조 제2호의2를 위반한 죄와 자동차손해배상 보장법 제46조 제2항 제2호를 위반한 죄의 상상적 경합을 인정하여 유죄를 선고하였다.
원심법원은 피고인에게 운행정지명령 위반으로 인한 자동차관리법 제82조 제2호의2를 위반한 죄와 의무보험미가입자동차운행으로 인한 자동차손해배상 보장법 제46조 제2항 제2호를 위반한 죄의 상상적 경합을 인정하여 유죄를 선고하였다.
검사가 상고하였다.

[대법원 판단]
대법원은 원심판결을 파기하고, 사건을 서울중앙지방법원에 환송한다.
이 사건 운행정지명령은 요건을 갖추지 못하여 위법하다. 그러므로 피고인에 대한 자동차관리법위반의 공소사실을 유죄로 판단한 원심에 자동차관리법 제24조의2 제2항의 운행정지명령의 요건과 자동차관리법 제82조

제2호의2 위반죄에 대한 법리를 오해하여 판결에 영향을 미친 잘못이 있다. 원심이 위 각 죄를 상상적 경합관계로 판단한 것은 죄수에 관한 법리를 오해한 잘못이 있다. 대법원은 원심판결을 파기·환송하였다.

▪ 낭독 형법 판결문 17 ▪

대법원 2023. 4. 27. 선고 2020도17883 판결 [자동차관리법위반]
〈운행정지명령위반으로 인한 자동차관리법위반죄와 의무보험미가입자동차운행으로 인한 자동차손해배상보장법위반죄의 성립 여부가 문제된 사건〉

판시 사항

[1] 자동차관리법 제24조의2 제2항에 따른 운행정지명령의 적법 요건 및 같은 법 제82조 제2호의2에 따른 처벌을 하기 위해서는 운행정지명령이 적법한 것이어야 하는지 여부(적극) 및 운행정지명령이 위법한 처분으로 인정되는 경우, 같은 법 제82조 제2호의2 위반죄가 성립할 수 있는지 여부(소극)

[2] 운행정지명령 위반으로 인한 자동차관리법 제82조 제2호의2를 위반한 죄와 의무보험미가입자동차운행으로 인한 자동차손해배상 보장법 제46조 제2항 제2호를 위반한 죄가 양립 불가능한 관계에 있는지 여부(소극) 및 위 각 죄의 죄수관계(=실체적 경합관계)

판결 요지

[1] 자동차관리법 제2조 제3호, 제24조의2 제1항, 제2항 제1호, 제82조 제2호의2, 자동차관리법 시행규칙 제22조 등을 종합하면, 시·도지사 또는 시장·군수·구청장(이하 '시장 등'이라 한다)은
자동차 소유자 또는 자동차 소유자로부터
자동차의 운행 등에 관한 사항을
위탁받은 사람에 해당하지 아니하는 사람이 정당한 사유 없이 자동차를 운행하는 경우에 운행정지명령을 하여야 한다.

이러한 요건을 갖추지 못하였다면
그 운행정지명령은 적법 요건을 갖추지 못하였다고 보아야 한다.

나아가 시장 등이 한 운행정지명령을 위반하여
자동차를 운행하였다는 이유로
같은 법 제82조 제2호의2에 따른 처벌을 하기 위해서는
그 운행정지명령이 적법한 것이어야 하고,
그 운행정지명령이 당연무효는 아니더라도
위법한 처분으로 인정된다면
같은 법 제82조 제2호의2 위반죄는 성립할 수 없다.

[2] 운행정지명령 위반으로 인한
자동차관리법 제82조 제2호의2를 위반한 죄와
의무보험미가입자동차운행으로 인한
자동차손해배상 보장법 제46조 제2항 제2호를 위반한 죄는
구성요건과 수범자의 범위에서 차이가 있고
입법 목적과 보호법익도 다르다.

따라서 위 각 죄는 하나의 범죄가 성립되는 때에
다른 범죄가 성립할 수 없다거나
하나의 범죄가 무죄로 될 경우에만
다른 범죄가 성립할 수 있는
양립 불가능한 관계에 있다고 볼 수 없다.

나아가 위 각 죄는 자동차의 운행이라는 행위가
일부 중첩되기는 하나
법률상 1개의 행위로 평가되는 경우에 해당한다고 보기 어렵다.
또 구성요건을 달리하는 별개의 범죄로서 보호법익을 달리하고 있다.
그러므로 상상적 경합관계로 볼 것이 아니라
실체적 경합관계로 보는 것이 타당하다.

형 벌
사형선고

사형을 선고한 원심판결에 대해 양형부당을 주장한 사건

대법원 2023. 7. 13. 선고 2023도2043 판결
[살인·성폭력범죄의처벌등에관한특례법위반(특수강제추행)·
특수상해·특수폭행·상습폭행·폭행]

[공소사실 요지]

무기징역형으로 교도소에 수감되어 있던 피고인이 다른 재소자들인 공동피고인들과 공모하여 같은 방 재소자인 피해자를 때려 살해하였다.

검사는 피고인들을 형법 제250조 제1항, 제30조 살인죄 공동정범으로 기소하였다.

[원심 판단]

제1심법원은 피고인들에게 피고인 1이 피고인 2, 피고인 3과 공모하여 피해자를 살해한 살인 범행 등에 대하여 사형을 선고하였다.

원심법원은 피고인들에게 피고인 1이 피고인 2, 피고인 3과 공모하여 피해자를 살해한 살인 범행 등에 대하여 사형을 선고하였다.

피고인들이 상고하였다.

[대법원 판단]

대법원은 원심판결 중 피고인 1에 대한 부분을 파기하고, 이 부분 사건을 대전고등법원에 환송한다. 피고인 2, 피고인 3의 상고를 모두 기각한다.

사형의 선택기준이나 다른 유사사건과의 일반적 양형의 균형상 원심이 피고인에 대하여 사형을 선택한 것은 사형 선택의 요건에 관한 법리오해와 심리미진으로 형의 양정이 심히 부당하다고 인정할 현저한 사유가 있는 때에 해당한다.

낭독 형법 판결문 18

대법원 2023. 7. 13. 선고 2023도2043 판결 [살인·성폭력범죄의처벌등에관한특례법위반(특수강제추행)·특수상해·특수폭행·상습폭행·폭행]
〈사형을 선고한 원심판결에 대해 양형부당을 주장한 사건〉

판시 사항

[1] 사형의 선고가 허용되는 경우 및 사형을 선고할 것인지 결정할 때 준수할 사항 / 사형의 선고가 정당화될 수 있는 특별한 사정이 있는지를 심리하는 경우, 양형조건 심사에 고려할 사항 / 구체적인 양형요소가 피고인에게 불리한 정상과 유리한 정상을 모두 포함하는 경우, 법원은 양쪽을 구체적으로 비교 확인한 결과를 종합하여 양형에 나아가야 하는지 여부(적극)

[2] 무기징역형 집행 중인 피고인이 다른 재소자들과 공모하여 피해자를 살해하였다고 기소된 사안이다.

사형의 선택기준이나 다른 유사사건과의 일반적 양형의 균형상 피고인에 대하여 사형을 선택한 원심판단에 법리오해 등의 위법이 있다고 한 사례.

판결 요지

[1] 사형은 인간의 생명을 박탈하는 냉엄한 궁극의 형벌이다.

사법제도가 상정할 수 있는 극히 예외적인 형벌이다.

이 점을 감안할 때,

사형선고는

범행에 대한 책임 정도와 형벌 목적에 비추어

누구라도 그것이 정당하다고 인정할 수 있는

특별한 사정이 있는 경우에만 허용된다.

따라서 사형을 선고할 것인지 결정하려면

형법 제51조가 규정한 사항을 중심으로 범인 나이, 직업과 경력,

성행, 지능, 교육 정도, 성장 과정, 가족관계,
전과 유무, 피해자와 관계,
범행 동기, 사전계획 유무, 준비 정도, 수단과 방법,
잔인하고 포악한 정도, 결과 중대성, 피해자 수와 피해감정,
범행 후 심정과 태도, 반성과 가책의 유무, 피해 회복 정도,
재범 우려 등 양형 조건이 되는 모든 사항을
철저히 심리하여야 한다.

그러한 심리를 거쳐 사형선고가
정당화될 수 있는 사정이 밝혀진 경우에 한하여
비로소 사형을 선고할 수 있다(대법원 1985. 6. 11. 선고 85도926 판결,
대법원 2016. 2. 19. 선고 2015도12980 전원합의체 판결 등 참조).

법원은 이를 위하여 기록에 나타난 양형 조건들을
평면적으로만 참작하는 것에서 더 나아가,
피고인의 성행과 환경 등
주관적인 양형요소를 심사할 수 있는 객관적인 자료를 확보하여
심사하여야 할 것이다.
또한 범행 결의, 준비와 실행 당시를 전후한
피고인 정신상태나 심리상태 변화 등에 대하여서도
관련 분야의 전문적인 의견을 참조하여
깊이 있게 심리를 하여야 한다(대법원 1999. 6. 11. 선고 99도763 판결,
대법원 2003. 6. 13. 선고 2003도924 판결 등 참조).

따라서 법원은 양형 조건이 되는 사항들 중
피고인에게 유리한 정상과 불리한 정상을 충분히 심사하여야 한다.
나아가 구체적인 양형 요소가
피고인에게 불리한 정상과 유리한 정상을 모두 포함하는 경우

양쪽을 구체적으로 비교 확인한 결과를
종합하여 양형에 나아가야 한다.

[2] 무기징역형 집행 중인 피고인이 다른 재소자들과 공모하여 피해자를 살해하였다고 기소된 사안이다.

피고인이 범행 당시 20대의 나이라는 사정은 종래부터 다수의 판례에서 사형 선고가 정당화되기 어려운 사정 중 하나로 밝혀온 점,

범행 당시 코로나바이러스감염증−19의 영향으로 교도소 수용자들의 밀집도가 더 높아지고 운동이 제한되었던 시기로,

위 범행이 교도소에서 저지른 범죄라는 점을 불리한 정상으로만 볼 것이 아니라, 교도소의 특성이 수용자들의 심리와 행동에 영향을 미칠 여지가 있음을 고려하고 특히 당시 교정기관이 예측할 수 없었던 상황으로 수용자들에 대한 관리·감독이 어려울 수 있었다는 점을 감안할 필요가 있는 점,

위 범행은 장기간 누적된 폭행으로 인한 것으로, 이러한 폭행은 개개의 행위 시마다 피해자를 살해하기 위한 확정적인 고의에 따른 것이라기보다는 피해자를 괴롭히려는 목적과 미필적인 고의하에 이루어진 것이어서, 피고인이 미필적 고의로 범행을 저질렀다는 점은 중요한 양형요소에 해당하고,

여기에 피고인이 살인 범행에 흉기나 위험한 물건을 사용하지 않은 것과 피해자가 한 사람에 그친 것 또한 중요한 사정으로 다른 유사사건에서의 양형과 그 형평성을 비교할 수 있는 점 등을 종합하면,

사형 선고로 피고인에게 미치는 영향의 중대성이 다른 형벌과 비교할 수 없고, 법원의 신중한 양형판단 필요성 또한 다른 형의 경우와 비교할 수 없이 높으므로, 사형의 선택기준이나 다른 유사사건과의 일반적 양형의 균형상 피고인에 대하여 사형을 선택한 원심판단에 법리오해 등의 위법이 있다고 한 사례.

추 징

피고인이 미등록 대부업을 운영하면서 법정이자율을 초과하여
취득한 이자에 대한 추징이 문제된 사건

대법원 2023. 11. 2. 선고 2023도10700 판결
[대부업등의등록및금융이용자보호에관한법률위반,
범죄수익은닉의규제및처벌등에관한법률위반, 전자금융거래법위반,
전기통신사업법위반]

[공소사실 요지]

피고인은 공범들과 공모하여 관할 시·도지사나 금융위원회에 대부업 등록을 하지 아니하고 미등록대부업을 하여 2021. 10.경부터 2022. 6.경까지 채무자들로부터 이자제한법에 따른 이자율(이하 '법정이자율'이라고 한다)을 초과하여 이자 명목으로 합계 1억 8,747만 원을 수취하였다.

검사는 피고인을 범죄수익은닉의 규제 및 처벌등에 관한 법률」(이하 '범죄수익은닉규제법'이라고 한다) 제10조 제1항, 제8조 제1항 위반죄로 기소하였다.

[원심 판단]

제1심법원은 피고인에게 공소사실을 유죄로 판단하고, 범죄수익은닉의 규제 및 처벌등에 관한 법률 제10조 제1항, 제8조 제1항에 따라 미등록대부업자인 피고인이 채무자들로부터 법정이자율을 초과하여 받은 이자 1억 8,747만 원 등의 추징을 명하였다.

원심법원은 피고인에게 이 부분 공소사실을 유죄로 판단하면서도 피고인이 법정이자율을 초과하여 받은 1억 8,747만 원의 이자 부분과 관련하여 그 가액의 추징을 명한 제1심판결을 파기하고 추징을 선고하지 않았다.

미등록 대부업자인 피고인이 법정이자율을 초과하는 이자를 수령한 경우 「대부업 등의 등록 및 금융이용자 보호에 관한 법률」상 법정이자율을 초과하는 부분에 대한 이자 계약은 무효가 되고, 지급받은 이자 상당 금액

은 원본에 충당되며, 원본에 충당되고 남은 금액은 채무자에게 반환되어야 한다는 점 등을 이유로 추징을 선고하지 않았다.

검사가 상고하였다.

[대법원 판단]

원심판결을 파기하고, 사건을 수원지방법원에 환송한다.

피고인이 채무자로부터 법정이자율을 초과하는 이자를 수령함으로써 해당 금전의 소유권은 피고인에게 귀속되는 것이다. 다만, 위 법률에 따라 민사상 반환채무 부담 등의 법률효과가 발생할 뿐이다. 그러므로 이는 구「범죄수익은닉의 규제 및 처벌 등에 관한 법률」(2022. 1. 4. 법률 제18672호로 개정되기 전의 것)에 따른 추징 대상이다. 대법원은 이와 달리 판단한 원심판결을 파기·환송하였다.

▐ 낭독 형법 판결문 19 ▐

대법원 2023. 11. 2. 선고 2023도10700 판결 [대부업등의등록및금융이용자보호에관한법률위반, 범죄수익은닉의규제및처벌등에관한법률위반, 전자금융거래법위반, 전기통신사업법위반]

〈피고인이 미등록 대부업을 운영하면서 법정이자율을 초과하여 취득한 이자에 대한 추징이 문제된 사건〉

판시 사항

「대부업 등의 등록 및 금융이용자 보호에 관한 법률」을 위반하여 **법정이자율을 초과한 이자를 수령한 경우 「범죄수익은닉의 규제 및 처벌 등에 관한 법률」에 따른 추징의 대상이 되는지 여부(적극)**

판결 요지

[1] 구「범죄수익은닉의 규제 및 처벌 등에 관한 법률」(2022. 1. 4. 법률 제18672호로 개정되기 전의 것, 이하 '구 범죄수익은닉규제법'이라고 한다)은

"중대범죄에 해당하는 범죄행위에 의하여 생긴 재산

또는 그 범죄행위의 보수로 얻은 재산"을
범죄수익으로 규정하고[제2조 제2호 (가)목],
범죄수익을 몰수할 수 없으면
그 가액을 추징할 수 있다고 규정한다(제10조 제1항, 제8조 제1항 제
1호).

그리고 "범죄행위에 의하여 생긴 재산"은
중대범죄의 범죄행위에 의하여
새로 만들어진 재산뿐만 아니라
그러한 범죄행위에 의하여 취득한 재산도 포함한다(대법원 2004. 12.
10. 선고 2004도5652 판결 등 참조).

구 범죄수익은닉규제법 제2조 제1호에 따른 별표 제32호는
"대부업법 제19조 제2항 제3호의 죄"를
중대범죄로 규정하고 있다.
이 사건 법정이자율 초과 수취로 인한
대부업법 위반 부분의 공소사실은
미등록대부업자인 피고인이
대부업법 제19조 제2항 제3호, 제11조 제1항을 위반하여
법정이자율을 초과하는 이자를 받았다는 것이다.
그러므로 이는 구 범죄수익은닉규제법에 정한 중대범죄에 해당한다.

[2] 한편 피고인이 법정이자율을 초과하여
채무자와 대부계약을 체결한 경우
법정이자율을 초과하는 부분에 대한 이자 계약은 무효가 되고,
지급받은 이자 상당 금액은 원본에 충당되며,
원본에 충당되고 남은 금액은 채무자에게 반환되어야 한다(대부업법
제11조 제1항, 제8조 제4항, 제5항).

그러나 금전의 교부행위가 변제의 성질을 가지는 경우에는
특별한 사정이 없는 한
금전이 상대방에게 교부됨으로써
그 소유권이 상대방에게 이전된다(대법원 2014. 1. 16. 선고 2013도
11014 판결, 대법원 2022. 6. 23. 선고 2017도3829 전원합의체 판결 등 참조).

따라서 피고인이
채무자로부터 법정이자율을 초과하는 이자를 수령함으로써
해당 금전의 소유권은
피고인에게 귀속되는 것이다.
다만, 위 규정에 따라 단지 민사상 반환채무 부담 등의
법률효과가 발생할 뿐이다.

또한, 구 범죄수익은닉규제법에 따른 추징은
부정한 이익을 박탈하여
이를 보유하지 못하게 함에 그 목적이 있는데(대법원 2007. 6. 14. 선고
2007도2451 판결),
원심의 판단에 따르면,
법정이자율 초과 수취로 인한 대부업법 위반죄의 경우
범죄수익은닉규제법에 정한 중대범죄에 해당함에도
법정이자율을 초과하여 받은 이자 부분을
추징할 수 없다는 결과가 초래된다.

이는 중대범죄에 해당하는 범죄행위에 의하여
생긴 재산을 추징할 수 있도록 한
범죄수익은닉규제법의 규정에도 반할 뿐만 아니라,
위와 같은 구 범죄수익은닉규제법에 추징 규정을 둔
취지에도 반한다.

[3] 따라서 설령 구 범죄수익은닉규제법에 따른 추징이
임의적 추징이라고 하더라도,
법원은 피고인이 법정이자율을 초과하여 받은 이자는
구 범죄수익은닉규제법에 따른 추징 대상임을 전제로
추징을 명할 것인지를 판단하여야 한다.

[4] 주형과 몰수 또는 추징을 선고한 항소심판결 중 몰수 또는 추징 부분에 관해서만 파기사유가 있을 때 상고심이 그 부분만을 파기할 수 있다. 그러나 이 사건의 경우처럼 항소심이 몰수나 추징을 선고하지 아니하였음을 이유로 파기하는 경우 항소심판결에 몰수나 추징 부분이 없어 그 부분만 특정하여 파기할 수 없다.

그러므로 원심판결의 법정이자율 초과 수취로 인한 대부업법 위반 부분은 전부 파기되어야 한다(대법원 2005. 10. 28. 선고 2005도5822 판결 등 참조).

그리고 위 파기 사유에 해당하지 아니하는 나머지 부분이 파기되는 부분과 형법 제37조 전단의 경합범 관계에 있다고 하여 그 전체에 대하여 하나의 형이 선고된 때 그 부분도 함께 파기될 수밖에 없다.

그러므로 원심판결을 파기하고 사건을 다시 심리·판단하도록 원심법원에 환송하기로 하여, 관여 대법관의 일치된 의견으로 주문과 같이 판결한다.

마약류관리법
제40조의2 제2항 재활교육 프로그램의 이수명령

마약류관리법상 이수명령 병과의 대상이 문제된 사건

대법원 2023. 11. 16. 선고 2023도12478 판결
[마약류관리에관한법률위반(향정)]

[공소사실 요지]

피고인은 마약류를 매매하였다.

검사는 피고인을 마약류관리에관한법률위반(향정)죄로 기소하였다.

[원심 판단]

제1심법원은 피고인에게 마약류를 매매하였다는 이유로 유죄를 선고하면서 마약류관리법상 이수명령을 병과하였다.

원심법원은 피고인에게 마약류를 매매하였다는 이유로 유죄를 선고하면서 마약류관리법상 이수명령을 병과하였다.

피고인이 상고하였다.

[대법원 판단]

대법원은 원심판결을 파기·자판한다.

마약류관리법상 이수명령은 마약류를 투약, 흡연 또는 섭취한 사람에 대하여 선고유예 외의 유죄판결을 하는 경우에만 병과할 수 있다. 그러므로 마약류 매매만을 이유로 공소제기된 피고인에게 유죄판결을 선고하면서 이수명령을 병과한 원심판결 중 이수명령 부분만을 파기하고 자판하였다.

낭독 형법 판결문 20

대법원 2023. 11. 16. 선고 2023도12478 판결 [마약류관리에관한법률위반(향정)]
〈마약류관리법상 이수명령 병과의 대상이 문제된 사건〉

판시 사항

피고인이 「마약류 관리에 관한 법률」상 마약류의 투약, 흡연 또는 섭취한 행위로 공소제기되지 않았음에도 마약류관리법상 이수명령을 병과할 수 있는지 여부(소극)

판결 요지

[1] 「마약류 관리에 관한 법률」(이하 '마약류관리법'이라고 한다)은 '마약류사범'에 대하여 선고유예 외의 유죄판결을 선고하는 경우 재범예방에 필요한 교육의 수강명령이나 재활교육 프로그램의 이수명령을 병과하도록 규정하였다(제40조의2 제2항).
여기서 말하는 '마약류사범'이란
마약류를 투약, 흡연 또는 섭취한 사람을 가리킨다(마약류관리법 제40조의2 제1항)

[2] 그런데 피고인에 대한 공소사실은 마약류를 매매하였다는 것뿐이다. 피고인이 마약류의 투약, 흡연 또는 섭취한 행위로 기소되지 않은 이상 '마약류사범'이 아니므로 마약류관리법 제40조의2 제2항에 따른 이수명령을 할 수 없다. 피고인에게 유죄판결을 선고하면서 이수명령을 병과한 원심판결에는 '마약류사범'의 의미를 오해하여 판결에 영향을 미친 잘못이 있다. 이를 지적하는 상고이유 주장은 이유 있다.
그러므로 원심판결 중 피고인에 대한 이수명령 부분을 파기하되(피고인에게 별도의 부수처분을 명하지 않으므로 이에 관한 원심판결을 파기하는 것으로 충분하다), 피고인의 나머지 상고는 기각하기로 하여, 관여 대법관의 일치된 의견으로 주문과 같이 판결한다.

정당방위
상당성

정당방위의 침해의 현재성 판단 기준이 문제된 사건

대법원 2023. 4. 27. 선고 2020도6874 판결
[폭행]

[공소사실 요지]

포장부에서 근속한 피고인을 비롯한 다수의 근로자들을 영업부로 전환배치하는 회사의 조치에 따라 노사갈등이 격화되어 있던 중 사용자가 사무실에 출근하여 항의하는 근로자 중 1명의 어깨를 손으로 미는 과정에서 뒤엉켜 넘어져 근로자를 깔고 앉게 되었다. 그런데 피고인이 근로자를 깔고 있는 사용자의 어깨 쪽 옷을 잡고 사용자가 일으켜 세워진 이후에도 그 옷을 잡고 흔들어 폭행하였다.

검사는 피고인을 형법 제260조 제1항 폭행죄로 기소하였다.

[원심 판단]

제1심법원은 피고인에게 유죄를 선고하였다.

원심법원은 피고인에게 유죄를 선고하였다.

피고인이 어깨를 흔들 당시 사용자의 가해행위가 종료된 상태였다. 피고인의 행위가 소극적인 저항행위를 넘어서는 적극적인 공격행위라는 이유로 유죄로 판단하였다.

피고인이 상고하였다.

[대법원 판단]

대법원은 원심판결 중 피고인 2에 대한 부분을 파기하고, 사건을 서울중앙지방법원으로 환송한다. 피고인 1의 상고를 기각한다.

침해의 현재성과 방어행위의 상당성 등을 심리하여 정당방위 해당 여부를 판단하여야 한다.

낭독 형법 판결문 21

대법원 2023. 4. 27. 선고 2020도6874 판결 [폭행]
〈정당방위의 침해의 현재성 판단 기준이 문제된 사건〉

판시 사항

정당방위의 요건 중 '침해의 현재성'의 의미 및 일련의 연속되는 행위로 인해 침해상황이 중단되지 아니하거나 일시 중단되더라도 추가 침해가 곧바로 발생할 객관적인 사유가 있는 경우, 그중 일부 행위가 범죄의 기수에 이르렀더라도 침해의 현재성이 인정되는지 여부(적극) / 정당방위의 방어행위에 순수한 수비적 방어뿐 아니라 적극적 반격을 포함하는 반격방어의 형태도 포함되는지 여부(적극) 및 방위행위가 상당한 것인지 판단하는 기준

판결 요지

형법 제21조 제1항은
"현재의
부당한 침해로부터
자기 또는 타인의 법익을
방위하기 위하여 한 행위는
상당한 이유가 있는 경우에는
벌하지 아니한다."라고 규정하여
정당방위를 위법성조각사유로 인정하고 있다.

이때 '침해의 현재성'이란
침해행위가 형식적으로
기수에 이르렀는지에 따라 결정되는 것이 아니라
자기 또는 타인의 법익에 대한
침해상황이 종료되기 전까지를 의미하는 것이다.

그러므로 일련의 연속되는 행위로 인해
침해상황이 중단되지 아니하거나
일시 중단되더라도
추가 침해가 곧바로 발생할 객관적인 사유가 있는 경우에는
그중 일부 행위가 범죄의 기수에 이르렀더라도
전체적으로 침해상황이 종료되지 않은 것으로 볼 수 있다.

정당방위의 성립요건으로서의 방어행위에는
순수한 수비적 방어뿐 아니라
적극적 반격을 포함하는 반격방어의 형태도 포함된다.

다만 정당방위로 인정되기 위해서는
자기 또는 타인의 법익침해를
방어하기 위한 행위로서
상당한 이유가 있어야 한다.

방위행위防衛行爲가 상당相當한 것인지는
침해행위에 의해 침해되는 법익의 종류와 정도,법익균형성·法益均衡性
침해의 방법,보충성·補充性
침해행위의 완급,적합성·適合性
방위행위에 의해 침해될 법익의 종류와 정도법익균형성·法益均衡性 등
일체의 구체적 사정들을 참작하여 판단하여야 한다(대법원 1992. 12.
22. 선고 92도2540 판결, 대법원 2017. 3. 15. 선고 2013도2168 판결 등 참조).
그렇다면 피고인의 행위가 정당방위에 해당하지 않는다고 본 원심
의 판단에는 정당방위의 현재성, 상당성, 공격방위의 가능성 등에
관한 법리를 오해하여 필요한 심리를 다하지 않음으로써 판결에 영
향을 미친 잘못이 있다. 이를 지적하는 피고인의 상고이유 주장은
이유 있다.

정당행위
사회상규

정당행위에 의한 위법성조각 여부가 문제된 사건

대법원 2023. 5. 18. 선고 2017도2760 판결
[업무방해]

[공소사실 요지]

부정입학과 관련된 금품수수 등의 혐의로 구속되었던 대학교 전 이사장이 다시 총장으로 복귀함에 따라 학내 갈등이 악화되었다. 대학교 총학생회는 대학교 교수협의회와 총장 퇴진운동을 벌이면서 총장과의 면담을 요구하였다. 그러나 면담이 실질적으로 성사되지 않았다. 총학생회 간부인 피고인들이 총장실 입구에서 진입을 시도하거나 회의실에 들어가 총장 사퇴를 요구하다가 이를 막는 교직원들과 실랑이를 벌였다.

검사는 피고인을 형법 제314조 제1항 위력에 의한 업무방해죄로 기소하였다.

[원심 판단]

제1심법원은 피고인에게 무죄를 선고하였다.

원심법원은 피고인에게 무죄를 선고하였다.

검사가 상고하였다.

[대법원 판단]

대법원은 상고를 모두 기각한다.

대법원은 정당행위인 판단 기준인 '목적·동기', '수단', '법익 균형', '긴급성', '보충성'은 불가분적으로 연관되어 하나의 행위를 이루는 요소들로 종합적으로 평가되어야 하고, 특히 행위의 긴급성과 보충성은 수단의 상당성을 판단할 때 고려 요소의 하나로 참작하여야 하고 이를 넘어 독립적인

요건으로 요구할 것은 아니며, 다른 실효성 있는 적법한 수단이 없는 경우를 의미하는 것으로 '일체의 법률적인 적법한 수단이 존재하지 않을 것'을 의미하는 것은 아니라고 판단하였다.

대법원은 위 법리에 따라, 피고인들의 행위에 대하여 동기와 목적의 정당성, 행위의 수단이나 방법의 상당성, 법익균형성이 인정되고, 특히 학습권 침해가 예정된 이상 긴급성이 인정되고, 피고인들이 선택할 수 있는 법률적 수단이 더 이상 존재하지 않는다거나 다른 구제절차를 모두 취해본 후에야 면담 추진 등이 가능하다고 할 것은 아니어서 보충성도 인정되므로 정당행위 성립을 인정한 원심의 결론을 정당한 것으로 수긍하고 상고를 기각하였다.

[참조조문]

[1] 형법 제20조 / [2] 헌법 제31조 제1항, 형법 제20조, 제314조 제1항, 교육기본법 제3조, 제12조, 형사소송법 제325조

[참조판례]

[1] 대법원 1983. 3. 8. 선고 82도3248 판결(공1983, 695), 대법원 1992. 9. 25. 선고 92도1520 판결(공1992, 3052), 대법원 2004. 3. 26. 선고 2003도7878 판결(공2004상, 753)

▎낭독 형법 판결문 22▐

대법원 2023. 5. 18. 선고 2017도2760 판결 [업무방해]
〈정당행위에 의한 위법성조각 여부가 문제된 사건〉

판시 사항

[1] 형법 제20조에서 정당행위로 정한 '사회상규에 위배되지 아니하는 행위'를 인정하기 위한 요건 및 이러한 요건은 불가분적으로 연관되어 하나의 행위를 이루는 요소들로 종합적으로 평가되어야 하는지 여부(적극) / 사회상규에 의한 정당행위의 요건을 판단하는 기준 및 이때 행위의 긴급성과 보충성은 '일체의 법률적인 적법한 수단이 존재하지 않을 것'을 의미하는지 여부(소극)

[2] 갑 대학교는 학교법인의 전 이사장 을이 부정입학과 관련된 금품수수 등의 혐의로 구속되었다가 갑 대학교 총장으로 선임됨에 따라 학내 갈등을 빚던 중, 총학생회 간부인 피고인들이 총장 을과의 면담을 요구하면서 총장실 입구에서 진입을 시도하거나, 교무위원회 회의실에 들어가 총장의 사퇴를 요구하면서 이를 막는 학교 교직원들과 실랑이를 벌임으로써 위력으로 업무를 방해하였다는 내용으로 기소된 사안이다.

행위의 목적 및 경위 등에 비추어 보면, 피고인들이 분쟁의 중심에 있는 을을 직접 찾아가 면담하는 이외에는 다른 방도가 없다는 판단 아래 을과 면담을 추진하는 과정에서 피고인들을 막아서는 사람들과 길지 않은 시간 동안 실랑이를 벌인 것은 사회상규에 위배되지 아니하는 정당행위에 해당한다고 한 사례.

판결요지

[1] 형법 제20조는
'사회상규에 위배되지 아니하는 행위'를
정당행위로서 위법성이 조각되는 사유로 규정하고 있다.

위 규정에 따라 사회상규에 의한 정당행위를 인정하려면,
첫째 그 행위의 동기나 목적의 정당성,
둘째 행위의 수단이나 방법의 상당성,
셋째 보호이익과 침해이익과의 법익균형성,
넷째 긴급성,
다섯째로 그 행위 외에 다른 수단이나 방법이 없다는
보충성 등의 요건을 갖추어야 한다.
그런데 위 '목적·동기', '수단', '법익균형', '긴급성', '보충성'은 불가분적으로 연관되어 하나의 행위를 이루는 요소들로
종합적으로 평가되어야 한다.

'목적의 정당성'과 '수단의 상당성' 요건은

행위의 측면에서 사회상규의 판단 기준이 된다.
사회상규에 위배되지 아니하는 행위로 평가되려면
행위의 동기와 목적을 고려하여
그것이 법질서의 정신이나
사회윤리에 비추어 용인될 수 있어야 한다.
수단의 상당성·적합성도 고려되어야 한다.
또한 보호이익과 침해이익 사이의 법익균형은
결과의 측면에서 사회상규에 위배되는지를 판단하기 위한 기준이다.

이에 비하여 행위의 긴급성과 보충성은
수단의 상당성을 판단할 때
고려 요소의 하나로 참작하여야 하고
이를 넘어 독립적인 요건으로 요구할 것은 아니다.
또한 그 내용 역시
다른 실효성 있는 적법한 수단이 없는 경우를 의미한다.
'일체의 법률적인 적법한 수단이 존재하지 않을 것'을
의미하는 것은 아니라고 보아야 한다.

[2] 갑 대학교는 학교법인의 전 이사장 을이 부정입학과 관련된 금품수수 등의 혐의로 구속되었다가 갑 대학교 총장으로 선임됨에 따라 학내 갈등을 빚던 중, 총학생회 간부인 피고인들이 총장 을과의 면담을 요구하면서 총장실 입구에서 진입을 시도하거나, 교무위원회 회의실에 들어가 총장의 사퇴를 요구하면서 이를 막는 학교 교직원들과 실랑이를 벌임으로써 위력으로 업무를 방해하였다는 내용으로 기소된 사안이다.

학교법인은 을이 20여 년 전 구속됨에 따라 교육인적자원부장관이 선임한 임시이사들에 의하여 운영된 이래,
종전 이사 체제 시 학교 운영에 관여했던 이른바 '구재단' 측과 임시이사 체제 시 학교 운영에 관여해 온 학내구성원 측의 갈등이 계속되던

중 을이 총장으로 선임되자

교수협의회와 총학생회는 총장 퇴진 운동을 벌이면서 을 등 구재단 측과 갈등을 빚게 되었고,

을의 비위행위 이후로 학교 운영과 관련한 갈등이 약 20년간 봉합되지 않던 중 구재단 측을 상징하는 을의 복귀로 갈등이 악화되어,

학교 운영의 파행이 학생들의 피해로 돌아가 학생들의 교육받을 권리가 침해될 것이 자명하자,

피고인들은 대학 운영의 정상화를 위하여 을과 대화를 꾸준히 요구하였으나 학교 측의 소극적인 태도로 인해 면담이 실질적으로 성사되지 않은 점 등 피고인들 행위의 목적 및 경위 등에 비추어 보면,

피고인들이 분쟁의 중심에 있는 을을 직접 찾아가 면담하는 이외에는 다른 방도가 없다는 판단 아래 을과 면담을 추진하는 과정에서 피고인들을 막아서는 사람들과 길지 않은 시간 동안 실랑이를 벌인 것은 동기와 목적의 정당성, 행위의 수단이나 방법의 상당성이 인정되고,

피고인들의 학습권이 헌법에 의하여 보장되는 권리라는 측면에 비추어 법익균형성도 충분히 인정되며,

나아가 학습권 침해가 예정된 이상 긴급성이 인정되고,

피고인들이 선택할 수 있는 법률적 수단이 더 이상 존재하지 않는다거나 다른 구제절차를 모두 취해본 후에야 면담 추진 등이 가능하다고 할 것은 아니어서 보충성도 인정되며,

만약 긴급성·보충성이 별도로 갖추어지지 않았다고 보아 정당행위 성립을 부정한다면

일반적·보충적 위법성조각사유로서의 정당행위를 규정한 입법 취지 및 사회상규의 의미에 배치될 수 있다는 이유로,

피고인들의 행위가 정당행위로 인정된다고 본 원심의 결론이 정당하다고 한 사례.

제 2 장

형법 각론

23~46

업무상과실치상죄

의료행위로 인한 업무상과실치사상죄의 성립요건에 대한 사건

대법원 2023. 1. 12. 선고 2022도11163 판결
[업무상과실치상]

[공소사실 요지]

피고인은 2019. 7. 29. 17:30경 의사로서 환자인 피해자의 어깨부위에 주사를 시행하는 과정에서 손·주사기·환자의 피부를 충분히 소독하는 등 상당한 주의를 기울여 감염이 발생하지 않도록 해야 할 업무상 주의의무를 소홀히 하여, 주사부위에 메티실린 내성 황색포도상구균(MRSA)을 감염시켜 피해자에게 약 4주간의 치료가 필요한 우측 견관절, 극상근 및 극하근의 세균성 감염 등의 상해를 입게 하였다.

검사는 피고인을 형법 제268조 업무상과실치상죄로 기소하였다.

[원심 판단]

제1심법원은 피고인에게 유죄를 선고하였다.

원심법원은 피고인에게 유죄를 선고하였다.

피고인의 맨손 주사 또는 알코올 솜 미사용·재사용 등의 사실이 인정되지는 않는다. 그러나 피고인이 시행한 주사치료와 피해자의 상해 사이에는 상당인과관계가 인정된다. 피고인의 시술과 피해자의 상해 발생 및 그 관련성, 시기 등의 사정을 종합하여, 원심은 이 사건 공소사실을 유죄로 인정한 제1심판결을 그대로 유지하였다.

피고인이 상고하였다.

[대법원 판단]

대법원은 원심판결을 파기하고, 사건을 의정부지방법원에 환송한다.

피고인의 주사치료와 피해자의 상해 발생 사이에 인과관계가 인정된다는 등의 사정만을 이유로 피고인의 업무상과실은 물론 그것과 피해자의 상해

사이의 인과관계까지도 쉽게 인정하였다. 이러한 원심의 판단에는 의료행위로 인한 업무상과실치상죄에서 '업무상과실'의 인정 기준과 증명책임에 대한 법리를 오해함으로써 판결에 영향을 미친 잘못이 있다.

낭독 형법 판결문 23

대법원 2023. 1. 12. 선고 2022도11163 판결 [업무상과실치상]
〈의료행위로 인한 업무상과실치사상죄의 성립요건에 대한 사건〉

판시 사항

의료사고에서 의사의 과실 유무를 판단할 때 고려하여야 할 사항 및 의사의 과실과 결과 발생 사이에 인과관계를 인정하기 위해서 증명해야 할 사실 / 의사에게 의료행위로 인한 업무상과실치사상죄를 인정하기 위해서 증명해야 할 내용과 증명의 정도

판결 요지

의료사고에서 의사의 과실을 인정하기 위해서는,
의사가 결과 발생을 예견할 수 있었음에도
이를 예견하지 못하였거나
결과 발생을 회피할 수 있었음에도
이를 회피하지 못하였는지 여부를 검토하여야 한다.

과실 유무를 판단할 때에는
같은 업무·직무에 종사하는
일반적 평균인의 주의 정도를 표준으로 하여
사고 당시의 일반적 의학의 수준과
의료 환경 및 조건,
의료행위의 특수성 등을 고려하여야 한다.

의료사고에서 의사의 과실과 결과 발생 사이에
인과관계를 인정하기 위해서는,
주의의무 위반이 없었더라면
그러한 결과가 발생하지 않았을 것임이 증명되어야 한다.

그러므로 의사에게
의료행위로 인한 업무상과실치사상죄를 인정하기 위해서는,
의료행위 과정에서
공소사실에 기재된 업무상과실의 존재는 물론
그러한 업무상과실로 인하여
환자에게 상해·사망 등 결과가 발생한 점에 대하여도
엄격한 증거에 따라
합리적 의심의 여지가 없을 정도로 증명이 이루어져야 한다.

설령 의료행위와 환자에게 발생한 상해·사망 등 결과 사이에
인과관계가 인정되는 경우에도,
검사가 공소사실에 기재한 바와 같은
업무상과실로 평가할 수 있는 행위의 존재 또는
그 업무상과실의 내용을 구체적으로 증명하지 못하였다면,
의료행위로 인하여
환자에게 상해·사망 등 결과가 발생하였다는 사정만으로
의사의 업무상과실을 추정하거나
단순한 가능성·개연성 등 막연한 사정을 근거로
함부로 이를 인정할 수는 없다.

주거침입죄
관리하는 건조물

기존 점유자가 불법적으로 점유를 개시한 현 점유자의 점유를 탈환하기 위하여 폭력적인 방법을 사용하여 건조물에 들어가 건조물의 경비·관리 업무를 수행하던 현 점유자를 쫓아낸 행위에 대하여, 특수건조물침입죄 및 업무방해죄 등으로 기소된 사건

대법원 2023. 2. 2. 선고 2022도5940 판결
[특수상해·업무방해죄]

[공소사실 요지]

○○백화점 공사 시행사에 대하여 PF 대출을 한 금융기관이 A회사에게 PF대출채권(신탁계약상 1순위 우선수익자 지위 포함)을 양도하였다. A회사는 공사 현장 부동산 소유자인 신탁회사(수탁자)로부터 1순위 우선수익자로서 건축물의 관리권을 위탁까지 받아 위 공사현장을 점유·관리해 왔다. 한편 B회사는 위 시행사로부터 위 백화점 공사 사업권을 양수한 후, 위 공사현장의 A회사의 점유를 침탈하여 점유를 확보하고 관할경찰서장으로부터 집단민원현장 경비원배치 허가 등을 받아 경비원을 배치하는 등의 방법으로 약 65일간 B회사가 위 공사현장을 점유·관리하였다.

이에 A회사의 대표이사인 피고인 등은 위 공사현장에 대한 점유를 재탈환하기 위하여 용역직원 80~100 여명을 동원하여 쇠파이프 등 위험한 물건을 휴대한 채 위 공사현장에 들어가 경비 업무를 수행하고 있던 B회사 측 직원들을 외부로 끌어내어 위 공사현장을 탈환·점거하였다.

검사는 피고인을 위 공사현장 재탈환 행위와 관련하여 특수건조물침입죄 및 업무방해죄, 특수상해죄 등 혐의로 기소하였다.

[원심 판단]

제1심법원은 특수건조물침입과 업무방해에 대해 유죄를 선고하였다.

원심법원은 특수건조물침입과 업무방해에 대해 유죄를 선고하였다.

피해자들 측이 불법적으로 이 사건 공사현장을 점거하였다. 하지만 관할 경찰서로부터 집단민원현장 경비원배치신고 및 관련 허가를 받아 약 65일 간 경비원을 상주시키면서 점유·관리하였다. 이러한 상황에서 피고인들이 정당하고 적법한 절차에 의하지 않고 이 사건 공사현장 및 건조물에 침입한 이상 건조물침입죄가 성립한다. 피해자들이 이 사건 공사현장 및 건조물을 관리하는 업무는 법률상 보호가치 있는 업무로서 피고인들이 그 업무를 방해한 행위는 업무방해죄에 해당한다.

원심은 이러한 이유로 피고인들에 대한 공소사실 중 특수건조물침입의 점과 업무방해의 점을 유죄로 판단한 제1심판결을 그대로 유지하였다.

피고인들이 상고하였다.

[대법원 판단]

대법원은 상고를 기각한다.

원심 판단에 특수건조물침입죄 성립과 업무방해죄 보호대상인 '업무'에 관한 법리 오해 등 잘못이 없다.

▪ 낭독 형법 판결문 24 ▪

대법원 2023. 2. 2. 선고 2022도5940 판결 **[특수상해·업무방해죄]**

〈기존 점유자가 불법적으로 점유를 개시한 현 점유자의 점유를 탈환하기 위하여 폭력적인 방법을 사용하여 건조물에 들어가 건조물의 경비·관리 업무를 수행하던 현 점유자를 쫓아낸 행위에 대하여, 특수건조물침입죄 및 업무방해죄 등으로 기소된 사건〉

판시 사항

[1] 기존 점유자가 건조물침입 범죄 행위 등 불법적으로 점유를 개시한 현 점유자의 점유를 탈환하기 위하여 적법한 절차를 거치지 않고 건조물에 들어간 경우 건조물침입죄가 성립하는지 여부(한정 적극)

[2] 건조물침입 범죄 행위 등 불법적으로 점유를 개시한 공사현장에 대한 경비·관리 업무가 업무방해죄의 보호대상인 '업무'에 해당하는지 여부(한정 적극)

판결 요지

[1] 건조물침입죄는
관리하는 건조물의 사실상 평온을 보호법익^{保護法益}으로 한다.
그러므로 관리자가 건조물을 관리할
법률상 정당한 권한을 가지고 있는지는
범죄의 성립을 좌우하는 것이 아니다.

관리자가 건조물을 사실상 점유·관리하는 경우라면
설령 정당한 권원이 없는 사법상 불법점유이더라도
적법한 절차에 의하여 점유를 풀지 않는 한
그에 따른 사실상 평온은 보호되어야 한다.

그러므로 사법상 권리자라 하더라도
정당한 절차에 의하지 아니하고
건조물에 침입한 경우
건조물침입죄가 성립한다(대법원 1984. 4. 24. 선고 83도1429 판결, 대법원 2006. 9. 28. 선고 2006도4875 판결 등 참조).

침입 당시 관리자가
건조물을 사실상 점유·관리하여
그에 따른 '사실상 평온'을 누리고 있었는지는
건조물에 대한 점유 개시의 경위뿐만 아니라
점유 기간 및 현황,
외부인의 출입에 대한 통제·관리 상태 등을 고려하여
사회통념에 따라 합목적적으로 판단하여야 한다.

[2] 형법상 업무방해죄의 보호대상이 되는 '업무'란
직업 또는 계속적으로 종사하는 사무나 사업으로서

타인의 위법한 행위에 의한 침해로부터
보호할 가치가 있으면 되고
반드시 그 업무가 적법하거나 유효할 필요는 없다.

법률상 보호할 가치가 있는 업무인지는
그 사무가 사실상 평온하게 이루어져
사회적 활동의 기반이 되고 있느냐에 따라 결정된다.

업무의 개시나 수행과정에 실체상 또는 절차상 하자가 있더라도
사회생활상
도저히 용인할 수 없는 정도로 반사회성을 띠는 데까지 이르거나
법적 보호라는 측면에서
그와 동등한 평가를 받을 수밖에 없는 경우에 이르지 아니한 이상
업무방해죄의 보호대상이 된다(대법원 2006. 3. 9. 선고 2006도382 판결,
대법원 2013. 11. 28. 선고 2013도4430 판결, 대법원 2015. 4. 23. 선고 2013도
9828 판결 등 참조).

✎ 참조 조문

> 형법 제319조(주거침입, 퇴거불응) ① 사람의 주거, 관리하는 건조물, 선박이
> 나 항공기 또는 점유하는 방실에 침입한 자는 3년 이하의 징역 또는 500만
> 원 이하의 벌금에 처한다. 〈개정 1995.12.29〉
> 형법 제320조(특수주거침입) 단체 또는 다중의 위력을 보이거나 위험한 물
> 건을 휴대하여 전조의 죄를 범한 때에는 5년 이하의 징역에 처한다.
> 형법 제314조(업무방해) ① 제313조의 방법 또는 위력으로써 사람의 업무를
> 방해한 자는 5년 이하의 징역 또는 1천500만원 이하의 벌금에 처한다. 〈개
> 정 1995.12.29〉
> [출처] 형법 일부개정 2023. 8. 8. [법률 제19582호, 시행 2023. 8. 8.] 법무부.

주거침입죄
침입

> ## 출입권한을 보유한 자가 야간에 절도 목적으로 건조물에 침입한 사건
>
> 대법원 2023. 6. 29. 선고 2023도3351 판결
> [야간건조물침입절도]

[공소사실 요지]

피고인은 피해자에게 피해 회사 출입을 위한 스마트키를 교부받아 별다른 제한 없이 사용하였다. 피고인이 야간에 이를 이용하여 피해 회사에 들어가 물건을 절취하였다.

검사는 피고인을 형법 제319조 제1항 야간건조물침입죄로 기소하였다.

[원심 판단]

제1심법원은 피고인에게 유죄를 선고하였다.

원심법원은 피고인에게 유죄를 선고하였다.

피고인이 상고하였다.

[대법원 판단]

대법원은 원심판결을 파기하고, 사건을 서울중앙지방법원에 환송한다.

피고인이 피해자와 공동으로 관리·점유하는 피해 회사 사무실에 임의로 출입한 것이다. 그러므로 원칙적으로 건조물침입죄가 성립한다고 볼 수 없다. 피고인이 피해자와의 관계에서 피해 회사에 대한 출입과 관련하여 공동생활관계에서 이탈하였거나 이에 관한 사실상의 지배·관리를 상실한 경우 등의 특별한 사정이 있다고 보기도 어렵다. 피고인이 피해자로부터 교부받은 스마트키를 이용하여 피해 회사에서 예정한 통상적인 출입방법에 따라 위 사무실에 들어간 것이다. 그 당시 객관적·외형적으로 드러난 행위태양을 기준으로 볼 때 사실상의 평온상태를 해치는 방법으로 피해

회사에 들어갔다고 볼 만한 사정도 없다. 공소사실을 유죄로 본 원심의 판단에 건조물침입죄의 성립에 관한 법리를 오해함으로써 판결에 영향을 미친 잘못이 있다.

낭독 형법 판결문 25

대법원 2023. 6. 29. 선고 2023도3351 판결 [야간건조물침입절도]
〈출입권한을 보유한 자가 야간에 절도 목적으로 건조물에 침입한 사건〉

판시 사항

[1] 주거침입죄의 보호법익(=사실상 주거의 평온) / 주거침입죄의 구성요건적 행위인 '침입'의 의미 및 침입에 해당하는지 판단하는 기준 / 이는 건조물침입죄의 경우에도 마찬가지인지 여부(적극)

[2] 주거침입죄의 성립 요건 / 행위자 자신이 단독으로 또는 다른 사람과 공동으로 거주하거나 관리 또는 점유하는 주거, 건조물 등에 임의로 출입한 행위가 주거침입죄를 구성하는지 여부(소극) 및 다른 사람과 공동으로 주거에 거주하거나 건조물을 관리하던 사람에게 주거침입죄가 성립할 수 있는 예외적인 경우

판결 요지

[1] 주거침입죄는 사실상 주거의 평온을 보호법익으로 한다.
주거침입죄의 구성요건적 행위인 침입은
주거침입죄의 보호법익과의 관계에서 해석하여야 한다.

침입이란 거주자가 주거에서 누리는 사실상의 평온상태를 해치는 행위태양으로 주거에 들어가는 것을 의미한다.
침입에 해당하는지 여부는 출입 당시 객관적·외형적으로 드러난 행위태양을 기준으로 판단함이 원칙이다.
사실상의 평온을 해치는 행위태양으로 주거에 들어가는 것이라면

특별한 사정이 없는 한 거주자의 의사에 반하는 것이다.

그러나 단순히 주거에 들어가는 행위 자체가
거주자의 의사에 반한다는 거주자의 주관적 사정만으로
바로 침입에 해당한다고 볼 수 없다(대법원 2021. 9. 9. 선고 2020도 12630 전원합의체 판결 참조).
이는 건조물침입죄의 경우에도 마찬가지이다.

[2] 형법은 제319조 제1항에서
'사람의 주거, 관리하는 건조물, 선박이나 항공기 또는 점유하는 방실에 침입한 자'를 주거침입죄로 처벌한다고 규정하였다.
주거침입죄는 주거에 거주하는 거주자,
건조물이나 선박, 항공기의 관리자, 방실의 점유자(이하 '거주자 등' 이라 한다) 이외의 사람이
위 주거, 건조물, 선박이나 항공기, 방실(이하 '주거 등'이라 한다)에 침입한 경우에 성립한다.

따라서 주거침입죄의 객체는
행위자 이외의 사람, 즉 '타인'이 거주하는 주거 등이라고 할 것이다.
그러므로 행위자 자신이 단독으로 또는 다른 사람과 공동으로 거주 하거나 관리 또는 점유하는 주거 등에
임의로 출입하더라도 주거침입죄를 구성하지 않는다.

다만 다른 사람과 공동으로 주거에 거주하거나
건조물을 관리하던 사람이 공동생활관계에서 이탈하거나
주거 등에 대한 사실상의 지배·관리를 상실한 경우 등
특별한 사정이 있는 경우에 주거침입죄가 성립할 수 있을 뿐이다
(대법원 2021. 9. 9. 선고 2020도6085 전원합의체 판결 참조).

판결 해설

1. 주거침입죄 개념

주거침입죄 보호법익은 사실상 평온이다. ① 사실상 평온설, ② 주거 권설이 대립한다. 사실상 평온설이 타당하다. 입법 취지는 개인 사생활 보호이기 때문이다. 다수설과 판례는 사실상 평온설이다. 독일 통설은 주거권설이다. 문화가 다르다. 상습·2인 이상·흉기휴대·단체 위력·다중 위력을 보이고 주거침입 또는 퇴거불응하면, 죄질이 나빠 폭력행위처벌법 제2조 제2항과 제3조 제1항으로 가중 처벌된다.

2. 주거침입죄 보호정도

주거침입죄 보호정도는 침해범이다. 미수범 처벌 규정이 있다. 그럼에도 판례는 위험범으로 본다. 그래서 대법원 판례는 보호법익과 행위를 묶어서 '침입'을 해석한다. 주거자의 의사에 반해, 사생활 평온을 침해할 정도로, 신체 일부 또는 전부가 들어가면, 침입이다. 보호법익에 3개가 모두 결합되어 있다.

3. 주거침입죄 침입

그러나 침입(侵入)은 주거자 또는 관리자의 의사에 반하여 사람 신체가 들어가는 행위이다. 여기에 사생활 평온을 침입행위에서 논할 이유가 없다. 동의·허락·양해 없이 들어가면 침입이다. 그다음 결과인 사생활 평온을 침해하였는지 다시 판단한다. 그러면 주거·침입·사생활 평온을 나누어서 정밀하게 검토할 수 있다.

4. 주거침입죄 주거자 의사

주거자 의사는 현장에 있는 주거자 의사를 말한다. 출장·외출한 동거인의 동의·허락·양해를 받을 필요는 없다. 가벌성 범위가 확장한다. 추정 의사를 제한해야 가벌성이 준다. 범죄 목적으로 들어가도, 주거자·영업자가 행위자 내면을 확인하지 못하고, 주거 입장을 동의·허락·양해하였다면 침입이 아니다. 전원합의체 판례 입장이다.

5. 주거침입죄 착오

주거침입죄에서 주거자 의사를 착오하면 구성요건 착오이다. 고의가 성립하지 않는다.

6. 주거침입죄 기수

주거침입죄는 사실상 평온을 침해하면 기수이다. 주거침입죄는 계속 범이다. 주거 침입행위가 종료되면 공소시효는 기산된다. 종료까지 정당 방위가 가능하다.

7. 주거침입죄 미수

주거침입죄는 사실상 평온을 침해하지 않으면 미수이다. 주거자 의사에 반하여 주거침입행위를 하였지만, 사생활 평온을 침해하지 않으면 미수이다. 신체 일부 또는 전부 들어가는 행위는 모두 침입행위이다. 실행 착수가 있다. 사생활 평온으로 기수와 미수를 구분하면 정밀하다. 나는 대법원 판례와 달리 보호정도를 침해범으로 본다.

8. 주거침입죄 방조범

주거의 장기 점거를 지원하면 주거침입죄 방조범이 성립한다.

9. 주거침입죄 죄수

주거침입이 구성요건에 명시되어 있지 않다면, 주거침입행위를 평가해야 하고, 주거침입죄가 성립한다. **범죄를 범할 목적으로 주거에 침입하여 의도했던 범죄를 범한 경우이다. 주거침입죄와 다른 범죄는 실체적 경합관계이다. 2개의 행위이기 때문이다.** 야간에 건조물을 손괴하고, 주거에 침입하여 재물을 절취하면, 형법 제331조 제1항 특수절도죄가 성립한다. 주거침입행위가 결합범의 내용으로 규정되어 있기 때문이다(임웅, 형법각론, 제13정판, 법문사, 2023, 299-315면. 주거침입죄 참조).

명예훼손죄
사실 적시

'제국의 위안부' 명예훼손 사건

대법원 2023. 10. 26. 선고 2017도18697 판결
[명예훼손]

[공소사실 요지]

피고인이 2013년 출간한 도서 '제국의 위안부에서 일본군 위안부였던 피해자들에 대해 허위사실을 적시하여 그 명예를 훼손하였다는 혐의로 기소된 사안이다.

피고인은 다음과 같은 허위의 사실을 적시한 '제국의 위안부'라는 책(이하 '이 사건 도서'라 한다)을 출판하고 그 무렵 전국 서점 등을 통해 배포하여 공연히 피해자들의 명예를 훼손하였다.

(1) 피고인은 이 사건 도서에서 "조선인 위안부 역시 '일본 제국의 위안부'였던 이상 기본적인 관계는 같다.", "여성이 본인의 의사에 반해서 위안부를 하게 되는 경우는 없었다.", "1996년 시점에 '위안부'란 근본적으로 '매춘'의 틀 안에 있던 여성들이라는 것을 알고 있었던 것이다."라는 등 원심 판결문 별지 범죄일람표(이하 '범죄일람표'라 한다) 순번 7, 11, 16, 27, 30, 34와 같은 내용을 기재하여 명시적 또는 암시적으로 "조선인 일본군 위안부들은 일의 내용이 군인을 상대하는 매춘임을 인지한 상태에서 생활을 위해 본인의 선택에 따라 '위안부'가 되어 경제적 대가를 받고 성매매를 하는 매춘업에 종사하는 사람이다."라는 허위의 사실을 적시하였다.

(2) 피고인은 이 사건 도서에서 "이들이 '전쟁범인', 즉 전범들이 있는 곳으로 가게 된 이유는 이들이 '일본군'과 함께 행동하며 '전쟁을 수행'한 이들이었기 때문이다.", "그녀들이 일본옷을 입고 일본이름을 가진 '일본인'으로서 '일본군'에 협력했다는 사실을 알게 된다면 똑같은 손으로 그녀들

을 손가락질할지도 모른다."라는 등 범죄일람표 순번 7, 10, 23과 같은 내용을 기재하여 명시적 또는 암시적으로 "조선인 일본군 위안부들은 일본군과 동지의식을 가지고 일본 제국 또는 일본군에 애국적, 자긍적으로 협력하였다."라는 허위의 사실을 적시하였다.

(3) 피고인은 이 사건 도서에서 "'위안부'들을 '유괴'하고 '강제 연행'한 것은 최소한 조선 땅에서는, 그리고 공적으로는 일본군이 아니었다."라는 등 범죄일람표 순번 5, 16, 20, 26과 같은 내용을 기재하여 명시적 또는 암시적으로 "조선인 일본군 위안부들의 동원 과정에서 일본군의 강제 연행은 없었다. 있다고 한다면 군인 개인의 일탈에 의한 것이어서 공적으로 일본군에 의한 것이 아니다."라는 허위의 사실을 적시하였다.

검사는 피고인을 형법 제307조 제2항 허위사실적시 명예훼손죄로 기소하였다.

[원심 판단]

제1심법원은 피고인에게 무죄를 선고하였다.

원심법원은 피고인에게 유죄를 선고하였다.

원심은 다음과 같은 이유로 범죄일람표 순번 5, 7, 10, 11, 16, 20, 23, 26, 27, 30, 34 기재 표현(이하 '이 사건 각 표현'이라 한다)에 관한 이 부분 공소사실을 무죄로 인정한 제1심판결을 파기하고 이를 유죄로 판단하였다.

(1) 이 사건 공소사실 중 이 사건 각 표현은 단순히 피고인의 분석 또는 의견을 제시한 것을 넘어 증거에 의하여 증명 가능한 구체적인 사실의 적시에 해당한다.

(2) 피고인이 사용한 이 사건 각 표현은 위안부 피해자들의 사회적 가치나 평가를 저하시키기에 충분하며, 이 사건 각 표현을 접하는 독자나 사람들이 객관적인 사실과 다른 내용, 즉 "전체는 아니더라도 대부분 또는 많은 '조선인 일본군 위안부'들은 자발적으로 '위안부'가 되어 경제적 대가를 받고 성매매를 하였고, 애국적으로 일본군에 협력하고 함께 전쟁을 수행하였으며, 일본 제국과 일본군은 '조선인 일본군 위안부'를 강제 동원하거나 강제 연행하지 않았다."라는 것을 받아들이도록 서술되어 있으므로 적시된 사실의 허위성 또한 인정된다.

(3) '조선인 일본군 위안부' 집단의 성격 및 크기, 집단 내에서 피해자들의 지위, 이 사건 도서 및 표현의 내용 및 서술 방식, '위안부' 문제를 둘

러싼 역사적, 사회적 상황 등을 감안하면, 이 사건 도서를 읽는 독자들에게 '조선인 일본군 위안부'는 자신이 '조선인 일본군 위안부'임을 밝히고 일본 정부에 사죄와 책임을 요구하는 이 사건 피해자들을 지칭하는 것으로 여겨질 수 있다.

(4) 이 사건 각 표현의 서술 방식 등에 비추어 피고인은 이 사건 각 표현에서 적시한 사실이 허위인 점과 그 사실이 피해자들의 사회적 평가를 저하시킬 만한 것이라는 점을 인식하였다고 보이므로 명예훼손의 고의 또한 인정된다.

피고인과 검사가 상고하였다.

[대법원 판단]

대법원은 원심판결을 파기하고, 사건을 서울고등법원에 환송한다.

원심이 유죄로 인정한 일부 공소사실은 피고인의 학문적 주장 내지 의견의 표명으로 평가함이 타당하다. 명예훼손죄로 처벌할 만한 '사실의 적시'로 보기 어렵다.

▪ 낭독 형법 판결문 26 ▪

대법원 2023. 10. 26. 선고 2017도18697 판결 [명예훼손]
〈'제국의 위안부' 명예훼손 사건〉

판시 사항

[1] 학문의 자유의 본질 및 학문적 표현의 자유에 대한 제한의 한계 / 학문적 표현행위가 기본적 연구윤리를 위반하거나 해당 학문 분야에서 통상적으로 용인되는 범위를 심각하게 벗어나 학문적 과정이라고 보기 어려운 행위의 결과라거나, 논지나 맥락과 무관한 표현으로 타인의 권리를 침해하는 등의 특별한 사정이 없는 경우, 이를 학문적 연구를 위한 정당한 행위로 보아야 하는지 여부(적극) / 학문 연구자들이 연구 주제의 선택, 연구의 실행뿐만 아니라 연구 결과 발표에 이르기까지 존중하여야 하는 타인의 권리

[2] 객관적으로 피해자의 사회적 평가를 저하시키는 사실에 관한 발언

이 보도, 소문이나 제3자의 말을 인용하는 방법으로 단정적인 표현이 아닌 전문 또는 추측의 형태로 표현되었으나 표현 전체의 취지로 보아 사실이 존재할 수 있다는 것을 암시하는 방식으로 이루어진 경우, 명예훼손죄에서의 '사실의 적시'로 인정되는지 여부(적극) / 학문적 연구에 따른 의견 표현을 명예훼손죄에서의 사실의 적시로 평가할 때 유의하여야 할 사항 / 학문적 표현을 그 자체로 이해하지 않고, 표현에 숨겨진 배경이나 배후를 섣불리 단정하는 방법으로 암시에 의한 사실 적시를 인정할 수 있는지 여부(소극)

[3] 형사재판에서 공소가 제기된 범죄의 구성요건을 이루는 사실에 대한 증명책임 소재(=검사) / 학문적 표현이 학문의 자유로서 보호되는 영역에 속하지 않는다는 점에 대한 증명책임 소재(=검사)

판결 요지

[1] 정신적 자유의 핵심인 학문의 자유는
기존의 인식과 방법을 답습하지 아니하고
끊임없이 문제를 제기하거나 비판을 가함으로써
새로운 인식을 얻기 위한 활동을 보장하는 데에 그 본질이 있다.

학문적 표현의 자유는 학문의 자유의 근간을 이룬다.
학문적 표현행위는
연구 결과를 대외적으로 공개하고
학술적 대화와 토론을 통해
새롭고 다양한 비판과 자극을 받아들여
연구 성과를 발전시키는 행위로서
그 자체가 진리를 탐구하는 학문적 과정이며
이러한 과정을 자유롭게 거칠 수 있어야만
궁극적으로 학문이 발전할 수 있다.

헌법 제22조 제1항이

학문의 자유를 특별히 보호하는 취지에 비추어 보면,
학문적 표현의 자유에 대한 제한은 필요 최소한에 그쳐야 한다.
따라서 학문적 표현행위는 기본적 연구윤리를 위반하거나
해당 학문 분야에서 통상적으로 용인되는 범위를 심각하게 벗어나
학문적 과정이라고 보기 어려운 행위의 결과라거나,
논지나 맥락과 무관한 표현으로
타인의 권리를 침해하는 등의 특별한 사정이 없는 한
원칙적으로 학문적 연구를 위한 정당한 행위로 보는 것이 타당하다.

한편 헌법 제10조는 인간의 존엄과 가치를 규정하고 있고,
인격권에 대한 보호 근거도 같은 조항에서 찾을 수 있다.
학문 연구도 헌법질서 내에서 이루어질 때에 보호받을 수 있으므로,
인간의 존엄성 및 그로부터 도출되는 인격권에 대한 존중에
바탕을 두어야 한다.
따라서 연구자들은 연구 주제의 선택, 연구의 실행뿐만 아니라
연구 결과 발표에 이르기까지 타인의 명예를 보호하고,
개인의 자유와 자기결정권을 존중하며,
사생활의 비밀을 보호하는 것을 소홀히 하여서는 안 된다.
특히 사회적 약자나 소수자와 같이,
연구에 대한 의견을 표출하거나
연구 결과를 반박하는 데에 한계가 있는 개인이나 집단을
대상으로 연구를 하는 경우에는,
연구의 전 과정에 걸쳐
이들의 권리를 존중하여야 할 특별한 책임을 부담한다.

[2] 대법원은 명예훼손죄에서 '사실의 적시'에 관하여,
객관적으로 피해자의 사회적 평가를 저하시키는 사실에 관한 발언이
보도, 소문이나 제3자의 말을 인용하는 방법으로

단정적인 표현이 아닌 전문 또는 추측의 형태로 표현되었더라도,
표현 전체의 취지로 보아
사실이 존재할 수 있다는 것을
암시하는 방식으로 이루어진 경우에는
사실의 적시로 인정하여 왔다.

하지만 학문적 표현의 자유를 실질적으로 보장하기 위해서는,
학문적 연구 결과 발표에 사용된 표현의 적절성은
형사 법정에서 가려지기보다
자유로운 공개토론이나
학계 내부의 동료평가 과정을 통하여
검증되는 것이 바람직하다.

그러므로 학문적 연구에 따른 의견 표현을
명예훼손죄에서 사실의 적시로 평가하는 데에는
신중할 필요가 있다.

역사학 또는 역사적 사실을 연구 대상으로 삼는 학문 영역에서의
'역사적 사실'과 같이,
그것이 분명한 윤곽과 형태를 지닌 고정적인 사실이 아니라
사후적 연구, 검토, 비판의 끊임없는 과정 속에서
재구성되는 사실인 경우에는 더욱 그러하다.

이러한 점에서 볼 때,
학문적 표현을 그 자체로 이해하지 않고,
표현에 숨겨진 배경이나
배후를 섣불리 단정하는 방법으로
암시에 의한 사실 적시를 인정하는 것은 허용된다고 보기 어렵다.

[3] 형사재판에서
공소가 제기된 범죄의 구성요건을 이루는 사실은
그것이 주관적 요건이든 객관적 요건이든
그 증명책임이 검사에게 있다.
그러므로 해당 표현이 학문의 자유로서 보호되는 영역에
속하지 않는다는 점은 검사가 증명하여야 한다.

판결 해설

1. 명예훼손죄 개념

명예훼손죄는 공연히 사실을 적시하여 사람 명예를 훼손하는 범죄이다. 보호법익은 명예이다. 명예란 사람이 사회생활에서 가지는 가치이다. 외적 명예란 사람의 인격 가치와 도덕 행위·사회 행위에 대한 사회 평가를 말한다. 보호정도는 위험범이다. 명예 주체는 사람이다. 사자死者는 사람이 아니다. 다만 예외로 사자 명예훼손죄를 두어 보호한다. 법인·단체·집단 구성원은 명예 주체이다.

2. 공연성

공연성公然性은 불특정 다수인이 인식할 수 있는 상태이다. 전파성이론은 공연성을 확장한 이론이다. 기자가 기사화하지 않으면, 보도가 없으면, 전파가능성이 없다.

3. 사실 적시

사실事實은 사회 가치·평가를 저하하는 사실이다. 사실은 현실에서 증명할 수 있는 과거·현재 상태를 말한다. 사실 범위는 스스로 실험한 사실·타인에게 전해 들은傳聞 사실이다. 적시摘示란 지적·제시이다. 언어·문서·도서·신문·잡지·라디오·출판물로 적시한다. 적시 방법은 추측·의혹·질문·주장·전파로 한다. 단정 표현·우회 표현·암시 표현도 적시이다. 질의응답에서 단순 확인 대답은 사실 적시가 아니다. 학문 표현에서 암시 표시는 사실 적시로 보기 어렵다. 학문 주장·학문 의견에 해당하기 때문이다(대법원 2023. 10. 26. 선고 2017도18697 판결).

명예훼손죄
형법 제310조 위법성조각사유(진실·공익)

명예훼손죄에 관한 위법성조각사유의 해석에 대한 사건

대법원 2023. 2. 2. 선고 2022도13425 판결
[명예훼손]

[공소사실 요지]

갑 대학교 총학생회장인 피고인이 총학생회 주관의 농활 사전답사 과정에서 을을 비롯한 학생회 임원진의 음주 및 음주운전 사실이 있었음을 계기로 음주운전 및 이를 묵인하는 관행을 공론화하여 '총학생회장으로서 음주운전을 끝까지 막지 못하여 사과드립니다.'라는 제목의 글을 써 페이스북 등에 게시함으로써 음주운전자로 특정된 을의 명예를 훼손하였다.

검사는 피고인을 형법 제307조 제1항 명예훼손죄로 기소하였다.

[원심 판단]

제1심법원은 피고인에게 유죄를 선고하였다.

원심법원은 피고인에게 유죄를 선고하였다.

검사가 상고하였다.

[대법원 판단]

대법원은 원심판결을 파기하고, 사건을 서울중앙지방법원에 환송한다.

게시글의 전체적인 취지·내용에 비추어 중요한 부분이 '진실한 사실'에 해당하고, 게시글은 주된 의도·목적의 측면에서 공익성이 충분히 인정되는 점 등을 종합하면, 피고인의 행위는 형법 제310조에 따라 위법성이 조각된다.

형법 제310조의 위법성조각사유에 대한 법리를 오해하여 필요한 심리를 다하지 아니함으로써 판결에 영향을 미친 잘못이 있다.

낭독 형법 판결문 27

대법원 2023. 2. 2. 선고 2022도13425 판결 [명예훼손]
〈명예훼손죄에 관한 위법성조각사유의 해석에 대한 사건〉

판시 사항

[1] 형법 제310조에서 정한 위법성조각사유의 요건 중 '진실한 사실' 및 '오로지 공공의 이익에 관한 때'의 의미 / 적시된 사실이 '공공의 이익'에 관한 것인지 판단하는 기준 / 행위자의 주요한 동기나 목적인 공공의 이익에 부수적으로 다른 사익적 목적이나 동기가 내포되어 있는 경우, 형법 제310조의 적용 여부(적극)

[2] 사실적시의 내용이 사회 일반의 일부 이익에만 관련된 사항 또는 개인에 관한 사항이라도 공익성이 인정되는 경우 및 사인(사인)의 경우 공공의 이익에 관련되는지 판단하는 기준

[3] 갑 대학교 총학생회장인 피고인이 총학생회 주관의 농활 사전답사 과정에서 을을 비롯한 학생회 임원진의 음주 및 음주운전 사실이 있었음을 계기로 음주운전 및 이를 묵인하는 관행을 공론화하여 '총학생회장으로서 음주운전을 끝까지 막지 못하여 사과드립니다.'라는 제목의 글을 써 페이스북 등에 게시함으로써 음주운전자로 특정된 을의 명예를 훼손하였다는 내용으로 기소된 사안이다.

게시글의 전체적인 취지·내용에 비추어 중요한 부분이 '진실한 사실'에 해당하고, 게시글은 주된 의도·목적의 측면에서 공익성이 충분히 인정되는 점 등을 종합하면, 피고인의 행위는 형법 제310조에 따라 위법성이 조각된다고 봄이 타당하다고 한 사례.

판결 요지

[1] 형법 제310조는
"형법 제307조 제1항의 행위가
진실한 사실로서
오로지 공공의 이익에 관한 때에는

처벌하지 아니한다."라고 정한다.

여기서 '진실한 사실'이란 내용 전체의 취지를 살펴볼 때

중요한 부분이

객관적 사실과 합치되는 사실이라는 의미로

세부에서 진실과 약간 차이가 나거나

다소 과장된 표현이 있더라도 무방하다.

또한 '오로지 공공의 이익에 관한 때'란

적시된 사실이 객관적으로 볼 때

공공의 이익에 관한 것으로서

행위자도 주관적으로 공공의 이익을 위하여

그 사실을 적시한 것이어야 하는 것이다.

공공의 이익에 관한 것에는

널리 국가·사회 기타 일반 다수인의 이익에 관한 것뿐만 아니라

특정한 사회집단이나

그 구성원 전체의 관심과 이익에 관한 것도 포함한다.

적시된 사실이 공공의 이익에 관한 것인지는

사실의 내용과 성질,

사실의 공표가 이루어진 상대방의 범위,

표현의 방법 등

표현 자체에 관한 여러 사정을 감안함과 동시에

표현에 의하여 훼손되거나 훼손될 수 있는 명예의 침해 정도 등을

비교·고려하여 결정해야 하며,

행위자의 주요한 동기나 목적이

공공의 이익을 위한 것이라면

부수적으로 다른 사익적 목적이나 동기가 내포되어 있더라도

형법 제310조의 적용을 배제할 수 없다(대법원 2022. 2. 11. 선고 2021

도10827 판결, 대법원 2022. 7. 28. 선고 2020도8421 판결 등 참조).

[2] 사실적시의 내용이
사회 일반의 일부 이익에만 관련된 사항이라도
다른 일반인과 공동생활에 관계된 사항이라면
공익성을 지니고, 나아가
개인에 관한 사항이더라도
공공의 이익과 관련되어 있고
사회적인 관심을 획득하거나
획득할 수 있는 경우라면
직접적으로 국가·사회 일반의 이익이나
특정한 사회집단에 관한 것이 아니라는 이유만으로
형법 제310조의 적용을 배제할 것은 아니다.
사인이라도 그가 관계하는 사회적 활동의 성질과
사회에 미칠 영향을 헤아려
공공의 이익에 관련되는지 판단해야 한다(대법원 2020. 11. 19. 선고 2020도5813 전원합의체 판결, 대법원 2022. 2. 11. 선고 2021도10827 판결 등 참조).

[3] 갑 대학교 총학생회장인 피고인이 총학생회 주관의 농활 사전답사 과정에서 을을 비롯한 학생회 임원진의 음주 및 음주운전 사실이 있었음을 계기로 음주운전 및 이를 묵인하는 관행을 공론화하여 '총학생회장으로서 음주운전을 끝까지 막지 못하여 사과드립니다.'라는 제목의 글을 써 페이스북 등에 게시함으로써 음주운전자로 특정된 을의 명예를 훼손하였다는 내용으로 기소된 사안이다.

게시글의 전체적인 취지·내용에 비추어 중요한 부분은 '을이 술을 마신 상태에서 음주운전을 하였고 피고인도 이를 끝까지 제지하지 않았으며, 피고인 역시 음주운전 차량에 동승하였다.'는 점으로서 객관적 사실과 합치되므로, 비록 을이 마신 술의 종류·양과 같은 세부적 부분이 객관

적 사실과 정확히 일치하지 않더라도 게시글의 중요한 부분은 '진실한 사실'에 해당하는 점,

피고인은 사회적으로 음주운전에 엄격해진 분위기와 달리 농활 과정의 관성적인 음주운전 문화가 해당 개인은 물론 농활에 참여한 학내 구성원 등의 안전을 위협하고 이로 인해 총학생회의 자치활동에마저 부정적인 사회적 인식을 초래할 수 있다는 문제의식 아래 게시글을 올린 것으로 보이므로, 게시글은 주된 의도·목적의 측면에서 공익성이 충분히 인정되는 점,

게시글을 올린 시점이 을의 음주운전 행위일로부터 약 4개월이 경과되었고, 을의 갑 대학교 단과대학 학생회장 출마 시점으로부터 약 2주일 전이라는 점에서 그 의도·목적상 을의 출마와 관련성이 있다고 볼 여지도 있으나, 게시글의 중요 부분은 객관적인 사실로서 을의 준법의식·도덕성·윤리성과 직결되는 부분이어서 단과대학 학생회장으로서의 적격 여부와 상당한 관련성이 있을 뿐만 아니라 단과대학 구성원 전체의 관심과 이익에 관한 사항에 해당하는 점 등을 종합하면,

피고인의 행위는 형법 제310조에 따라 위법성이 조각된다고 봄이 타당하다는 이유로, 이와 달리 보아 공소사실을 유죄로 인정한 원심판결에 형법 제310조의 위법성조각사유에 관한 법리오해 및 심리미진의 잘못이 있다고 한 사례.

판결 해설

국립대학교 총학생회장인 피고인이 농활 답사 과정에서 자신을 포함한 학생회 임원진의 음주운전 및 묵인 관행에 대해 글을 써 페이스북 등에 게시함으로써 음주운전자로 특정된 피해자에 대한 명예훼손죄로 기소된 사안이다.

이 사건 게시글은 중요한 부분이 '진실한 사실'에 해당한다. 주된 의도·목적의 측면에서 공공의 이익을 위한 것임이 충분히 인정된다. 그럼에도 유죄라고 본 원심의 판단에 대해 형법 제310조의 위법성조각사유에 관한 법리오해, 심리미진의 위법을 이유로 파기·환송한 사례이다.

저작권법
제136조 제2항 제1호 저작인격권
침해죄·명예훼손

> **저작인격권 침해로 인한 저작권법위반죄 해당 여부가 문제된 사건**
>
> 대법원 2023. 11. 30. 선고 2020도10180 판결
> [저작권법위반]

[공소사실 요지]

피고인은 약 3년 6개월 동안 총 45개에 이르는 피해자 저작물을 피해자의 성명을 표시하지 않은 채 마치 피고인의 저작물인 것처럼 피고인의 페이스북 게시판에 게시하여 피해자의 성명표시권을 침해하는 한편, 임의로 피해자 저작물의 내용을 더하거나 변경함으로써 동일성을 손상시켜 피해자의 동일성유지권을 침해하였다.

검사는 피고인을 저작권법 제136조 제2항 제1호 저작인격권 침해로 인한 저작권법 위반죄로 기소하였다.

[원심 판단]

제1심법원은 피고인에게 유죄를 선고하였다.

원심법원은 피고인에게 유죄를 선고하였다.

피고인이 상고하였다.

[대법원 판단]

대법원은 상고를 기각한다.

원심의 판단에 논리와 경험의 법칙을 위반하여 자유심증주의의 한계를 벗어나거나 저작인격권 침해로 인한 저작권법위반죄의 성립에 관한 법리를 오해하는 등의 잘못이 없다.

(1) 피해자가 전문지식 등을 바탕으로 페이스북이나 저널의 전문가 연재

란에 피해자 저작물을 비롯한 다수의 글을 게재하면서 자신의 학식 등 인격적 가치에 대한 긍정적인 평판을 누리고 있었는데, 피해자가 페이스북 계정을 닫는 등 피해자 저작물의 게시를 중단하자 피고인이 이러한 기회에 피해자 저작물을 이용하여 자신도 다양한 주제에 대한 상당한 식견이 있는 사람처럼 행세하고자 위와 같은 저작인격권 침해행위에 이른 것으로 보인다.

(2) 피고인이 성명표시권을 침해하여 페이스북에 게시한 피해자 저작물은 불특정 다수의 사람들에게 마치 피고인의 저작물처럼 인식될 수 있어, 피해자로서는 피해자 저작물의 진정한 저작자가 맞는지 나아가 기존에 피해자가 피해자 저작물의 창작 등을 통해 얻은 사회적 평판이 과연 정당하게 형성된 것인지 의심의 대상이 될 위험이 있다.

(3) 피고인이 동일성유지권을 침해하여 페이스북에 게시한 피해자 저작물로 인하여, 그 저작자를 피해자로 알고 있는 사람들에게는 피고인의 게시글에 나타난 피고인의 주관이나 오류가 원래부터 피해자 저작물에 존재했던 것으로 오해될 수 있고, 이에 따라 저작자인 피해자의 전문성이나 식견 등에 대한 신망이 저하될 위험도 없지 않은 점 등을 이유로 피고인은 피해자의 저작인격권인 성명표시권과 동일성유지권을 침해하여 피해자의 사회적 가치나 평가가 침해될 위험이 있는 상태를 야기함으로써 저작자인 피해자의 명예를 훼손하였다. 대법원은 피고인에 대하여 유죄로 판단한 원심판결을 수긍하여 상고를 기각하였다.

▌낭독 형법 판결문 28 ▐

대법원 2023. 11. 30. 선고 2020도10180 판결 [저작권법위반]
〈저작인격권 침해로 인한 저작권법위반죄 해당 여부가 문제된 사건〉

판시 사항

저작권법 제136조 제2항 제1호 위반죄에서 저작자 또는 실연자의 '명예'의 의미(=사회적 명예) / 위 죄는 저작인격권 또는 실연자의 인격권을 침해하는 행위를 통해서 저작자 또는 실연자의 사회적 가치나 평가가 침해될 위험이 있으면 성립하는지 여부(적극) / 저작인격권 또는 실연자

의 인격권을 침해하는 행위가 저작자 또는 실연자의 사회적 가치나 평가를 침해할 위험이 있는지 판단하는 기준

판결 요지

저작권법 제136조 제2항 제1호는
저작인격권 또는 실연자의 인격권을 침해하여
저작자 또는 실연자의 명예를 훼손한 사람을
처벌하도록 규정하고 있다.
위 규정에서 정한 저작권법 위반죄는
저작인격권 또는 실연자의 인격권과 함께
저작자 또는 실연자의 명예를 보호하려는 데 그 목적이 있다.

여기서 저작자 또는 실연자의 명예란
저작자 또는 실연자가
그 품성·덕행·명성·신용 등의 인격적 가치에 관하여
사회로부터 받는 객관적 평가, 즉 사회적 명예를 가리킨다(대법원
2009. 5. 28. 선고 2007다354 판결 참조).

본죄는 저작인격권 또는 실연자의 인격권을 침해하는 행위를 통해서
저작자 또는 실연자의 사회적 가치나 평가가
침해될 위험이 있으면 성립한다.

현실적인 침해의 결과가 발생하거나
구체적·현실적으로 침해될 위험이 발생하여야 하는 것은 아니다.
다만 저작인격권 또는 실연자의 인격권을
침해하는 행위가 있었다는 사정만으로
바로 저작자 또는 실연자의 사회적 가치나 평가가
침해될 위험이 있다고 볼 수는 없다.

저작인격권 또는 실연자의 인격권을 침해하는 행위가
저작자 또는 실연자의 사회적 가치나 평가를
침해할 위험이 있는지는
저작자 또는 실연자의 주관적 감정이나 기분 등
명예감정을 침해할 만한 행위인지를 기준으로 판단할 것이 아니라,
침해행위에 이르게 된 경위,
침해행위의 내용과 방식,
침해의 정도,
저작자 또는 실연자의 저작물 또는
실연과 관련된 활동 내역 등 객관적인 제반 사정에 비추어
저작자 또는 실연자의 사회적 명예를
침해할 만한 행위인지를 기준으로 신중하게 판단하여야 한다.

✎ **참조 조문**

> 저작권법 제136조(벌칙) [제목개정 2011.12.2.] ① 다음 각호에서 어느 하
> 나에 해당하는 사람은 5년 이하 징역형 또는 5천만원 이하 벌금형으로 처
> 벌되거나 또는 이를 병과(竝科)할 수 있다. 〈개정 2011.12.2, 2021.5.18〉
> 1. 저작재산권 · 그 밖에 이 법에 따라 보호되는 재산 권리(제93조에 따른 권
>   리는 제외한다)를 복제 · 공연 · 공중송신 · 전시 · 배포 · 대여 · 2차 저작물
>   작성 등의 방법으로 침해한 사람
> 2. 제129조3 제1항에서 규정한 법원 명령을 정당한 이유 없이 위반한 사람
> ② 다음 각호에서 어느 하나에 해당하는 사람은 3년 이하 징역형 또는 3천만
> 원 이하 벌금형으로 처벌되거나 또는 이를 병과(竝科)할 수 있다. 〈개정
> 2009.4.22, 2011.6.30, 2011.12.2〉
> 1. 저작인격권 또는 실연자 인격권을 침해하여 저작자 명예 또는 실연자 명예
>   를 훼손한 사람
>
> [출처] 저작권법 일부개정 2023. 8. 8. [법률 제19597호, 시행 2024. 2. 9.]
> 문화체육관광부.

모 욕 죄

인터넷 유튜브 채널에 방송 영상을 게시하면서 피해자의 얼굴에 '개' 얼굴을 합성한 사건

대법원 2023. 2. 2. 선고 2022도4719 판결
[모욕]

[공소사실 요지]

피고인은 인터넷 유튜브 채널에 피해자의 방송 영상을 게시하면서 피해자의 얼굴에 '개' 얼굴을 합성하는 방법으로 피해자를 모욕하였다.

검사는 피고인을 형법 제311조 모욕죄로 기소하였다.

[원심 판단]

제1심법원은 피고인에게 무죄를 선고하였다.

원심법원은 피고인에게 무죄를 선고하였다.

원심은 피고인의 위 행위가 피해자의 사회적 평가를 저하시킬 만한 경멸적 감정을 표현한 것이라고 단정할 수 없다는 이유로 쟁점 공소사실에 대하여 범죄의 증명이 없다고 보아, 이를 제1심판결을 그대로 유지하였다.

[대법원 판단]

대법원은 상고를 기각한다.

영상의 전체적인 내용을 살펴볼 때, 피고인이 갑의 얼굴을 가리는 용도로 동물 그림을 사용하면서 갑에 대한 부정적인 감정을 다소 해학적으로 표현하려 한 것에 불과하다고 볼 여지도 상당하다. 그러므로 해당 영상이 갑을 불쾌하게 할 수 있는 표현이기는 하지만 객관적으로 갑의 인격적 가치에 대한 사회적 평가를 저하시킬 만한 모욕적 표현을 한 경우에 해당한다고 단정하기 어렵다. 대법원은 원심판단을 수긍하여 상고를 기각하였다.

낭독 형법 판결문 29

대법원 2023. 2. 2. 선고 2022도4719 판결 [모욕]
〈인터넷 유튜브 채널에 방송 영상을 게시하면서 피해자의 얼굴에 '개' 얼굴을 합성한 사건〉

판시 사항

[1] 모욕죄의 보호법익(=외부적 명예) 및 '모욕'의 의미 / 상대방의 인격적 가치에 대한 사회적 평가를 저하시킬 만한 것이 아닌 표현이 다소 무례한 방법으로 표시된 경우, 모욕죄의 구성요건에 해당하는지 여부(소극)

[2] 언어적 수단이 아닌 비언어적·시각적 수단만을 사용한 표현이라도 사람의 사회적 평가를 저하시킬 만한 추상적 판단이나 경멸적 감정을 전달하는 것인 경우, 모욕죄가 성립하는지 여부(적극)

[3] 피고인이 자신의 유튜브 채널에 갑의 방송 영상을 게시하면서 갑의 얼굴에 '개' 얼굴을 합성하는 방법으로 갑을 모욕하였다는 내용으로 기소된 사안이다.

영상의 전체적인 내용을 살펴볼 때, 피고인이 갑의 얼굴을 가리는 용도로 동물 그림을 사용하면서 갑에 대한 부정적인 감정을 다소 해학적으로 표현하려 한 것에 불과하다고 볼 여지도 상당하다. 그러므로 해당 영상이 갑을 불쾌하게 할 수 있는 표현이기는 하지만 객관적으로 갑의 인격적 가치에 대한 사회적 평가를 저하시킬 만한 모욕적 표현을 한 경우에 해당한다고 단정하기 어렵다고 본 원심판단을 수긍한 사례.

판결 요지

[1] 형법 제311조의 모욕죄는
사람의 가치에 대한 사회적 평가를 의미하는
외부적 명예를 보호법익으로 하는 범죄이다.
모욕죄에서 말하는 모욕이란
사실을 적시하지 아니하고
사람의 사회적 평가를 저하시킬 만한 추상적 판단이나

경멸적 감정을 표현하는 것을 의미한다.
따라서 어떠한 표현이
상대방의 인격적 가치에 대한 사회적 평가를
저하시킬 만한 것이 아니라면
설령 그 표현이 다소 무례한 방법으로 표시되었다 하더라도
이를 두고 모욕죄의 구성요건에 해당한다고 볼 수 없다.

[2] 모욕의 수단과 방법에는 제한이 없다.
언어적 수단이 아닌
비언어적·시각적 수단만을 사용하여 표현을 할 수 있다.
그것이 사람의 사회적 평가를 저하시킬 만한 추상적 판단이나
경멸적 감정을 전달하는 것이라면
모욕죄가 성립한다.

최근 영상 편집·합성 기술이 발전함에 따라
합성 사진 등을 이용한
모욕 범행의 가능성이 높아지고 있다.
시각적 수단만을 사용한 모욕이라 하더라도
그 행위로 인하여
피해자가 입는 피해나 범행의 가벌성 정도는
언어적 수단을 사용한 경우와 비교하여 차이가 없다.

[3] 피고인이 자신의 유튜브 채널에 갑의 방송 영상을 게시하면서 갑의 얼굴에 '개' 얼굴을 합성하는 방법으로 갑을 모욕하였다는 내용으로 기소된 사안이다.

원심판단 중 피고인이 갑을 '개'로 지칭하지는 않은 점 및 효과음, 자막을 사용하지 않았다는 사정을 무죄의 근거로 든 것은 적절하지 않으나, 영상의 전체적인 내용을 살펴볼 때,

피고인이 갑의 얼굴을 가리는 용도로 동물 그림을 사용하면서 갑에 대한 부정적인 감정을 다소 해학적으로 표현하려 한 것에 불과하다고 볼 여지도 상당하므로,

해당 영상이 갑을 불쾌하게 할 수 있는 표현이기는 하지만

객관적으로 갑의 인격적 가치에 대한 사회적 평가를 저하시킬 만한 모욕적 표현을 한 경우에 해당한다고 단정하기 어렵다는 취지에서

공소사실을 무죄로 판단한 것은 수긍할 수 있다고 한 사례.

판결 해설

1. 모욕죄 개념

모욕죄는 사람을 공연히 모욕함으로써 성립하는 범죄이다. 보호법익은 사람 외적 명예이다. 보호정도는 위험범이다. 모욕죄는 친고죄이다. 행위객체는 사람이다. 자연인·법인·법인격 없는 단체도 포함한다. 사자는 해당하지 않는다.

2. 모욕죄 성립요건

모욕侮辱이란 사실 적시 없이 사람에게 경멸 의사를 표시하는 행위이다.

모욕 수단과 모욕 방법은 제한이 없다. 언어·서면·거동·방송 영상·시각 수단으로 가능하다. 사람을 경멸하는 내용의 설명 가치가 있어야 한다. 가치 판단 기준은 행위자 또는 피해자의 주관이 아니고, 객관적 의미 내용이다. 단순한 농담·불친절·무례無禮·해학 표현은 모욕이 아니다. 모욕은 작위행위 또는 부작위 행위로 모두 가능하다. 모욕죄는 고의와 미필적 고의가 있어야 한다.

3. 모욕죄 위법성조각사유

형법 제310조 위법성조각사유는 형법 제311조 모욕죄에 적용되지 않는다. 학문·정치·예술 분야 비판과 논평에서 경멸 감정이 표현될 수 있다. 경멸 판단은 형법 제20조 정당행위 중 사회상규로 정밀하게 판단해야 한다.

입찰방해죄

위계에 의한 경매방해죄 성립 여부가 문제된 사건

대법원 2023. 12. 21. 선고 2023도10254 판결
[경매방해]

[공소사실 요지]

피고인은 이 사건 각 부동산이 낙찰되지 않게 하기 위하여 제3자 명의로 매각허가결정을 받았다. 그 후 매각대금을 납부하지 않는 방법으로 위계로써 경매의 공정을 해하였다.

검사는 피고인을 형법 제315조 입찰방해죄로 기소하였다.

[원심 판단]

제1심법원은 피고인에게 유죄를 선고하였다.

원심법원은 피고인에게 유죄를 선고하였다.

피고인이 이 사건 각 부동산을 담보로 투자자를 구하여 대출을 받거나 조합원을 모집하여 분양대금이 충분히 모일 때까지 이 사건 각 부동산이 경매로 타인에게 넘어가는 것을 저지할 의도만 있었을 뿐 처음부터 이 사건 각 부동산을 낙찰받아 경매대금을 납부할 의사는 없었다. 피고인이 위계로써 경매의 공정을 해하였다.

피고인이 상고하였다.

[대법원 판단]

대법원은 상고를 기각한다.

피고인이 민사집행법상 기일입찰 방식의 경매절차에서 경매목적물을 매수할 의사나 능력 없이 오로지 경매목적물이 제3자에게 매각되는 것을 저지하기 위하여 경매절차를 지연할 목적으로 다른 사람의 명의를 이용하여 감정가와 현저하게 차이가 나는 금액으로 입찰하는 행위를 반복함으로써 제3자의 매수를 사실상 봉쇄하여 전체적으로 경매절차를 형해화하는 정도

에 이르렀다. 이는 위계로써 경매의 공정을 해한 것으로 볼 수 있다. 원심판결을 수긍하여 상고를 기각하였다.

낭독 형법 판결문 30

대법원 2023. 12. 21. 선고 2023도10254 판결 [경매방해]
〈위계에 의한 경매방해죄 성립 여부가 문제된 사건〉

판시 사항

입찰방해죄에서 '입찰의 공정을 해하는 행위'의 의미

판결 요지

입찰방해죄는
위계 또는 위력 기타의 방법으로
입찰의 공정을 해하는 경우에 성립한다.
여기서 '입찰의 공정을 해하는 행위'란 공정한 자유경쟁을 방해할 염려가 있는 상태를 발생시키는 것이다.
그 행위에는 적정한 가격형성에 부당한 영향을 주는 것뿐 아니라
적법하고 공정한 경쟁방법을 해하거나
공정한 경쟁구도의 형성을 저해하는 행위도 포함된다(대법원 2009. 5. 14. 선고 2008도11361 판결, 대법원 2015. 8. 27. 선고 2015도9352 판결 등 참조).

업무방해죄
업무

피고인들이 농협 이사회에서 허위의 자료를 제출하는 등의
방법으로 안건을 통과시켜 이사회에 출석한 이사 및 감사에 대한
업무방해 등으로 기소된 사건

대법원 2023. 9. 27. 선고 2023도9332 판결
[특정경제범죄가중처벌등에관한법률위반(배임)(인정된 죄명:
업무상배임)·업무방해]

[공소사실 요지]

피고인들이 공모하여 위계로써 ○○농협의 감사인 피해자 공소외 1·공소
외 2의 ○○농협의 재산과 업무집행상황에 대한 감사, 이사회에 대한 의
견 진술 등에 관한 업무를 각각 방해하였다.

검사는 피고인들을 형법 제314조 제1항 업무방해죄로 기소하였다.

[원심 판단]

제1심법원은 피고인에게 유죄를 선고하였다.

원심법원은 피고인에게 유죄를 선고하였다.

피고인들이 공모하여 위계로써 ○○농협의 감사인 피해자 A, B의 ○○농
협의 재산과 업무집행상황에 대한 감사, 이사회에 대한 의견 진술 등에
관한 업무를 각각 방해하였다고 보아 감사에 대한 업무방해 사실을 유죄
로 인정하였다.

피고인들이 상고하였다.

[대법원 판단]

대법원은 원심판결을 파기하고, 사건을 대전고등법원에 환송한다.

피고인들이 ○○농협의 제8차 및 제11차 이사회에서 '급여규정 일부 개정
안'에 대하여 허위로 설명 또는 보고하거나 개정안과 관련하여 허위의 자

료를 작성하여 이사들에게 제시하였다고 하더라도, 그와 같은 행위는 직접적·본질적으로 이사들의 '급여규정 일부 개정안' 심의·의결 업무를 방해한 것으로 볼 수 있을 뿐, 이사회에 참석한 감사의 업무를 방해한 것으로 보기는 어렵다. 피고인들의 이사들에 대한 기망적인 행위로 인해 위 이사회에 출석한 감사가 의견을 진술하는 데에 결과적으로 지장을 초래한 것으로 볼 수 있다 하더라도 그 실질은 이사들의 정상적인 심의·의결 업무를 방해하는 행위로 평가·포섭될 수 있을 뿐이라고 보아, 피고인들의 행위로 인하여 감사들의 업무가 방해되었다고 인정한 원심의 판단에 업무방해죄의 '업무'에 관한 법리를 오해하여 판결에 영향을 미친 잘못이 있다.

▪ 낭독 형법 판결문 31 ▪

대법원 2023. 9. 27. 선고 2023도9332 판결 [특정경제범죄가중처벌등에관한법률위반(배임)(인정된 죄명: 업무상배임)·업무방해]
〈피고인들이 농협 이사회에서 허위의 자료를 제출하는 등의 방법으로 안건을 통과시켜 이사회에 출석한 이사 및 감사에 대한 업무방해 등으로 기소된 사건〉

판시 사항

[1] 업무방해죄의 보호대상이 되는 '업무'의 의미
[2] 피고인들이 공모하여 이사회에서 '급여규정 일부 개정안'에 대하여 허위로 설명 또는 보고하거나 개정안과 관련하여 허위의 자료를 작성하여 제시하였는데, 위와 같은 행위로 위계로써 갑 농협 감사의 갑 농협의 재산과 업무집행상황에 대한 감사, 이사회에 대한 의견 진술 등에 관한 업무를 방해하였다는 내용으로 기소된 사안이다. 피고인들의 행위로 이사회에 출석하여 의견을 진술한 이사회 구성원 아닌 감사의 업무가 방해된 경우에 해당하지 않음에도, 이와 달리 본 원심판단에 법리오해의 잘못이 있다고 한 사례.

판결 요지

[1] 업무방해죄의 보호대상이 되는 "업무"라 함은

직업 또는 사회생활상의 지위에 기하여
계속적으로 종사하는 사무나 사업을 말하는 것이다.
이러한 주된 업무와 밀접불가분의 관계에 있는 부수적인 업무도
이에 포함된다(대법원 1993. 2. 9. 선고 92도2929 판결 등 참조).

그러나 이사회가 의안 심의 및 결의에 관한 업무와 관련하여
특정 안건의 심의 및 의결 절차의 편의상 이사회 구성원이 아닌
감사 등의 의견을 청취하는 것은
그 실질에 있어 이사회 구성원인 이사들의 의안 심의 및
결의에 관한 계속적 업무 혹은
그와 밀접불가분의 관계에 있는 업무에 해당할 뿐,
그와 같은 경위로 이사회에 출석하여 의견을 진술한
이사회 구성원 아닌
감사의 업무를 방해한 경우에 해당한다고 볼 수 없다.

[2] 피고인들이 공모하여 이사회에서
'급여규정 일부 개정안'에 대하여 허위로 설명 또는 보고하거나
개정안과 관련하여 허위의 자료를 작성하여 제시하였다.
그런데 위와 같은 행위로 위계로써
갑 농협 감사의 갑 농협의 재산과 업무집행상황에 대한 감사,
이사회에 대한 의견 진술 등에 관한 업무를 방해하였다는 내용으로 기
소된 사안이다.

갑 농협의 정관에 따르면
감사는 갑 농협의 재산과 업무집행상황을 감사하는 것을 주된 업무로
하는 점,
이사회의 구성 및 운영 주체는 이사들이고,
개별 이사회에서 이루어지는 심의·의결 등 업무는 감사가 그 주체로서
행한 업무에 해당하지 아니하므로,

감사의 특정 이사회 출석 및 의견 진술은 감사의 본래 업무와 밀접불가분의 관계에 있는 부수적인 업무라고 보기 어려운 점,

갑 농협의 조합장을 비롯한 경영진이나 직원들이 이사회에 부의된 안건과 관련하여 이사회에서 하는 보고 또는 설명의 상대방은 이사회의 구성원인 이사들에 한정되는 것으로 볼 수 있을 뿐 이사회 구성원이 아닌 감사 등까지 포함된다고 보기는 어려운 점 등을 종합하면,

피고인들의 행위는 직접적·본질적으로 이사들의 '급여규정 일부 개정안' 심의·의결 업무를 방해한 것으로 볼 수 있을 뿐,

이사회에 참석한 감사의 업무를 방해한 것으로 보기는 어렵고,

피고인들의 이사들에 대한 위와 같은 기망적인 행위로 인해 이사회에 출석한 감사가 의견을 진술하는 데에 결과적으로 지장을 초래한 것으로 볼 수 있다 하더라도 그 실질은 이사들의 정상적인 심의·의결 업무를 방해하는 행위로 평가·포섭될 수 있을 뿐이므로,

이사회가 의안 심의 및 결의에 관한 업무와 관련하여 특정 안건의 심의 및 의결 절차의 편의상 이사회 구성원이 아닌 감사 등의 의견을 청취하는 것은 그 실질에 있어 이사회 구성원인 이사들의 의안 심의 및 결의에 관한 계속적 업무 혹은 그와 밀접불가분의 관계에 있는 업무에 해당할 뿐,

피고인들의 행위로 이사회에 출석하여 의견을 진술한 이사회 구성원 아닌 감사의 업무가 방해된 경우에 해당한다고 볼 수 없음에도,

이와 달리 본 원심판단에 법리오해의 잘못이 있다고 한 사례.

업무방해죄
업무

**무자격자가 개설한 의료기관에 고용된 의료인의 진료업무가
업무방해죄의 보호대상이 되는 업무인지 여부가 문제된 사건**

대법원 2023. 3. 16. 선고 2021도16482 판결
[명예훼손·업무방해·폭행]

[공소사실 요지]
피고인이 단독으로 또는 공모하여 11회에 걸쳐 의료인인 공소외 1이 진료를 하는 병원에서 큰 소리를 지르거나, 환자 진료 예약이 있는 공소외 1을 붙잡고 있는 등의 방법으로 위력으로 공소외 1의 진료 업무를 방해하였다.
검사는 피고인을 형법 제414조 제1항 업무방해죄로 기소하였다.

[원심 판단]
제1심법원은 피고인에게 무죄를 선고하였다.
원심법원은 피고인에게 무죄를 선고하였다.
이 사건 병원은 공소외 1을 개설 명의자로 하여 의료인이 아닌 공소외 2가 개설하여 운영하는 병원이어서 이 사건 병원의 운영에 관한 업무는 업무방해죄의 보호대상이 되는 업무에 해당하지 아니하고, 공소외 1의 진료 행위도 이 사건 병원의 운영에 관한 업무에 포함되어 별개의 보호가치 있는 업무로 볼 수 없으므로 업무방해죄가 성립되지 않는다는 이유로 이 부분 공소사실에 대하여 무죄를 선고하였다.
검사가 상고하였다.

[대법원 판단]
대법원은 원심판결을 파기하고, 사건을 서울서부지방법원에 환송한다.
무자격자가 의료기관을 개설하여 운영하는 행위는 업무방해죄의 보호대상

이 되는 업무에 해당하지 않더라도 고용된 의료인이 환자를 진료하는 행위는 업무방해죄의 보호대상이 될 수 있다. 그러므로 의료기관의 개설·운영 형태, 해당 의료기관에서 이루어지는 진료의 내용과 방식, 피고인의 행위로 인하여 방해되는 업무의 내용 등 사정을 종합적으로 고려하여 판단해야 한다.

▪ 낭독 형법 판결문 32 ▪

대법원 2023. 3. 16. 선고 2021도16482 판결 [명예훼손·업무방해·폭행]
〈무자격자가 개설한 의료기관에 고용된 의료인의 진료업무가 업무방해죄의 보호대상이 되는 업무인지 여부가 문제된 사건〉

판시사항

[1] 업무방해죄의 보호대상이 되는 '업무'의 의미와 판단 기준 / 업무의 개시나 수행과정에 실체상 또는 절차상의 하자가 있더라도 그 정도가 반사회성을 띠는 데까지 이르지 아니한 경우, 업무방해죄의 보호대상이 되는지 여부(적극)

[2] 의료인이나 의료법인이 아닌 자가 의료기관을 개설하여 운영하는 행위가 업무방해죄의 보호대상이 되는 업무에 해당하는지 여부(소극) / 무자격자에 의해 개설된 의료기관에 고용된 의료인의 진료 업무가 업무방해죄의 보호대상이 되는 업무인지 판단하는 기준

[3] 의료인인 갑의 명의로 의료인이 아닌 을이 개설하여 운영하는 병 병원에서, 피고인이 11회에 걸쳐 큰 소리를 지르거나 환자 진료 예약이 있는 갑을 붙잡고 있는 등의 방법으로 위력으로써 갑의 진료 업무를 방해하였다는 내용으로 기소된 사안이다.

피고인이 병 병원의 일반적인 운영 외에 갑의 진료행위를 방해한 것인지에 대해 더 세밀하게 심리하여 업무방해죄 성립 여부를 판단하였어야 함에도, 원심이 병 병원의 운영에 관한 업무가 업무방해죄의 보호대상이 되는 업무에 해당하지 않는다는 전제에서 갑의 진료행위도 병 병원

의 운영에 관한 업무에 포함되어 별개의 보호가치 있는 업무로 볼 수 없다고 단정한 것에 법리오해의 잘못이 있다고 한 사례.

판결 요지

[1] 형법상 업무방해죄의 보호대상이 되는 '업무'라 함은
직업 또는 계속적으로 종사하는 사무나 사업을 말하는 것으로서
타인의 위법한 행위에 의한 침해로부터
보호할 가치가 있는 것이면 된다.
그 업무의 기초가 된 계약 또는 행정행위 등이
반드시 적법하여야 하는 것은 아니다.

그러므로 법률상 보호할 가치가 있는 업무인지 여부는
그 사무가 사실상 평온하게 이루어져
사회적 활동의 기반이 되고 있느냐에 따라 결정되는 것이다.
그 업무의 개시나 수행과정에 실체상 또는
절차상의 하자가 있다고 하더라도
그 정도가 반사회성을 띠는 데까지 이르지 아니한 이상
업무방해죄의 보호대상이 된다고 보아야 한다(대법원 2010. 5. 27. 선고 2008도2344 판결 등 참조).

[2] 의료인이나 의료법인이 아닌 자가
의료기관을 개설하여 운영하는 행위는
업무방해죄의 보호대상이 되는 업무에 해당하지 않는다(대법원 2001. 11. 30. 선고 2001도2015 판결 참조).

그러나 무자격자에 의해 개설된 의료기관에 고용된 의료인이
환자를 진료한다고 하여
그 진료행위 또한 당연히 반사회성을 띠는 행위라고 볼 수는 없다.

이때 의료인의 진료업무가
업무방해죄의 보호대상이 되는 업무인지는
의료기관의 개설·운영 형태,
해당 의료기관에서 이루어지는 진료의 내용과 방식,
피고인의 행위로 인하여 방해되는 업무의 내용 등 사정을
종합적으로 고려하여 판단해야 한다.

[3] 의료인인 갑의 명의로 의료인이 아닌 을이
개설하여 운영하는 병 병원에서,
피고인이 단독으로 또는 공모하여 11회에 걸쳐 큰 소리를 지르거나
환자 진료 예약이 있는 갑을 붙잡고 있는 등의 방법으로 위력으로써
갑의 진료업무를 방해하였다는 내용으로 기소된 사안이다.

피고인의 행위와 당시의 주변 상황 등을 종합하면,
공소사실 전부 또는 그중 일부는 피고인이 갑의 환자에 대한 진료행위
를 방해한 것으로 볼 여지가 있다.
그러므로 피고인이 병 병원의 일반적인 운영 외에 갑의 진료행위를 방
해한 것인지에 대해 더 세밀하게 심리하여 업무방해죄 성립 여부를 판
단하였어야 한다.
그럼에도 원심이 병 병원의 운영에 관한 업무는 업무방해죄의 보호대상
이 되는 업무에 해당하지 않는다고 전제한 다음,
갑의 진료행위도 병 병원의 운영에 관한 업무에 포함되어
별개의 보호가치 있는 업무로 볼 수 없다고 단정하여
공소사실을 무죄로 판단한 것에
업무방해죄의 업무에 관한 법리오해의 잘못이 있다고 한 사례.

업무방해죄
위계

박사학위 논문 예비심사용 자료를 지도교수 등 제3자가 대작하여
논문심사업무를 방해했다는 공소사실로 기소된 사건

대법원 2023. 9. 14. 선고 2021도13708 판결
[업무방해]

[공소사실 요지]

피고인 A는 지도교수 등이 대작한 박사학위 논문 예비심사용 자료('이 사
건 예심자료')를 마치 자신이 작성한 것처럼 발표하여 예비심사에 합격함
으로써 X대학원장의 박사학위 논문 예비심사 업무를 방해하였다는 공소
사실로 기소되었다.

검사는 피고인 A를 형법 제314조 제1항 업무방해죄로 기소하였다.

[원심 판단]

제1심법원은 피고인에게 유죄를 선고하였다.

원심법원은 피고인에게 유죄를 선고하였다.

이 사건 예심자료는 A의 지도교수 등이 대작한 것이다. 피고인 A에게 업
무방해의 고의와 지도교수와의 암묵적 공모관계가 인정된다,

피고인이 상고하였다.

[대법원 판단]

대법원은 원심판결 중 피고인 1에 대한 부분을 파기하고, 이 부분 사건을
서울중앙지방법원에 환송한다. 피고인 2의 상고를 기각한다.

이 사건 예심자료의 작성경위에 관한 피고인 A의 변소에 의심스러운 부
분이 있다 하더라도 지도교수 등이 이 사건 예심자료를 대작한 사실이 합
리적 의심을 배제할 정도로 증명되었다고 보기에 부족하다. 피고인 A가
지도교수에 의한 수정, 보완을 거친 이 사건 예심자료를 제출하였다 하더

라도 이로써 X대학원장 등에게 오인·착각 또는 부지를 일으키게 하여 이를 이용하였다거나, 업무방해의 결과를 초래할 위험이 발생하였다고 단정하기 어려움에도 불구하고, 유죄인정의 증명책임, 업무방해죄의 '위계' 및 '업무방해의 위험'에 관한 법리를 오해하거나 필요한 심리를 다하지 아니하여 판결에 영향을 미친 잘못이 있다.

■ 낭독 형법 판결문 33 ■

대법원 2023. 9. 14. 선고 2021도13708 판결 [업무방해]
〈박사학위 논문 예비심사용 자료를 지도교수 등 제3자가 대작하여 논문심사업무를 방해했다는 공소사실로 기소된 사건〉

판시 사항

[1] 업무방해죄의 성립요건 [2] 학위논문의 대작으로 인한 업무방해죄 성립에 관한 법리가 학위논문 예비심사 단계에서 제출된 논문 또는 자료에 대하여 동일하게 적용되는지 여부(소극)

판결 요지

[1] 형법 제314조 제1항에서 정하는
위계에 의한 업무방해죄에서 '위계'란
행위자가 행위의 목적을 달성하기 위하여
상대방에게 오인·착각 또는 부지를 일으키게 하여
이를 이용하는 것을 말한다.
그리고 업무방해죄의 성립에는
업무방해의 결과가 실제로 발생할 것을 요하지 않는다.
하지만 업무방해의 결과를 초래할 위험은 발생하여야 한다.
그 위험의 발생이 위계 또는 위력으로 인한 것인지
신중하게 판단되어야 한다(대법원 2005. 4. 15. 선고 2002도3453 판결, 대법원 2023. 3. 30. 선고 2019도7446 판결 등 참조).

[2] 학위논문을 작성함에 있어

자료를 분석, 정리하여

논문의 내용을 완성하는 일의 대부분을 타인에게 의존하였다면

그 논문은 타인에 의하여 대작된 것이라고 보아야 할 것이다(대법원 1996. 7. 30. 선고 94도2708 판결 참조).

학위청구논문의 작성계획을 밝히는 예비심사 단계에서

제출된 논문 또는 자료의 경우에는

아직 본격적인 연구가 이루어지기 전이다.

연구주제 선정, 목차 구성, 논문작성계획의 수립,

기존 연구성과의 정리 등에

논문지도교수의 폭넓은 지도를 예정하고 있다고 할 것이어서

학위논문과 동일하게 볼 수 없다.

판결 해설

1. 업무방해죄 개념

업무방해죄는 허위 사실을 유포·위계·위력으로 사람 업무를 방해함으로써 성립하는 범죄이다. 보호법익은 사람의 사적私的 업무이다. 보호 정도는 위험범이다.

2. 업무방해죄 성립요건

업무란 사회 지위·계속성·사무·업무를 말한다. 행위 객체는 사람의 사적私的 업무이다. 자연인·법인·법인격 없는 단체의 사적 업무도 포함한다. 반사회성이 있거나 또는 법으로 보호를 받을 가치가 없는 경우, 업무가 아니다. 불법 경작은 업무가 아니다. 공무집행방해죄에서 행위 객체는 적법한 공무公務·공적 업무이다.

업무방해죄에서 행위는 ① 허위 사실을 유포하여 업무를 방해 또는 ② 위계로써 업무를 방해 또는 ③ 위력으로써 업무방해이다. 업무방해란 업무 집행 방해·업무 경영 저해를 말한다. 업무방해죄는 고의와 미

필적 고의가 있어야 한다.

3. 대상판결 검토

이 판결은 논문 심사 절차에 잘못된 신호를 줄 수 있다. 박사학위 심사는 예비 심사와 본심사로 구성된다. 모두 중요한 절차이다. 단순 사적 지도과정이 아니다. 예비 심사 논문 지도교수 대작은 위계 업무방해에 해당한다. 논문 심사 윤리가 있다.

4. 대법원 판단

형사소송에서는 범죄사실이 있다는 증거를 검사가 제시하여야 한다. 피고인의 변소가 불합리하여 거짓말 같다고 하여도 그것 때문에 피고인을 불리하게 할 수 없다. 범죄사실의 증명은 법관으로 하여금 합리적인 의심의 여지가 없을 정도로 고도의 개연성을 인정할 수 있는 심증을 갖게 하여야 한다. 이러한 정도의 심증을 형성하는 증거가 없다면 설령 피고인에게 유죄의 의심이 간다 하더라도 피고인의 이익으로 판단하여야 한다(대법원 2007. 11. 30. 선고 2007도163 판결, 대법원 2010. 7. 8. 선고 2008도7546 판결 등 참조).

업무방해죄
위력

업무방해의 위력 여부가 문제된 사건

··

대법원 2023. 3. 30. 선고 2019도7446 판결
[업무방해]

[공소사실 요지]

○○○고등학교 교장인 피고인이 2016.경 신입생 입학 사정회의 과정에서 면접위원인 피해자들에게 "참 선생님들이 말을 안 듣네. 중학교는 이 정도면 교장 선생님한테 권한을 줘서 끝내는데. 왜 그러는 거죠?" 등 특정 학생을 합격시키라는 취지로 강압적인 이 사건 발언을 하여 특정 학생의 면접점수를 상향시켜 신입생으로 선발되도록 함으로써 위력으로 면접위원들의 신입생 면접 업무를 방해하였다.

검사는 피고인을 형법 제314조 제1항 업무방해죄로 기소하였다.

[원심 판단]

제1심법원은 피고인에게 유죄를 선고하였다.

원심법원은 피고인에게 유죄를 선고하였다.

피고인이 상고하였다.

[대법원 판단]

대법원은 원심판결을 파기·환송한다.

(1) 피고인과 피해자들을 비롯한 신입생 입학 사정회의 구성원들은 모두 위 사정회의를 통해 다양한 의견을 반영하여 최종 합격자를 결정하고 그에 따라 면접 점수가 조정될 수 있음을 양해하였던 점

(2) 피해자들이 특정 학생의 면접 점수를 조정하기로 한 것은 피고인이 이 사건 발언을 통해 어떠한 분위기를 조성한 영향이 아닌 사정회의 구성

원들이 이 사건 사정회의에서 논의한 결과에 따른 것이라고 보이는 점
(3) 이 사건 발언 경위 등에 비추어 피고인이 이 사건 발언을 하면서 다소 과도한 표현을 사용하였다고 하더라도 그로 인해 피해자들의 자유의사를 제압하거나 사회통념상 허용할 수 없는 위력을 행사였다고 보기 어려운 점
(4) 피고인이 업무방해의 고의로 이 사건 발언을 하였다고 보기도 어려운 점
이러한 이유로 업무방해죄를 유죄로 인정한 원심판결을 파기·환송하였다.

낭독 형법 판결문 34

대법원 2023. 3. 30. 선고 2019도7446 판결 [업무방해]
〈업무방해의 위력 여부가 문제된 사건〉

판시 사항

[1] 업무방해죄에서 말하는 '위력'의 의미 / 어떤 행위의 결과 상대방의 업무에 지장이 초래되었더라도 행위자가 상대방의 의사결정에 관여할 수 있는 권한을 가지고 있거나 업무상의 지시를 할 수 있는 지위에 있는 경우, 위력을 행사한 것인지 여부(원칙적 소극) / 업무방해죄의 성립에 업무방해의 결과가 실제로 발생할 것을 요하지 아니하지만 업무방해의 결과를 초래할 위험은 발생하여야 하는지 여부(적극)
[2] 갑 고등학교의 교장인 피고인이 신입생 입학 사정회의 과정에서 면접위원인 피해자들에게 "참 선생님들이 말을 안 듣네. 중학교는 이 정도면 교장 선생님한테 권한을 줘서 끝내는데. 왜 그러는 거죠?" 등 특정 학생을 합격시키라는 취지의 발언을 하여 특정 학생의 면접 점수를 상향시켜 신입생으로 선발되도록 함으로써 위력으로 피해자들의 신입생 면접 업무를 방해하였다는 내용으로 기소된 사안이다.
제반 사정을 종합하면, 피고인은 학교 교장이자 학교입학전형위원회 위원장으로서 위 사정회의에 참석하여 자신의 의견을 밝힌 후 계속하여 논의가 길어지자 발언을 한 것인바, 그 발언에 다소 과도한 표현이 사용되었더라도 위력을 행사하였다고 단정하기 어렵고, 그로 인하여 피해

자들의 신입생 면접 업무가 방해될 위험이 발생하였다고 보기도 어렵다
고 한 사례.

판결 요지

형법상 업무방해죄에서 말하는 '위력'은
반드시 유형력의 행사에 국한되지 않는다.
그러므로 폭력·협박은 물론
사회적·경제적·정치적 지위와
권세에 의한 압박 등도 이에 포함된다.

그러나 적어도 그러한 위력으로 인하여
피해자의 자유의사를 제압하기에 충분하다고
평가될 정도의 세력에는 이르러야 한다.

한편 어떤 행위의 결과 상대방의 업무에 지장이 초래되었더라도
행위자가 상대방의 의사결정에 관여할 수 있는 권한을 가지고 있거나
업무상의 지시를 할 수 있는 지위에 있는 경우에는
그 행위의 내용이나 수단이
사회통념상 허용될 수 없는 등 특별한 사정이 없는 한
위력을 행사한 것이라고 할 수 없다(대법원 2013. 2. 28. 선고 2011도
16718 판결, 대법원 2013. 3. 14. 선고 2010도410 판결 등 참조).

또한 업무방해죄의 성립에는
업무방해의 결과가 실제로 발생할 것을 요하지 아니하지만
업무방해의 결과를 초래할 위험은 발생하여야 한다.
그 위험의 발생이 위계 또는 위력으로 인한 것인지
신중하게 판단되어야 한다(대법원 2005. 4. 15. 선고 2002도3453 판결 등
참조).

업무방해죄
위력

공장 내 CCTV에 비닐봉지를 씌워 촬영하지 못하도록 한 행위가 위력에 의한 업무방해에 해당하는지 여부 및 정당행위로 볼 수 있는지 여부가 문제된 사건

대법원 2023. 6. 29. 선고 2018도1917 판결
[업무방해]

[공소사실 요지]
회사가 근로자들의 동의 절차나 협의를 거치지 않고 설치된 공장 내 CCTV를 통하여 시설물 관리 업무를 하였다. 피고인이 그러한 CCTV 카메라에 비닐봉지를 씌워 촬영하지 못하도록 한 행위하였다.
검사는 피고인을 형법 제314조 제1항 업무방해죄로 기소하였다.

[원심 판단]
제1심법원은 피고인에게 유죄를 선고하였다.
원심법원은 피고인에게 유죄를 선고하였다.
피고인이 상고하였다.

[대법원 판단]
대법원은 원심판결을 파기하고, 사건을 전주지방법원에 환송한다.
이 사건 CCTV 카메라의 촬영을 불가능하게 한 각 행위들은 모두 위력에 의한 업무방해죄의 구성요건에 해당한다. 그중 회사가 CCTV를 작동시키지 않았거나 시험가동만 한 상태에서 촬영을 방해한 행위는 정당행위로 볼 수 없다. 그러나 정식으로 CCTV 작동을 시작한 후에는 회사의 정당한 이익 달성이 명백하게 정보주체의 권리보다 우선하는 경우에 해당한다고 보기 어려워 그 촬영을 방해한 행위가 정당행위에 해당할 여지가 있다.

낭독 형법 판결문 35

대법원 2023. 6. 29. 선고 2018도1917 판결 [업무방해]

〈공장 내 CCTV에 비닐봉지를 씌워 촬영하지 못하도록 한 행위가 위력에 의한 업무방해에 해당하는지 여부 및 정당행위로 볼 수 있는지 여부가 문제된 사건〉

판시 사항

[1] 근로자들의 동의 절차나 협의를 거치지 않고 설치된 공장 내 CCTV를 통하여 시설물 관리 업무를 하는 경우 업무방해죄의 보호대상인지 여부(적극)

[2] 그러한 CCTV 카메라에 비닐봉지를 씌워 촬영하지 못하도록 한 행위가 정당행위에 해당할 수 있는지 여부(적극)

판결 요지

형법 제20조가 정한 '사회상규에 위배되지 아니하는 행위'라 함은
법질서 전체의 정신이나
그 배후에 놓여 있는 사회윤리 내지 사회통념에 비추어
용인될 수 있는 행위를 말한다.

정당행위를 인정하려면,
첫째 행위의 동기나 목적의 정당성,
둘째 행위의 수단이나 방법의 상당성,
셋째 보호이익과 침해이익의 법익균형성,
넷째 긴급성,
다섯째 그 행위 외에 다른 수단이나 방법이 없다는 보충성 등의
요건을 갖추어야 한다(대법원 2000. 4. 25. 선고 98도2389 판결 참조).

이때 어떠한 행위가
위 요건들을 충족하는 정당한 행위로서
위법성이 조각되는 것인지는

구체적인 사정 아래서 합목적적, 합리적으로 고찰하여
개별적으로 판단되어야 한다.
그러므로 구체적인 사안에서
정당행위로 인정되기 위한 긴급성이나 보충성의 정도는
개별 사안에 따라 다를 수 있다(대법원 2021. 3. 11. 선고 2020도16527
판결, 대법원 2023. 5. 18. 선고 2017도2760 판결 등 참조).

한편 어떠한 행위가
범죄구성요건에 해당하지만
정당행위라는 이유로
위법성이 조각된다는 것은
그 행위가 적극적으로 용인, 권장된다는 의미가 아니라
단지 특정한 상황 하에서
그 행위가 범죄행위로서
처벌대상이 될 정도의
위법성을 갖추지 못하였다는 것을 의미한다(대법원 2021. 12. 30. 선고
2021도9680 판결 참조).

업무방해죄
위력

다른 사람에게 접근매체를 양도할 의사로 계좌를 개설하면서
금융기관 업무담당자에게 이에 관한 사항을 허위로 답변한 행위가
위계에 의한 업무방해죄로, 범죄에 이용될 것을 알면서
접근매체를 대여·보관한 행위 등이 전자금융거래법위반죄로
기소된 사건

대법원 2023. 8. 31. 선고 2021도17151 판결
[업무방해·전자금융거래법위반]

[공소사실 요지]

피고인은 성명불상자와 공모하여 사실은 법인 명의로 계좌를 개설하여 계
좌에 연결된 접근매체를 양도할 의사로 유한회사 태정과 유한회사 루이스
를 설립하였다. 다음, 2020. 8. 20. 유한회사 태정 명의의 계좌를 피해자
부산은행, 기업은행, 안락새마을금고에서, 2020. 8. 21. 유한회사 루이스
명의의 계좌를 피해자 부산은행에서 각 개설함에 있어 각 유한회사가 정
상적으로 운영되는 것처럼 가장하여 사업자등록증 등 법인 명의 계좌의
개설에 필요한 서류를 피해 금융기관들의 각 담당직원에게 제출하면서 법
인 명의 계좌의 개설을 신청하였다. 피고인은 그 과정에서 담당직원으로
부터 접근매체를 다른 사람에게 양도하면 처벌받을 수 있다는 등의 안내
를 받고 이를 준수할 것처럼 행세하였다. 위와 같은 피고인의 기망에 속
은 피해 금융기관들의 각 담당직원은 법인 명의로 계좌를 개설해 주었다.
이로써 피고인은 위계의 방법으로 4회에 걸쳐 피해 금융기관들의 계좌 개
설업무를 방해하였다.

검사는 피고인을 형법 제314조 제1항 업무방해죄로 기소하였다.

[원심 판단]

제1심법원은 피고인에게 무죄를 선고하였다.

원심법원은 피고인에게 무죄를 선고하였다.

피고인이 피해 금융기관들의 담당직원에게 금융거래의 목적이나 접근매체의 양도의사 등에 관하여 서면으로 허위의 답변을 기재하고 관련 서류를 제출하여 이를 믿은 담당직원들이 법인 명의로 계좌를 개설해 주었다 하더라도, 피고인의 위와 같은 행위로 인하여 피해 금융기관들의 계좌 개설 업무가 방해되었다고 볼 수 없다고 보아, 이 부분 공소사실을 유죄로 인정한 제1심판결을 파기하고 무죄를 선고하였다.

검사가 상고하였다.

[대법원 판단]

대법원은 원심판결 중 유죄 부분과 '범죄에 이용될 것을 알면서' 접근매체를 대여·보관한 행위로 인한 전자금융거래법 위반 부분을 모두 파기하고, 이 부분 사건을 인천지방법원에 환송한다. 나머지 상고를 기각한다.

피고인이 법인 명의의 계좌를 개설하면서 작성한 예금거래신청서나 금융거래목적 확인서는 내용의 진실성이 담보되는 서류라고 볼 수 없다. 제출된 관련 서류들도 법인 명의 계좌개설 시 기본적으로 구비하여야 할 서류들로 보일 뿐, 계좌 명의자인 각 회사가 정상적으로 운영되고 있다거나 정상적으로 운영될 것이라는 등의 진실한 금융거래 목적을 확인할 수 있는 자료가 아니다. 이 사건에서 계좌개설 심사업무를 담당하는 금융기관의 업무담당자가 예금거래신청서 등에 기재된 금융거래 목적의 진실 여부를 확인하기 위하여 추가로 그에 관한 객관적 자료의 제출을 요구하는 등 적절한 심사절차를 진행하였음에도 피고인이 그에 관하여 허위 서류를 작성하거나 문서를 위조하여 제출함으로써 업무담당자가 허위임을 발견하지 못하여 계좌를 개설하기에 이르렀다는 등의 특별한 사정은 찾아보기 어렵다. 결국 이 사건 각 법인 명의 계좌가 개설된 것은 피해 금융기관 업무담당자의 불충분한 심사에 기인한 것으로 볼 여지가 많아 계좌개설 신청인인 피고인의 위계가 업무방해의 위험성을 발생시켰다고 할 수 없으므로 위계에 의한 업무방해죄를 구성하지 않는다고 보아야 한다.

낭독 형법 판결문 36

대법원 2023. 8. 31. 선고 2021도17151 판결 [업무방해·전자금융거래법위반]

〈다른 사람에게 접근매체를 양도할 의사로 계좌를 개설하면서 금융기관 업무담당자에게 이에 관한 사항을 허위로 답변한 행위가 위계에 의한 업무방해죄로, 범죄에 이용될 것을 알면서 접근매체를 대여·보관한 행위 등이 전자금융거래법위반죄로 기소된 사건〉

판시 사항

다른 사람에게 접근매체를 양도할 의사로 금융기관에 계좌개설을 신청하면서 예금거래신청서 등에 금융거래의 목적, 접근매체의 양도의사 유무에 관하여 허위사실을 기재하고, 금융기관의 업무담당자가 이를 사실로 받아들여 계좌를 개설해 준 경우 위계에 의한 업무방해죄를 구성하는지 여부(소극)

판결 요지

상대방으로부터 신청을 받아
일정한 자격요건 등을 갖춘 경우에 한하여
그에 대한 수용 여부를 결정하는 업무에 관해서는
신청서에 기재된 사유가
사실과 부합하지 않을 수 있음을 전제로 하여
자격요건 등을 심사·판단하는 것이다.

그러므로 업무담당자가 사실을 충분히 확인하지 아니한 채
신청인이 제출한 허위 신청사유나 허위 소명자료를
가볍게 믿고 수용하였다면
이는 업무담당자의 불충분한 심사에 기인한 것으로서
신청인의 위계가 업무방해의 위험성을 발생시켰다고 할 수 없어
위계에 의한 업무방해죄를 구성하지 않는다(대법원 2004. 3. 26. 선고 2003도7927 판결, 대법원 2008. 6. 26. 선고 2008도2537 판결 등 참조).

따라서 계좌개설 신청인이
접근매체를 양도할 의사로
금융기관에 법인 명의 계좌를 개설하면서
예금거래신청서 등에 금융거래의 목적이나
접근매체의 양도의사 유무 등에 관한 사실을
허위로 기재하였으나,
계좌개설 심사업무를 담당하는 금융기관의 업무담당자가
단순히 예금거래신청서 등에 기재된
계좌개설 신청인의 허위 답변만을 그대로 믿고
그 내용의 진실 여부를 확인할 수 있는 증빙자료의 요구 등
추가적인 확인조치 없이
법인 명의의 계좌를 개설해 준 경우
그 계좌개설은
금융기관 업무담당자의 불충분한 심사에 기인한 것이다.
그러므로 계좌개설 신청인의 위계가
업무방해의 위험성을 발생시켰다고 할 수 없어
위계에 의한 업무방해죄를 구성하지 않는다고 보아야 한다.

업무방해죄
방해

강제집행에 대한 방해로 인한 업무방해죄
성립 여부가 문제된 사건

대법원 2023. 4. 27. 선고 2020도34 판결
[업무방해]

[공소사실 요지]

피고인들은 재개발정비사업조합('조합')의 건물명도소송 확정판결에 따른 강제집행에 대해 조합의 이주, 철거업무를 방해하였다.

검사는 피고인들을 형법 제314조 제1항 업무방해죄로 기소하였다.

[원심 판단]

제1심법원은 피고인들에게 유죄를 선고하였다.

원심법원은 피고인들에게 유죄를 선고하였다.

강제집행 방해행위가 집행을 위임한 조합의 업무를 방해한 것이다.

피고인들이 상고하였다.

[대법원 판단]

대법원은 원심판결을 파기하고, 사건을 서울북부지방법원에 환송한다.

강제집행은 집행관의 고유 업무이다. 위임한 조합의 업무가 아니다. 업무방해죄가 성립된다고 보기 어렵다.

낭독 형법 판결문 37

대법원 2023. 4. 27. 선고 2020도34 판결 [업무방해]

〈강제집행에 대한 방해로 인한 업무방해죄 성립 여부가 문제된 사건〉

판시 사항

집행관의 직무 내용 및 성격(=독립된 단독의 사법기관) / 채권자의 집행 관에 대한 집행위임의 성격(=집행개시를 구하는 신청) 및 위 집행위임이 민법상 위임에 해당하는지 여부(소극)

판결 요지

[1] 집행관은 집행관법 제2조에 따라 재판의 집행 등을 담당하면서 그 직무 행위의 구체적 내용이나 방법 등에 관하여
전문적 판단에 따라 합리적인 재량을 가진 독립된 단독의 사법기관 이다(대법원 2021. 9. 16. 선고 2015도12632 판결 등 참조).
따라서 채권자의 집행관에 대한 집행위임은
비록 민사집행법 제16조 제3항, 제42조 제1항, 제43조 등에
'위임'으로 규정되어 있더라도
이는 집행개시를 구하는 신청을 의미하는 것이지
일반적인 민법상 위임이라고 볼 수는 없다.

[2] 주택재개발정비사업조합(이하 '조합'이라 한다) 구역 내 건물의 소유 자인 피고인들이 위 건물에 대한 건물명도소송 확정판결에 따른 강제집 행을 보상액이 적다는 이유로 위력으로 방해함으로써 집행관에게 집행 위임을 한 조합의 이주·철거업무를 방해하였다는 내용으로 기소된 사안 이다.

위 강제집행은 특별한 사정이 없는 한 집행위임을 한 조합의 업무가 아 닌 집행관의 고유한 직무에 해당한다.
설령 피고인들이 집행관의 강제집행 업무를 방해하였더라도 이를 채권 자인 조합의 업무를 직접 방해한 것으로 볼 만한 증거도 부족하다.
그러므로 피고인들이 조합의 업무를 방해하였다고 볼 수 없다.
피고인들의 행위와 조합의 업무방해 사이에 상당인과관계가 있다고 단 정할 수도 없다.

특정경제범죄법 사기죄
의료급여비용 편취 범행피해자·
국민건강보험공단

적법하게 개설되지 않은 의료기관의 실질 개설·운영자가
의료급여비용 명목의 금원을 편취한 사건

대법원 2023. 10. 26. 선고 2022도90 판결
[의료법위반·특정경제범죄가중처벌등에관한법률위반(사기)방조·
의료법위반방조]

[공소사실 요지]

이 법원이 인정하는 범죄사실 및 그에 대한 증거의 요지는 원심판결 6쪽
4행의 '2018. 7. 10.경까지'를 '2018. 6. 18.경까지'로, 5 내지 6행의 '총
143회에 걸쳐 합계 691,000,000원'을 '총 139회에 걸쳐 합계 670,000,000
원'으로, 별지 범죄일람표 Ⅳ 순번 77 횡령액란의 '5,000,000'을 '4,000,000
으로', 합계란의 '691,000,000'을 '670,000,000'으로 각 고치고, 위 범죄일람
표 순번 44, 141, 142, 143을 각 삭제하는 외에는 원심판결의 각 해당란
기재와 같으므로 형사소송법 제369조에 의하여 이를 그대로 인용한다.

검사는 피고인을 형법 제347조 제1항, 특정경제범죄 가중처벌 등에 관한
법률 제3조, 의료급여법 제5조 제1항, 제10조, 제25조, 제27조 제1항, 제
33조 제2항, 의료급여법 시행령 제20조 제2항, 의료급여법 시행규칙 제30
조 제1항, 제31조 제1항 위반죄로 기소하였다.

[원심 판단]

제1심법원은 피고인에게 유죄를 선고하였다.

원심법원은 피고인에게 유죄를 선고하였다.

이 사건 의료급여비용 편취 범행의 피해자를 개별 지방자치단체가 아닌
국민건강보험공단으로 판단하여 원심 공동피고인 1의 요양급여비용 및 의

료급여비용 편취 범행 전체가 포괄하여 피해자 국민건강보험공단에 대한 하나의 「특정경제범죄 가중처벌 등에 관한 법률」 위반(사기)죄를 구성한다. 이 부분 공소사실을 유죄로 판단한 제1심판결을 그대로 유지하였다. 피고인이 상고하였다.

[대법원 판단]

대법원은 상고를 모두 기각한다.

원심판결 이유를 앞서 본 법리와 적법하게 채택된 증거에 비추어 살펴보면, 원심의 판단에 논리와 경험의 법칙을 위반하여 자유심증주의의 한계를 벗어나거나 사기죄의 피해자, 편취액의 범위, 이득액 산정, 방조범의 성립 등에 관한 법리를 오해한 잘못이 없다.

낭독 형법 판결문 38

대법원 2023. 10. 26. 선고 2022도90 판결 [의료법위반·특정경제범죄가중처벌등에관한법률위반(사기)방조·의료법위반방조]

〈적법하게 개설되지 않은 의료기관의 실질 개설·운영자가 의료급여비용 명목의 금원을 편취한 사건〉

판시 사항

[1] 의료법인 명의로 개설된 의료기관을 실질적으로 비의료인이 개설·운영하였다고 판단하기 위한 요건 및 이에 해당하는 것으로 인정할 수 있는 경우

[2] 적법하게 개설되지 아니한 의료기관의 실질 개설·운영자가 적법하게 개설된 의료기관인 것처럼 의료급여비용 지급을 청구하여 이에 속은 국민건강보험공단으로부터 의료급여비용 명목의 금원을 지급받아 편취한 경우의 피해자(=국민건강보험공단)

판결 요지

[1] 의료법인 명의로 개설된 의료기관을

실질적으로 비의료인이 개설·운영하였다고 판단하려면,

비의료인이 의료법인 명의 의료기관의 개설·운영에
주도적으로 관여하였다는 점을 기본으로 한다.

비의료인이 외형상 형태만을 갖추고 있는 의료법인을
탈법적인 수단으로 악용하여
적법한 의료기관 개설·운영으로 가장하였다는
사정이 인정되어야 한다.
이러한 사정은 비의료인이
실질적으로 재산출연이 이루어지지 않아
실체가 인정되지 아니하는 의료법인을
의료기관 개설·운영을 위한 수단으로 악용한 경우,
의료법인의 재산을 부당하게 유출하여
의료법인의 공공성, 비영리성을
일탈한 경우에 해당되면 인정될 수 있다.

[2] 적법하게 개설되지 아니한 의료기관의
실질 개설·운영자가
적법하게 개설된 의료기관인 것처럼
의료급여비용의 지급을 청구하여
이에 속은 국민건강보험공단으로부터
의료급여비용 명목의 금원을 지급받아 편취한 경우,
국민건강보험공단을 피해자^{被害者}로 보아야 한다.

(가) 의료급여법 및 그 시행령, 시행규칙은,
의료급여에 관한 업무는
수급권자의 거주지를 관할하는
특별시장·광역시장·도지사와
시장·군수·구청장이 한다(법 제5조 제1항).

의료급여비용은
시·도에 설치된 의료급여기금에서
부담한다고 규정하면서도(법 제10조, 제25조),
의료급여비용의 지급 업무 등은
시장·군수·구청장이
국민건강보험공단에 위탁한다고 규정한다(법 제33조 제2항, 시행령 제20조 제2항).
시·도지사는
의료급여기금에서
보건복지부장관이 정하는 추정급여비용을
매월 20일까지
국민건강보험공단에 예탁하여야 한다고 규정한다(법 제27조 제1항, 시행규칙 제30조 제1항, 제31조 제1항).

(나) 위 관련 규정에 따라,
국민건강보험공단은
매월 시·도지사로부터
추정급여비용을 교부받아
이를 자신 명의의 계좌에 보관·관리하면서
의료급여비용 지급사유가 발생하면
자신의 권한과 책임하에서
자신의 명의로 의료기관에 의료급여비용을 직접 지급한다.

시·도지사 내지 시장·군수·구청장은
국민건강보험공단의 의료급여비용 지급 업무와 관련하여
구체적 지시를 하거나
관리감독을 하지 않는다.

국민건강보험공단에 예탁한
추정급여비용을 사용수익하거나
처분할 수 있는 권한이 없다.

국민건강보험공단의 의료급여비용 지급으로 인한
법률적 효과는
추정급여비용을 예탁한 시·도지사나
의료급여비용 지급 업무를 위탁한
시장·군수·구청장이 아닌
자신의 명의로 의료급여비용 지급 업무를 수행하는
국민건강보험공단에 귀속된다.

따라서 추정급여비용을 보관·관리하면서
자신의 명의로 의료급여비용을 지급하는
국민건강보험공단이
의료급여비용 편취 범행의
피해자라고 보아야 한다.

의료급여비용이 시·도에 설치된 의료급여기금을
재원으로 지급된다거나,
의료급여비용 편취 범행으로 인한 재산상 손해가
최종적으로 국민건강보험공단에 귀속되지 않는다고 하여
달리 볼 것은 아니다.

특정경제범죄법 사기죄
기망

무자격 건설업자로 전문공사를 하도급받은 사건

대법원 2023. 1. 12. 선고 2017도14104 판결
[특정경제범죄가중처벌등에관한법률위반(사기)]

[공소사실 요지]

(가) 피고인은 ○○○ 가설공사와 관련하여 발주기관과 '해당 공사 중 특허가 사용되는 공사의 전부 또는 일부를 낙찰자로부터 하도급받아 공사를 할 수 있다.'는 내용이 포함된 특허 사용협약을 체결하였다. 피고인은 해당 공사를 낙찰받은 건설회사와 하도급 계약을 체결하면서, 공소외 회사가 위 하도급 계약에 따른 공사를 할 수 있는 전문건설업을 정당한 방법으로 등록한 건설업자인 것처럼 행세하였다.

피고인은 위와 같이 ○○○ 가설공사의 발주기관을 기망하여 특허 사용협약을 체결하고, 건설회사 담당자를 기망하여 하도급 계약을 체결한 후, 그 계약에 따른 공사대금을 지급받아 편취하였다.

(나) 피고인은 △△△ 가설공사와 관련하여 발주기관의 주무 사무관 피고인 3으로부터 RPS 공법의 견적가가 가장 높다는 정보를 전해 듣고 이미 제출된 견적가를 재조정하여 제출하는 견적가 조작을 통하여 △△△에 대하여 RPS 공법이 채택되도록 하였다. 피고인은 공소외 회사가 전문건설업을 정당한 방법으로 등록한 건설업자인 것처럼 행세하면서, 발주기관과 △△△ 시공 관련 RPS 공법에 대한 특허 사용협약을 체결하였고, 해당 공사를 낙찰받은 건설회사와 하도급 계약을 체결하였다.

피고인은 위와 같이 견적가 조작을 하고 △△△ 가설공사의 발주기관을 기망하여 특허 사용협약을 체결하고, 건설회사 담당자를 기망하여 하도급 계약을 체결한 후, 그 계약에 따른 공사대금을 지급받아 편취하였다.

(다) 피고인은 □□□□ 가설공사와 관련하여 위 가)항과 같은 방법으로 발주기관을 기망하여 특허 사용협약을 체결한 다음, 경남지방조달청 담당자를 기망하여 제1심 판시 별지 14 범죄일람표 순번 4 기재와 같이 RPS 합성거더 제작·설치계약을 체결하고 대금을 지급받아 편취하였다.

(라) 피고인은 제1심 판시 별지 15 범죄일람표 기재 ◇◇◇◇◇ 담장보수공사, 해군 ☆☆☆ 식당보수공사 및 ▽▽▽▽▽ 리모델링공사(이하 별지 15 범죄일람표 기재 3건의 공사를 합하여 '보수공사'라 한다)와 관련하여 위와 같이 공소외 회사가 전문건설업을 정당한 방법으로 등록한 건설업자인 것처럼 발주기관들을 기망하여 보수공사 도급계약을 체결하고 발주기관들로부터 공사대금을 지급 받아 편취하였다.

검사는 피고인을 특정경제범죄 가중처벌 등에 관한 법률 위반 제3조 제1항 제2호, 형법 제347조 제1항, 건설산업기본법 제9조 제1항, 제95조의2 제1호, 구 국가기술자격법(2020. 12. 8. 법률 제17600호로 개정되기 전의 것) 제15조 제2항, 제26조 제3항 제1호(현행 제26조 제2항 제1호 참조), 상법 제628조 제1항 위반죄로 기소하였다.

[원심 판단]

제1심법원은 피고인에게 유죄를 선고하였다. 피고인에 대한 이 부분 특정경제범죄 가중처벌 등에 관한 법률 위반 제3조 제1항 제2호, 형법 제347조 제1항 공소사실을 유죄로 판단하였다.

원심법원은 피고인에게 유죄를 선고하였다. 피고인에 대한 이 부분 특정경제범죄 가중처벌 등에 관한 법률 위반 제3조 제1항 제2호, 형법 제347조 제1항 공소사실을 유죄로 판단하였다.

피고인 1, 피고인 2, 피고인 3 및 검사가 상고하였다.

[대법원 판단]

대법원은 원심판결 중 피고인 1에 대한 유죄 부분(이유무죄 부분 포함)을 파기하고, 이 부분 사건을 부산고등법원에 환송한다. 피고인 2, 피고인 3의 상고 및 검사의 상고를 모두 기각한다.

피고인이 발주기관 또는 건설회사들로부터 공사대금을 지급받은 행위가 사기죄에서의 기망행위로 인한 재물의 편취에 해당한다고 보기 어렵다. 그러므로 이와 달리 공소사실을 유죄로 본 원심판단에 법리오해의 잘못이 있다.

낭독 형법 판결문 39

대법원 2023. 1. 12. 선고 2017도14104 판결 [특정경제범죄가중처벌등에관한법률
위반(사기)]

〈무자격 건설업자로 전문공사를 하도급받은 사건〉

판시 사항

[1] 사기죄의 성립 요건 / 사기죄의 주관적 구성요건인 불법영득의 의사
내지 편취의 범의 유무를 판단하는 기준 / 도급계약에 따른 일의 대가
등 편취에 의한 사기죄에서 편취의 고의가 있었는지 판단하는 방법 및
기준 시점(=계약 당시) / 기망행위에 의하여 국가적 또는 공공적 법익이
침해되었다는 사정만으로 사기죄가 성립하는지 여부(소극) / 도급계약이
나 물품구매 조달계약 체결 당시 관련 영업 또는 업무를 규제하는 행정
법규나 입찰 참가자격, 계약절차 등에 관한 규정을 위반한 사정만으로
도급계약을 체결한 행위가 기망행위에 해당한다고 단정할 수 있는지 여
부(소극) 및 이때 심리·판단하여야 할 사항

[2] 피고인이 설립한 갑 주식회사는 설립 자본금을 가장납입하고, 자격
증 대여자를 보유 건설기술자로 등록하는 등 자본금 요건과 기술자 보
유 요건을 가장하여 전문건설업을 부정 등록한 무자격 건설업자로 전문
공사를 하도급받을 수 없었음에도, 이를 바탕으로 공사 발주기관을 기
망하여 특허 사용협약을 체결하고, 해당 공사를 낙찰받은 건설회사 담
당자를 기망하여 하도급 계약을 체결한 후, 각 계약들에 따른 공사대금
을 지급받아 편취하였다는 이유로 특정경제범죄 가중처벌 등에 관한 법
률 위반(사기) 및 사기죄로 기소된 사안이다.

피고인이 발주기관 또는 건설회사들로부터 공사대금을 지급받은 행위가
사기죄에서의 기망행위로 인한 재물의 편취에 해당한다고 보기 어려우
므로, 이와 달리 공소사실을 유죄로 본 원심판단에 법리오해의 잘못이
있다고 한 사례.

판결 요지

[1] 사기죄는
타인을 기망하여 착오에 빠뜨리고
처분행위를 유발하여
재물을 교부받거나 재산상 이익을 얻음으로써 성립하는 범죄이다.

사기죄의 본질은 기망행위에 의한 재물이나 재산상 이익의 취득이다.
그리고 사기죄는 보호법익인 재산권이
침해되었을 때 성립하는 범죄이다.
그러므로 사기죄의 기망행위라고 하려면
불법영득의 의사 내지 편취의 범의를 가지고
상대방을 기망한 것이어야 한다.

사기죄의 주관적 구성요건인 불법영득의 의사 내지 편취의 범의는
피고인이 자백하지 않는 이상
범행 전후 피고인의 재력, 환경, 범행의 내용,
거래의 이행과정 등과 같은 객관적인 사정 등을
종합하여 판단할 수밖에 없다.

특히 도급계약에서 편취에 의한 사기죄의 성립 여부는
계약 당시를 기준으로
피고인에게 일을 완성할 의사나 능력이 없음에도
피해자에게 일을 완성할 것처럼 거짓말을 하여
피해자로부터 일의 대가 등을
편취할 고의가 있었는지 여부에 의하여 판단하여야 한다.

이때 법원으로서는 도급계약의 내용, 체결 경위 및
계약의 이행과정이나 결과 등을 종합하여 판단하여야 한다.

한편 사기죄의 보호법익은 재산권이다.
그러므로 기망행위에 의하여
국가적 또는 공공적 법익이 침해되었다는 사정만으로
사기죄가 성립한다고 할 수 없다.

따라서 도급계약이나 물품구매 조달계약 체결 당시
관련 영업 또는 업무를 규제하는 행정법규나 입찰 참가자격,
계약절차 등에 관한 규정을 위반한 사정이 있더라도
그러한 사정만으로 도급계약을 체결한 행위가
기망행위에 해당한다고 단정해서는 안 된다.

그 위반으로 말미암아 계약 내용대로 이행되더라도
일의 완성이 불가능하였다고 평가할 수 있을 만큼
그 위법이 일의 내용에 본질적인 것인지 여부를
심리·판단하여야 한다.

[2] 피고인이 설립한 갑 주식회사는 설립 자본금을 가장납입하고,
자격증 대여자를 보유 건설기술자로 등록하는 등
자본금 요건과 기술자 보유 요건을 가장하여
전문건설업을 부정 등록한 무자격 건설업자로
전문공사를 하도급받을 수 없었다.
그럼에도 이를 바탕으로 공사 발주기관을 기망하여
특허 사용협약을 체결하고,
해당 공사를 낙찰받은 건설회사 담당자를 기망하여
하도급 계약을 체결한 후,
각 계약들에 따른 공사대금을 지급받아 편취하였다는 이유로
특정경제범죄 가중처벌 등에 관한 법률 위반(사기) 및 사기죄로 기소된
사안이다.

갑 회사가 시공 또는 납품한 교량 가설공사는 모두 정상적으로 준공되었고,

해당 공사에 시공상 하자가 발생하였다거나 시공 과정에서 특허공법의 결함이 밝혀진 사실도 없으며,

갑 회사가 도급받은 보수공사 또한 모두 정상적으로 준공된 것으로 보이는 점,

납입가장 이후 발주기관이나 건설회사와 사이에 계약을 체결할 당시 갑 회사가 자본 잠식 상태에 있었다거나 혹은 자본금 부족으로 인한 경영상 문제가 발생하였다는 점이 밝혀지지는 아니한 점,

피고인과 갑 회사가 전용실시권을 보유하고 있는 특허공법에 기술적 문제점이 있다거나, 이들이 특허권을 취득하는 과정에 문제가 있다는 점이 밝혀지지는 아니한 점에 비추어,

갑 회사의 설립 또는 사업분야 확장 과정에서 자본금 납입을 가장하였다거나, 국가기술자격증을 대여받아 전문건설업 등록을 하였다는 사정만으로는 피고인에게 각 공사를 완성할 의사나 능력이 없었다고 단정하기 어렵고,

교량 가설공사에 관하여 피고인이 발주기관의 주무 사무관으로부터 개략 견적가에 관한 정보를 전해 듣고 가격을 수정하였다는 사정만으로는 발주기관 계약 담당 공무원에 대하여 계약이행능력에 관한 기망행위를 하였다고 보기 어려워,

피고인이 발주기관 또는 건설회사들로부터 공사대금을 지급받은 행위가 사기죄에서의 기망행위로 인한 재물의 편취에 해당한다고 보기 어려우므로,

이와 달리 공소사실을 유죄로 본 원심판단에 법리오해의 잘못이 있다고 한 사례.

횡 령 죄
타인

자동차 매매계약과 횡령죄 성부

대법원 2023. 6. 1. 선고 2023도1096 판결
[횡령·건조물침입·재물손괴·사기·재물손괴교사]

[공소사실 요지]

피고인이 피해자 측으로부터 이 사건 차량을 매수하면서 피고인이 매매대금의 지급에 갈음하여 피고인이 ○○캐피탈에 대한 차량할부금을 납부한 후 피고인 운영의 회사 명의로 이전등록을 하기로 약정하고, 이 사건 차량을 인도받아 사용하던 중 할부대금 및 과태료 등을 납부하지 않았다. 이에 피해자 측이 이 사건 차량의 반환을 요구하였다. 그러나 피고인이 이를 거부하였다.

검사는 피고인을 형법 제355조 제1항 횡령죄로 기소하였다.

[원심 판단]

제1심법원은 피고인에게 유죄를 선고하였다.

원심법원은 피고인에게 유죄를 선고하였다.

피고인이 상고하였다.

[대법원 판단]

대법원은 원심판결 중 피고인에 대한 부분을 파기하고, 이 부분 사건을 수원지방법원에 환송한다.

피고인이 이 사건 차량에 관한 매매약정에 따라 정당한 법률상 지위·권리를 보유한 채 이를 사용한 것일 뿐 피해자와의 위탁관계를 전제로 이 사건 차량을 보관하고 있었다고 보기 어렵다. 피해자 측이 피고인에게 이 사건 차량의 등록명의 이전과 무관하게 사용을 승낙한 것으로 볼 여지가

있다. 판시 횡령의 점을 섣불리 유죄로 단정할 수도 없다. 적어도 피고인·피해자 측 사이의 대내적 관계에서는 이 사건 차량의 등록명의에 관계없이 이 사건 차량에 관한 소유권을 매수인 측인 피고인이나 이 사건 회사가 보유하기로 정한 것이라고 볼 여지가 크다. 판시 횡령의 점을 유죄로 판단한 원심의 판단에 '타인 소유 재물에 관한 보관자의 지위'를 전제로 한 횡령죄의 고의 및 불법영득의사에 관한 법리를 오해함으로써 판결에 영향을 미친 잘못이 있다.

낭독 형법 판결문 40

대법원 2023. 6. 1. 선고 2023도1096 판결 [횡령·건조물침입·재물손괴·사기·재물손괴교사]
〈자동차 매매계약과 횡령죄 성부〉

판시 사항

[1] 자동차 매수인이 매도인으로부터 승낙을 받고 이전등록 전 이를 사용하다가 차량 반환 요구를 거부한 것이 횡령죄에 해당하는지 여부(소극)
[2] 예외적으로 당사자 사이에 자동차 소유권을 등록명의자 아닌 자가 보유하기로 약정한 경우의 소유관계

판결 요지

[1] 횡령죄는
타인의 재물을 보관하는 자가
그 재물을 횡령하는 것을 처벌하는 범죄이다.
그러므로 피고인을 유죄로 인정하기 위해서는
횡령의 대상이 된 재물이
타인의 소유라는 점이 입증되어야 할 것이다.

형사재판에서의 유죄의 인정은

법관으로 하여금
합리적인 의심을 할 여지가 없을 정도의 확신을 가지게 하는
엄격한 증거에 의하여야 한다.

그러므로 그 재물이
당초 피고인에게 보관된 타인의 재산이라고 하더라도
그 이후 타인이 피고인에게 이를 양도하거나
임의사용을 승낙한 것으로 볼 여지가 있는 사정이
재판에 나타난다면
이러한 의문이 해명되지 아니하는 한
피고인을 유죄로 단정할 수는 없다(대법원 2001. 12. 14. 선고 2001도
3042 판결 참조).

[2] 자동차에 대한 소유권의 득실변경은
등록을 함으로써 그 효력이 생기고
등록이 없는 한
대외적 관계에서는 물론 당사자의 대내적 관계에서도
소유권을 취득할 수 없는 것이 원칙이다.

하지만 당사자 사이에 소유권을
등록명의자 아닌 자가 보유하기로 약정하였다는 등의
특별한 사정이 있는 경우에는
그 내부관계에 있어서는
등록명의자 아닌 자가 소유권을 보유하게 된다(대법원 2013. 2. 28. 선
고 2012도15303 판결, 대법원 2014. 9. 25. 선고 2014도8984 판결 등 참조).

횡 령 죄
재물

> 주권이 발행되지 않은 채 일괄예탁제도 등에 의하여 예탁된
> 것으로 취급되는 주식이 횡령죄의 재물에 해당하는지 문제된 사건
>
> 대법원 2023. 6. 1. 선고 2020도2884 판결
> [특정경제범죄가중처벌등에관한법률위반(횡령)[예비적 죄명:
> 특정경제범죄가중처벌등에 관한 법률 위반(배임)]

[공소사실 요지]

피고인은 주식명의신탁약정에 따라 피해자 소유의 주식회사 엘피케이 주식(이하 '이 사건 주식'이라 한다)을 피고인 등 명의로 주주명부에 등재하여 375,933주 상당의 돈을 피해자를 위해 보관하였다. 그러던 중 이 사건 주식이 중소기업 전용 주식거래 시장인 코넥스(KONEX)에 상장을 앞두고 2013. 10. 1. 피고인 또는 공소외인 명의의 대신증권 계좌에 각 입고되고 증권예탁결제원에 예탁되어 계좌 간 대체 기재의 방식으로 양도가 가능하게 되자, 2013. 11. 25.경부터 2014. 2. 14.경까지 이 사건 주식 중 105,200주를 매도하고 나머지 주식 270,733주를 피고인의 소유라고 주장하면서 반환을 거부하여 피해자 소유인 주식 375,933주(4,022,483,100원 상당)를 횡령하였다.

검사는 피고인을 특정경제범죄가중처벌등에관한법률위반(횡령)죄로 기소하였다.

[원심 판단]

제1심법원은 피고인에게 유죄를 선고하였다.

원심법원은 피고인에게 유죄를 선고하였다.

주권이 발행되지 않은 주식에 대해 명의신탁 약정이 있었다는 것만으로는 횡령죄의 위탁관계 내지 보관자의 지위가 성립할 수 없다. 그러나 이후에 신탁 대상 주식에 대하여 유가증권이 발행되거나 '증권예탁결제원에 예탁

되어 계좌 간 대체 기재의 방식에 의하여 양도'가 가능하게 되었다면, 해당 주식의 명의수탁자(수임인)는 명의신탁자(위임인)를 위하여 그 유가증권 등을 보관하는 자의 지위에 있다고 보아야 한다. 이 사건 주위적 공소사실을 유죄로 인정하였다.
피고인이 상고하였다.

[대법원 판단]
대법원은 원심판결을 파기하고, 사건을 서울고등법원에 환송한다.
주권이 발행되지 않은 주식에 대해 명의신탁약정을 체결하여 주주명부에 등재된 이후, 주식발행 회사가 상장되면서 주식이 예탁결제원에 예탁되어 계좌 간 대체 기재 방식으로 양도가능하게 되었더라도 주권이 발행되지 않았다면 횡령죄의 대상인 재물에 해당한다고 보기 어렵다.

▍낭독 형법 판결문 41▐

대법원 2023. 6. 1. 선고 2020도2884 판결 [특정경제범죄가중처벌등에관한법률위반(횡령)[예비적 죄명: 특정경제범죄가중처벌등에 관한 법률 위반(배임)]
〈주권이 발행되지 않은 채 일괄예탁제도 등에 의하여 예탁된 것으로 취급되는 주식이 횡령죄의 재물에 해당하는지 문제된 사건〉

판시 사항

예탁결제원에 예탁되어 계좌 간 대체 기재의 방식으로 양도되는 주권이 횡령죄의 객체가 될 수 있는지 여부(적극) / 주권이 발행되지 않은 상태에서 주권불소지 제도, 일괄예탁 제도 등에 근거하여 예탁결제원에 예탁된 것으로 취급되어 계좌 간 대체 기재의 방식으로 양도되는 주식이 횡령죄의 객체가 될 수 있는지 여부(소극)

판결 요지

상법상 주식株式은 자본구성의 단위 또는 주주의 지위(주주권)를 의미한다.
주주권을 표창하는 유가증권인 주권과는 구분된다.
주권은 유가증권으로서 재물에 해당한다.

그러므로 횡령죄의 객체가 될 수 있다.

그러나 자본의 구성단위 또는 주주권을 의미하는
주식은 재물이 아니다.
그러므로 횡령죄의 객체가 될 수 없다(대법원 2005. 2. 18. 선고 2002도
2822 판결 참조).

따라서 예탁결제원에 예탁되어
계좌 간 대체 기재의 방식에 의하여 양도되는 주권은
유가증권으로서 재물에 해당한다.
그러므로 횡령죄의 객체가 될 수 있다(대법원 2007. 10. 11. 선고 2007
도6406 판결 참조).

그러나 주권이 발행되지 않은 상태에서
주권불소지 제도, 일괄예탁 제도 등에 근거하여
예탁결제원에 예탁된 것으로 취급되어
계좌 간 대체 기재의 방식에 의하여 양도되는 주식은 재물이 아니다.
그러므로 횡령죄의 객체가 될 수 없다.

판결 해설

횡령죄란 타인 재물을 보관하는 사람이 그 재물을 횡령하거나 또는
반환을 거부함으로써 성립하는 범죄이다. 횡령죄 본질은 영득행위이다.
따라서 불법영득의사가 필요하다. 보호법익은 소유권이다. 보호정도는
추상적 위험범이다(판례). 행위주체는 위탁관계로 타인 재물을 보관하는
사람이다. 행위객체는 자기가 점유하는 타인 재물이다. 재물이란 물리적
으로 관리할 수 있는 것이다. 권리는 재물이 아니다. 권리가 화체化體되
어 있는 문서는 재물이다. 동산과 부동산은 재물이다. 타인은 행위자·자
연인·법인·법인격 없는 단체·조합을 포함한다. 행위는 횡령과 반환거부
이다. 주권이 발행되면 유가증권이며 재물이다. 주권 발행되지 아니한
상태로 주식은 재물이 아니다.

특수손괴죄

타인 소유 토지에 식재된 수목의 소유권 귀속이 문제된 사건

대법원 2023. 11. 16. 선고 2023도11885 판결
[특수재물손괴]

[공소사실 요지]

피고인은 피해자 갑이 을로부터 매수한 토지의 경계 부분에 매수 전 자신이 식재하였던 수목 5그루를 전기톱을 이용하여 절단하였다.

검사는 피고인을 형법 제369조 제1항 특수재물손괴죄로 기소하였다.

[원심 판단]

제1심법원은 형법 제366조, 제369조 제1항, 민법 제256조를 적용하여 유죄를 선고하였다.

원심법원은 형법 제366조, 제369조 제1항, 민법 제256조를 적용하여 유죄를 선고하였다.

피고인은 각 수목이 피해자의 소유임을 미필적으로나마 인식하고서 이를 절단하였다.

피고인이 상고하였다.

[대법원 판단]

대법원은 원심판결을 파기하고, 사건을 청주지방법원에 환송한다.

재물손괴죄의 '소유권'에 관한 법리를 오해함으로써 판결에 영향을 미친 잘못이 있다.

낭독 형법 판결문 42

대법원 2023. 11. 16. 선고 2023도11885 판결 [특수재물손괴]
〈타인 소유 토지에 식재된 수목의 소유권 귀속이 문제된 사건〉

판시 사항

[1] 민법 제256조에서 부동산에의 부합의 예외사유로 규정한 '권원'의 의미 / **타인 소유의 토지에 수목을 식재할 당시 토지 소유권자로부터 그에 관한 명시적 또는 묵시적 승낙·동의·허락 등을 받은 경우, 수목의 소유권이 귀속되는 자(=수목을 식재한 자)**

[2] 피고인은 피해자 갑이 을로부터 매수한 토지의 경계 부분에 매수전 자신이 식재하였던 수목 5그루를 전기톱을 이용하여 절단하였다고 하여 특수재물손괴의 공소사실로 기소된 사안이다.

제반 사정에 비추어 피고인이 수목을 식재할 당시 토지의 전 소유자 을로부터 명시적 또는 묵시적으로 승낙·동의를 받았거나 적어도 토지 중 수목이 식재된 부분에 관하여는 무상으로 사용할 것을 허락받았을 가능성을 배제하기 어렵고, 이는 민법 제256조에서 부동산에의 부합의 예외사유로 정한 '권원'에 해당한다고 볼 수 있어 수목은 토지에 부합하지 않고 이를 식재한 피고인에게 소유권이 귀속된다는 등의 이유로, 이와 달리 보아 공소사실을 유죄로 인정한 원심판결에 법리오해의 잘못이 있다고 한 사례.

판결 요지

[1] 민법 제256조에서 부동산에의 부합의 예외사유로 규정한
'권원'은 지상권, 전세권, 임차권 등과 같이
타인의 부동산에 자기의 동산을 부속시켜서
그 부동산을 이용할 수 있는 권리를 뜻한다.
따라서 타인 소유의 토지에 수목을 식재할 당시
토지의 소유권자로부터
그에 관한 명시적 또는 묵시적 승낙·동의·허락 등을 받았다면,
이는 민법 제256조에서 부동산에의 부합의 예외사유로 정한
'권원'에 해당한다고 볼 수 있다.
그러므로 해당 수목은 토지에 부합하지 않고

식재한 자에게 그 소유권이 귀속된다.

[2] 피고인은 피해자 갑이 을로부터 매수한 토지의 경계 부분에 매수 전 자신이 식재하였던 옹아나무 등 수목 5그루 시가 합계 약 2,050만 원 상당을 전기톱을 이용하여 절단하였다고 하여 특수재물손괴의 공소 사실로 기소된 사안이다.

제반 사정에 비추어 피고인이 수목을 식재할 당시 토지의 전 소유자 을 로부터 명시적 또는 묵시적으로 승낙·동의를 받았거나 적어도 토지 중 수목이 식재된 부분에 관하여는 무상으로 사용할 것을 허락받았을 가능 성을 배제하기 어렵고,
이는 민법 제256조에서 부동산에의 부합의 예외사유로 정한 '권원'에 해 당한다고 볼 수 있어 수목은 토지에 부합하는 것이 아니라 이를 식재한 피고인에게 소유권이 귀속되며,
비록 갑이 토지를 매수할 당시 을로부터 지장물까지 함께 매수하였다는 취지로도 증언하였으나 이를 뒷받침할 만한 증거가 없고,
설령 토지 및 지장물을 함께 매수하였더라도 수목이 식재될 당시부터 토지에 부합하지 않았다면 그 매매목적물에 수목이 당연히 포함된다고 단정할 수도 없다는 등의 이유로,
이와 달리 피고인은 수목이 갑 소유임을 미필적으로나마 인식하고서 이 를 절단하였다고 보아 공소사실을 유죄로 인정한 원심판결에
재물손괴죄의 '소유권'에 관한 법리오해의 잘못이 있다고 한 사례.

직권남용권리행사방해죄

이른바 세월호 특별조사위원회 설립·활동 방해로 인한
직권남용권리행사방해 사건

대법원 2023. 4. 27. 선고 2020도18296 판결
[직권남용·권리행사방해]

[공소사실 요지]
대통령비서실 소속 비서관들인 피고인 갑과 피고인 을이 4·16세월호참사
특별조사위원회 설립준비 관련 업무를 담당하거나 설립팀장으로 지원근무
중이던 해양수산부 소속 공무원들에게 '세월호 특별조사위 설립준비 추진
경위 및 대응방안 문건'을 작성하게 하고, 피고인 갑이 소속 비서관실 행
정관 또는 해양수산부 공무원들에게 위 위원회의 동향을 파악하여 보고하
도록 지시하였다.
검사는 피고인들을 형법 제123조 직권남용권리행사방해의 공소사실로 기
소하였다.

[원심 판단]
제1심법원은 피고인들에게 무죄를 선고하였다.
원심법원은 피고인들에게 무죄를 선고하였다.
피고인 B 및 검사(피고인들에 대하여)가 상고하였다.

[대법원 판단]
대법원은 원심판결 중 피고인 B에 대한 'F 특별조사위 설립준비 추진경위
및 대응방안' 문건 작성, 위원회 동향파악 및 보고 관련 각 직권남용권리
행사방해 부분(유죄 부분 포함), 피고인 E에 대한 'F 특별조사위 설립준비
추진경위 및 대응방안' 문건 작성 관련 직권남용권리행사방해 부분을 모
두 파기하고, 이 부분 사건을 서울고등법원에 환송한다. 검사의 피고인 A,
C, D에 대한 상고와 피고인 B, E에 대한 나머지 상고를 모두 기각한다.

대통령비서실 소속 해양수산비서관과 정무수석비서관이 위원회 설립준비 관련 업무를 담당하거나 위원회 설립준비팀장으로 지원근무 중이던 해양수산부 소속 공무원들에게 '세월호 특별조사위 설립준비 추진경위 및 대응방안' 문건을 작성하게 한 행위 및 해양수산비서관이 해양수산비서관실 행정관 또는 해양수산부 소속 공무원들에게 위원회의 동향을 파악하여 보고하도록 지시한 행위는 해당 공무원들로 하여금 관련 법령에서 정한 직무수행의 원칙과 기준 등을 위반하여 업무를 수행하게 하여 법령상 의무 없는 일을 하게 한 때에 해당한다.

[참조조문]

[1] 형법 제123조 [2] 형법 제123조, 국가공무원법 제56조, 4·16세월호참사 진상규명 및 안전사회 건설 등을 위한 특별법 제4조, 제9조 제1항, 제39조, 제41조, 51조 제3항 제1호

[참조판례]

[1] 대법원 2020. 1. 30. 선고 2018도2236 전원합의체 판결(공2020상, 545)

낭독 형법 판결문 43

대법원 2023. 4. 27. 선고 2020도18296 판결 [직권남용권리행사방해]

〈이른바 세월호 특별조사위원회 설립·활동 방해로 인한 직권남용권리행사방해 사건〉

판시 사항

[1] 공무원이 직권을 남용하여 공무원이거나 법령에 따라 일정한 공적 임무를 부여받고 있는 공공기관 등의 임직원에게 어떠한 일을 하게 한 경우, 직권남용권리행사방해죄의 '의무 없는 일을 하게 한 때'에 해당하는지 판단하는 방법

[2] 대통령비서실 소속 비서관들인 피고인 갑과 피고인 을이 4·16세월호참사 특별조사위원회 설립 준비 관련 업무를 담당하거나 설립팀장으로 지원근무 중이던 해양수산부 소속 공무원들에게 '세월호 특별조사위 설립준비 추진경위 및 대응방안 문건'을 작성하게 하고, 피고인 갑이 소속 비서관실 행정관 또는 해양수산부 공무원들에게 위 위원회의 동향을

파악하여 보고하도록 지시하였다는 직권남용권리행사방해의 공소사실로 기소된 사안이다.

피고인 갑과 피고인 을이 해당 공무원들에게 문건을 작성하거나 동향을 보고하게 함으로써 직무수행의 원칙과 기준 등을 위반하여 업무를 수행하게 하여 법령상 의무 없는 일을 하게 한 때에 해당한다고 볼 여지가 있는데도, 이와 달리 본 원심판단에 법리오해의 잘못이 있다고 한 사례.

판결 요지

[1] 직권남용 행위의 상대방이 일반 사인인 경우
특별한 사정이 없는 한 직권에 대응하여 따라야 할 의무가 없다.
그러므로 그에게 어떠한 행위를 하게 하였다면
'의무 없는 일을 하게 한 때'에 해당할 수 있다.

그러나 상대방이 공무원이거나
법령에 따라 일정한 공적 임무를 부여받고 있는
공공기관 등의 임직원인 경우에는
법령에 따라 임무를 수행하는 지위에 있다.

그러므로 그가 직권에 대응하여
어떠한 일을 한 것이 의무 없는 일인지는
관계 법령 등의 내용에 따라 개별적으로 판단해야 한다.

행정조직은 날로 복잡·다양화·전문화되고 있는
현대 행정에 대응하는 한편,
민주주의의 요청을 실현하는 것이어야 한다.
따라서 행정조직은 통일된 계통구조를 갖고
효율적으로 운영될 필요가 있다.
민주적으로 운영되어야 하며,
행정목적을 달성하기 위하여

긴밀한 협동과 합리적인 조정이 필요하다.

그로 인하여 행정기관의 의사결정과 집행은
다양한 준비과정과 검토 및
다른 공무원, 부서 또는 유관기관 등과의 협조를 거쳐
이루어지는 것이 통상적이다.

이러한 협조 또는 의견교환 등은
행정의 효율성을 높이기 위하여 필요하고,
동등한 지위 사이뿐만 아니라 상하기관 사이,
감독기관과 피감독기관 사이에서도 이루어질 수 있다.

이러한 관계에서 일방이 상대방의 요청을 청취하고
자신의 의견을 밝히거나 협조하는 등
요청에 응하는 행위를 하는 것은
특별한 사정이 없는 한
법령상 의무 없는 일이라고 단정할 수 없다.

결국 공무원이 직권을 남용하여
사람으로 하여금 어떠한 일을 하게 한 때에
상대방이 공무원 또는 유관기관의 임직원인 경우에는,
그가 한 일이 형식과 내용 등에서
직무범위 내에 속하는 사항으로서
법령 그 밖의 관련 규정에 따라
직무수행 과정에서 준수해야 할 원칙이나
기준, 절차 등을 위반하였는지 등을 살펴
법령상 의무 없는 일을 하게 한 때에 해당하는지를 판단해야 한다.

[2] 대통령비서실 소속 비서관들인 피고인 갑과 피고인 을이
4·16세월호참사 특별조사위원회(이하 '위원회'라 한다) 설립준비 관련

업무를 담당하거나 설립팀장으로 지원근무 중이던
해양수산부 소속 공무원들에게
'세월호 특별조사위 설립준비 추진경위 및 대응방안 문건'을
작성하게 하고,
피고인 갑이
소속 비서관실 행정관 또는 해양수산부 공무원들에게
세월호 특별조사위원회의 동향을 파악하여 보고하도록 지시하였다는
직권남용권리행사방해의 공소사실로 기소된 사안이다.

대통령비서실과 해양수산부 사이에 현안의 협의·조정 등을 위해 업무
협조가 필요하여 해당 공무원들이 피고인 갑과 피고인 을의 협조 등 요
청에 응하여야 하는 경우도 있으나,
해당 공무원들은 위원회의 정치적 중립성, 업무의 독립성·객관성을 보
장할 의무가 있고,
위원회 설립준비팀장으로 지원근무를 하게 된 해당 공무원에게는 파견
공무원에 준하는 직무상 독립성이 요구되는 점,
해당 공무원들이 위원회 직원을 통해 위원회 내부 동향을 파악하여 피
고인 갑에게 보고하는 행위는
경우에 따라 4·16세월호참사 진상규명 및 안전사회 건설 등을 위한 특
별법 제51조 제3항 제1호에 따라 처벌되는 비밀준수의무 위반행위에 가
담한 행위로 평가될 수 있는 점 등을 종합하면,
피고인 갑과 피고인 을이
해당 공무원들에게 문건을 작성하거나 동향을 보고하게 함으로써
직무수행의 원칙과 기준 등을 위반하여 업무를 수행하게 하여 법령상
의무 없는 일을 하게 한 때에 해당한다고 볼 여지가 있는데도,
이와 달리 본 원심판단에 법리오해의 잘못이 있다고 한 사례.

허위공문서작성죄와 허위작성공문서행사

> ### 사법경찰관이 재수사 결과서에 허위 내용을 기재한 것이 허위공문서작성죄에 해당하는지 여부가 문제된 사건
>
> 대법원 2023. 3. 30. 선고 2022도6886 판결
> [허위공문서작성·허위작성공문서행사]

[공소사실 요지]

사법경찰관인 피고인이 검사로부터 '피해자들로부터 교통사고경위에 대해 구체적인 진술을 청취하여 운전자 도주 여부에 대해 재수사할 것'을 요청받았다. 그럼에도 재수사 결과서의 재수사 결과란에 피해자들로부터 진술을 청취하지 않고도 진술을 듣고 그 진술내용을 적은 것처럼 기재하고 자신의 독자적인 의견이나 추측에 불과한 것을 마치 피해자들로부터 직접 들은 진술인 것처럼 기재하였다.

검사는 피고인을 형법 제227조 허위공문서작성죄와 형법 제229조 허위작성공문서행사죄로 기소하였다.

[원심 판단]

제1심법원은 피고인에게 무죄를 선고하였다.

원심법원은 피고인에게 무죄를 선고하였다.

검사가 상고하였다.

[대법원 판단]

대법원은 원심판결을 파기하고, 사건을 대전지방법원에 환송한다.

허위공문서 작성 및 고의가 인정되어 허위공문서작성죄가 성립한다.

낭독 형법 판결문 44

대법원 2023. 3. 30. 선고 2022도6886 판결 [허위공문서작성·허위작성공문서행사]
〈사법경찰관이 재수사 결과서에 허위 내용을 기재한 것이 허위공문서작성죄에 해당하는지 여부가 문제된 사건〉

판시 사항

형법 제227조에 규정된 허위공문서작성죄에서 '허위'의 의미

판결 요지

문서에 관한 죄의 보호법익은
문서의 증명력과 문서에 들어 있는 의사표시의 안정·신용으로,
일정한 법률관계 또는 거래상 중요한 사실에 관한 관계를
표시함으로써
증거가 될 만한 가치가 있는 문서를 대상으로 한다.

그중 공무소 또는 공무원이 직무에 관하여
진실에 반하는 허위 내용의 문서를 작성할 경우
허위공문서작성죄가 성립한다.
이는 공문서에 특별한 증명력과 신용력이 인정되기 때문에
성립의 진정뿐만 아니라 내용의 진실까지 보호하기 위함이다(대법원
2022. 8. 19. 선고 2020도9714 판결 등 참조).

허위공문서작성죄에서 허위라 함은
표시된 내용과 진실이 부합하지 아니하여
그 문서에 대한 공공의 신용을 위태롭게 하는 경우를 말한다(대법원
1985. 6. 25. 선고 85도758 판결 등 참조).
허위공문서작성죄는 허위공문서를 작성하면서
그 내용이 허위라는 사실을 인식하면 성립한다(대법원 1995. 11. 10.
선고 95도1395 판결 등 참조).

실 화 죄
부작위

담배꽁초를 버린 공동의 과실이 경합되어 공장에 화재가 발생한
경우 각자 실화죄의 책임을 부담하는지 문제된 사안

대법원 2023. 3. 9. 선고 2022도16120 판결
[실화]

[공소사실 요지]

피고인들이 분리수거장 방향으로 담배꽁초를 던져 버리고 현장을 떠난 후
화재가 발생하였다.

검사는 피고인들에게 각각 형법 제170조 제1항 실화죄로 기소하였다.

[원심 판단]

제1심법원은 피고인들에게 각각 유죄를 선고하였다.

원심법원은 피고인들에게 각각 유죄를 선고하였다.

피고인들이 분리수거장 방향으로 담배꽁초를 던져 버리는 한편, 피고인들
각자 본인 및 상대방이 버린 담배꽁초 불씨가 살아 있는지를 확인하고 이
를 완전히 제거하는 등 화재를 미리 방지할 주의의무가 있다. 그럼에도
이를 게을리 한 채 만연히 현장을 떠난 과실이 인정된다. 이러한 피고인
들 각자의 과실이 경합하여 이 사건 화재를 일으켰다.

원심은 피고인들 각자의 실화죄 책임을 인정하면서, 피고인들에 대한 예
비적 공소사실을 유죄로 판단하였다.

피고인들이 상고하였다.

[대법원 판단]

대법원은 상고를 모두 기각한다.

대법원은 피고인들의 행위 모두 이 사건 화재 발생에 공동의 원인이 되었
고, 피고인들 각각의 행위와 이 사건 화재 발생 사이에 상당인과관계가

인정된다고 보아 원심 판단을 수긍하였다. 다만, 원심 판단 중 '이 사건 화재가 피고인들 중 누구의 행위에 의한 것인지 인정하기에 부족하다'는 취지의 부분은 결과발생의 원인행위가 판명되지 않았다는 뜻으로 오해할 여지가 있다. 그러나 이는 '피고인들 중 누구의 담배꽁초로 인하여 이 사건 화재가 발생하였는지 인정할 증거가 부족하다'는 의미로 선해할 수 있다. 나아가 피고인들의 근무내용, 화재 발생 시간과 장소 및 경위, 법익침해 방지를 위한 행위의 용이성 등을 고려할 때, 피고인들이 각자 본인 및 상대방의 담뱃불로 인하여 화재가 발생할 수 있음을 충분히 예견할 수 있다. 상호 간에 담배꽁초 불씨가 남아 있는지를 확인하고 이를 완전히 제거할 주의의무가 있다. 그럼에도 이를 위반한 채 분리수거장 부근에서 담배꽁초 불씨를 튕기고 담배꽁초를 던져 버린 후 아무런 조치 없이 현장을 떠났다. 이러한 피고인들의 각 주의의무 위반과 이 사건 화재의 발생 사이에 인과관계가 인정된다는 취지의 부가적 판단으로 볼 수 있다. 그러므로 이와 다른 전제에서 '원인행위가 불명이어서 피고인들은 실화죄의 미수로 불가벌에 해당하거나 적어도 피고인들 중 일방은 실화죄가 인정될 수 없다'는 취지의 피고인들 주장을 배척하며 상고를 기각하였다.

[참조조문]

[1] 형법 제18조, 제170조 [2] 형법 제18조, 제170조 제1항

[참조판례]

[1] 대법원 1983. 5. 10. 선고 82도2279 판결(공1983, 983)

　　대법원 2016. 4. 15. 선고 2015도15227 판결

▪ 낭독 형법 판결문 45 ▪

대법원 2023. 3. 9. 선고 2022도16120 판결 [실화]

〈담배꽁초를 버린 공동의 과실이 경합되어 공장에 화재가 발생한 경우 각자 실화죄의 책임을 부담하는지 문제된 사안〉

판시 사항

[1] 형법상 부작위범의 성립 요건 / 실화죄에 있어서 공동의 과실이 경합되어 화재가 발생한 경우, 적어도 각 과실이 화재의 발생에 대하여

하나의 조건이 된 이상 그 공동적 원인을 제공한 사람들은 각자 실화죄의 책임을 지는지 여부(적극)

[2] 피고인들이 분리수거장 방향으로 담배꽁초를 던져 버리고 현장을 떠난 후 화재가 발생하여 각각 실화죄로 기소된 사안이다.

피고인들 각자의 실화죄 책임을 인정한 원심판결을 수긍한 사례.

판결 요지

[1] 형법이 금지하고 있는 법익침해의 결과발생을
방지할 법적인 작위의무를 지고 있는 자가
그 의무를 이행함으로써 결과발생을 쉽게 방지할 수 있는데도
결과발생을 용인하고 방관한 채 의무를 이행하지 아니한 것이
범죄의 실행행위로 평가될 만한 것이라면
부작위범으로 처벌할 수 있다(대법원 2016. 4. 15. 선고 2015도15227 판결 등 참조).

실화죄에 있어서 공동의 과실이 경합되어 화재가 발생한 경우
적어도 각 과실이 화재의 발생에 대하여 하나의 조건이 된 이상은
그 공동적 원인을 제공한 사람들은
각자 실화죄의 책임을 면할 수 없다(대법원 1983. 5. 10. 선고 82도2279 판결 등 참조).

[2] 피고인들이 분리수거장 방향으로 담배꽁초를 던져 버리고
현장을 떠난 후 화재가 발생하여 각각 실화죄로 기소된 사안이다.

피고인들 각자 본인 및 상대방이 버린 담배꽁초 불씨가
살아 있는지를 확인하고 이를 완전히 제거하는 등
화재를 미리 방지할 주의의무가 있음에도
이를 게을리 한 채
만연히 현장을 떠난 과실이 인정되고
이러한 피고인들 각자의 과실이 경합하여

위 화재를 일으켰다고 보아,

피고인들 각자의 실화죄 책임을 인정한 원심판결을 수긍하는 한편,

원심판단 중 위 화재가 피고인들 중 누구의 행위에 의한 것인지

인정하기에 부족하다는 취지의 부분은

'피고인들 중 누구의 담배꽁초로 인하여

위 화재가 발생하였는지 인정할 증거가 부족하다.'는 의미로

선해할 수 있고,

이는 피고인들의 각 주의의무 위반과 위 화재의 발생 사이에

인과관계가 인정된다는 취지의 부가적 판단이다.

그러므로 이와 다른 전제에서

'원인행위가 불명이어서

피고인들은 실화죄의 미수로 불가벌에 해당하거나

적어도 피고인들 중 일방은 실화죄가 인정될 수 없다.'는

취지의 피고인들 주장은 받아들이기 어렵다고 한 사례.

판결 해설

　대상판결 쟁점은 작위범과 인과관계이다. 합법칙적 조건은 담배꽁초를 버려서 건조물에 불이 붙은 행위이다(작위에 의한 실화 행위). 그 결과 건조물을 불태웠다. 객관적 귀속은 ① 규범의 보호범위(불탐), ② 위험 증대(불탐), ③ 객관적 예견가능성(불탐), ④ 객관적 지배가능성이다(불탐). 담배꽁초를 버린 행위는 작위作爲이다. 주의의무 위반행위이며, 이것이 바로 화재로 연결되었다. 따라서 형법 제17조 인과관계와 객관적 귀속이 인정된다.

　이 사안을 부작위에 의한 실화죄로 보고, 가설적 인과관계로 검토할 필요가 없다. 대법원은 참조 조문에 왜 형법 제18조 부작위를 언급하였는지 궁금이다. 이 사안은 각자 작위에 의한 실화죄가 성립한다. 각자 단독정범이다. 어떤 행위든 모두 인과관계가 있다. 객관적 예견가능성과 지배가능성이 있기 때문이다.

도 주 죄

선고기일에 법정 구속되어 대기실에 인치된 피고인이 도주한 경우
도주죄 성립 여부

대법원 2023. 12. 28. 선고 2020도12586 판결
[도주미수]

[공소사실 요지]
법정 구속되어 구속 피고인 대기실에 있던 피고인이 도주하려고 하였으나
법정 내에서 검거되었다.
검사는 피고인을 형법 제145조 제1항 도주죄로 기소하였다.

[원심 판단]
제1심법원은 피고인에게 무죄를 선고하였다.
원심법원도 무죄를 선고하였다.
검사가 상고하였다.

[대법원 판단]
대법원은 원심판결을 파기하고, 사건을 서울남부지방법원에 환송한다.
법정 구속되어 대기실에 인치된 피고인은 형법 제145조 제1항의 '법률에
의하여 체포 또는 구금된 자'에 해당한다.

낭독 형법 판결문 46

대법원 2023. 12. 28. 선고 2020도12586 판결 [도주미수]
〈선고기일에 법정 구속되어 대기실에 인치된 피고인이 도주한 경우 도주죄 성립
여부〉

판시 사항

법정구속된 피고인이 형법 제145조 제1항 도주죄의 주체인 '법률에 의하여 체포 또는 구금된 자'에 해당하는지 여부(적극)

판결 요지

법원이 선고기일에 피고인에 대하여 실형을 선고하면서
구속영장을 발부하는 경우
검사가 법정에 재정하여
법원으로부터 구속영장을 전달받아 집행을 지휘하고,
그에 따라 피고인이 피고인 대기실로 인치되었다면
다른 특별한 사정이 없는 한
피고인은 형법 제145조 제1항의
'법률에 의하여 체포 또는 구금된 자'에 해당한다.

그 이유는 다음과 같다.
(1) 형사소송법은 재판의 집행 일반에 관하여
재판의 성질상 법원 또는 법관이 지휘할 경우를 제외하면
재판을 한 법원에 대응한 검찰청 검사가 지휘한다고 정하면서(제
460조 제1항),
구속영장(제81조 제1항 본문, 제209조),
체포영장(제81조 제1항 본문, 제200조의6),
압수·수색·검증영장(제115조 제1항 본문, 제219조)의
집행 등에 관하여도
검사의 지휘에 의하여 집행한다고 규정하고 있다.

따라서 검사가 법정에서 법원으로부터 구속영장을 전달받아
교도관 등으로 하여금
피고인을 인치하도록 하였다면

집행절차가 적법하게 개시되었다고 볼 수 있다.

(2) 구속영장의 집행을 통하여
최종적으로 피고인에 대한 신병을 인계받아
구금을 담당하는 교도관이
법정에서 곧바로 피고인에 대한 신병을 확보하였다면
구속의 목적이 적법하게 달성된 것으로 볼 수 있다.

(3) 구속영장 발부, 구속영장 집행, 구금 등 모든 과정이
공개된 법정 및 법관의 면전에서 이루어졌다면
특별한 사정이 없는 한,
피고인의 방어권이나 절차적 권리 및 신체의 자유가
침해될 만한 위법이 있다고 평가하기 어렵다.

✎ **참조 조문**

> 형법 제145조(도주, 집합명령위반) [전문개정 2020.12.8] ① 법률에 따라 체포되거나 구금된 자가 도주한 경우에는 1년 이하의 징역에 처한다.
> ② 제1항의 구금된 자가 천재지변이나 사변 그 밖에 법령에 따라 잠시 석방된 상황에서 정당한 이유없이 집합명령에 위반한 경우에도 제1항의 형에 처한다.
>
> [출처] 형법 일부개정 2023. 8. 8. [법률 제19582호, 시행 2023. 8. 8.] 법무부.
>
> 형법 제145조(도주 · 집합명령위반) ① 다음 각호에 해당하는 사람이 도주한 경우 1년 이하 징역형으로 처벌된다.
> 1. 법률에 근거하여 수사기관이 적법한 체포영장으로 체포한 사람
> 2. 법률에 근거하여 수사기관이 적법하게 긴급체포한 사람
> 3. 법률에 근거하여 수사기관 · 일반인이 적법하게 현행범인으로 체포한 사람
> 4. 법률에 근거하여 교도소 · 구치소에 수형된 사람
> 5. 법률에 근거하여 교도소 · 구치소에 미결구금된 사람
> 6. 법률에 근거하여 법원에 구인된 피고인
> 7. 법률에 근거하여 법원에 구인된 피의자
> ② 제1항으로 구금된 사람이 천재지변 · 사변 그 밖에 법령에 근거하여 잠시 해금된 때 정당한 이유 없이 집합명령을 위반한 경우 1년 이하 징역형으로 처벌된다.

특별형법

47~60

폭력행위처벌법
제2조 제2항 제1호 공동폭행죄

> 피고인들 중 1인이 피해자를 폭행하고 나머지는 이를 휴대전화로
> 촬영하거나 지켜본 것이 공동폭행에 해당하는지 문제된 사건
>
> 대법원 2023. 8. 31. 선고 2023도6355 판결
> [폭력행위등처벌에관한법률위반(공동폭행)·정보통신망이용촉진및
> 정보보호등에관한법률위반(명예훼손)·공갈미수]

[공소사실 요지]

고등학생인 피고인 A, B, C가 피해자를 아파트 놀이터로 불러내어 그중 A가 피해자를 폭행하였다. B는 이를 휴대전화로 촬영하였다. C는 옆에서 싸움 과정을 지켜보았다.

피고인 3은 '싸워서라도 돈을 받아내라', 피고인 2는 '무조건 고개를 낮추고 싸워', '영상으로 찍을 거니까 너가 이겨야 돼'라는 등의 말을 피고인 1에게 하였고, 범행 당일 피고인들 모두 피해자와의 싸움 현장에 나가 피고인 1이 직접 피해자를 폭행하자, 피고인 2는 그 모습을 휴대전화기로 촬영하고, 피고인 3은 이를 옆에서 지켜보았다.

검사는 피고인 A, B, C를 폭력행위처벌법 제2조 제2항 제1호 위반(공동폭행)죄로 기소하였다.

[원심 판단]

제1심법원은 피고인들에게 유죄를 선고하였다.

원심법원은 피고인들에게 유죄를 선고하였다.

원심은 공동하여 피해자를 폭행한 것이라고 판단하였다.

피고인들이 상고하였다.

[대법원 판단]

대법원은 원심판결을 파기하고, 사건을 제주지방법원에 환송한다.

피고인들 상호 간에 공동으로 피해자를 폭행하자는 공동가공의 의사를 인정할 증거가 없다. 피고인들 중 1인만 실제 폭행의 실행행위를 하였다. 나머지는 이를 인식하고 이용하여 피해자의 신체에 대한 유형력을 행사하는 폭행의 실행행위에 가담한 것이 아니라 단순히 지켜보거나 동영상으로 촬영한 것에 불과하다. 2명 이상이 공동하여 피해자를 폭행한 경우 성립하는 폭력행위처벌법위반(공동폭행)죄의 죄책을 물을 수 없다.

▪ 낭독 형법 판결문 47 ▪

대법원 2023. 8. 31. 선고 2023도6355 판결 [폭력행위등처벌에관한법률위반(공동폭행)·정보통신망이용촉진및정보보호등에관한법률위반(명예훼손)·공갈미수]
〈피고인들 중 1인이 피해자를 폭행하고 나머지는 이를 휴대전화로 촬영하거나 지켜본 것이 공동폭행에 해당하는지 문제된 사건〉

판시 사항

폭력행위 등 처벌에 관한 법률 제2조 제2항 제1호의 '2명 이상이 공동하여 폭행의 죄를 범한 때'의 의미 / 폭행 실행범과 공모한 사실은 인정되나 그와 공동하여 범행에 가담하였거나 범행장소에 있었다고 인정되지 않는 경우, 위 조항의 '공동하여 죄를 범한 때'에 해당하는지 여부(소극) 및 여러 사람이 공동하여 범행을 공모한 경우, 공모자에게도 공모공동정범이 성립하기 위해서는 그중 2인 이상이 범행장소에서 실제 범죄의 실행에 이르러야 하는지 여부(적극)

판결 요지

「폭력행위 등 처벌에 관한 법률」(이하 '폭력행위처벌법'이라고 한다) 제2조 제2항 제1호의 '2명 이상이 공동하여 폭행의 죄를 범한 때'라고 함은
그 수인 사이에 공범관계가 존재하고,
수인이 동일 장소에서
동일 기회에

상호 다른 자의 범행을 인식하고
이를 이용하여 폭행의 범행을 한 경우임을 요한다(대법원 1986. 6. 10.
선고 85도119 판결 등 참조).

따라서 폭행 실행범과의 공모사실이 인정되더라도
그와 공동하여 범행에 가담하였거나
범행장소에 있었다고 인정되지 아니하는 경우에는
공동하여 죄를 범한 때에 해당하지 않고(대법원 1990. 10. 30. 선고 90
도2022 판결 등 참조),

여러 사람이 공동하여 범행을 공모하였다면
그중 2인 이상이
범행장소에서
실제 범죄의 실행에 이르렀어야
나머지 공모자에게도
공모공동정범이 성립할 수 있을 뿐이다(대법원 1994. 4. 12. 선고 94도
128 판결 등 참조).

판결 정문

피고인들 상호 간에 공동으로
피해자를 폭행하자는 공동가공의 의사로
공범관계의 성립에 이르렀다고 볼 수 없을 뿐만 아니라,
피고인 3, 피고인 2는
이 사건 현장에서 피고인 1의 폭행을 인식하고 이를 이용하여
피해자의 신체에 대한 유형력을 행사하는
폭행의 실행행위에 가담한 것이 아니라
단지 피고인 1이 피해자를 폭행하는 모습을 지켜보거나
이를 동영상으로 촬영하였다는 것에 불과하다.

따라서 피고인 1의 단독범행에 의한 폭행과
피고인 3, 피고인 2의 폭행 교사 또는
방조로 인한 죄책 유무는 별론으로 하고,
피고인들에게 2명 이상이 공동하여
피해자를 폭행한 경우 성립하는
폭력행위처벌법위반(공동폭행)죄의 죄책을 물을 수는 없다.

그럼에도 원심이 피고인들에 대하여
폭력행위처벌법위반(공동폭행)죄가 성립한다고 판단한 것에는
위 법이 정하는 '공동하여'의 의미에 관한 법리를 오해하여
판결에 영향을 미친 잘못이 있다.
이를 지적하는 이 부분 피고인들의 상고이유 주장은
이유 있다.

피고인들에 대한 폭력행위처벌법위반(공동폭행) 부분은
파기되어야 한다.
그런데 피고인들에 대한 나머지 유죄 부분이
위 파기 부분과 형법 제37조 전단의 경합범 관계에 있어
하나의 형이 선고되었다.
원심판결은 전부 파기되어야 한다.

그러므로 나머지 상고이유에 대한 판단을 생략한 채
원심판결을 파기하고,
사건을 다시 심리·판단하도록 원심법원에 환송하기로 하여,
관여 대법관의 일치된 의견으로
주문과 같이 판결한다.

성폭력처벌법
제5조 제2항 친족관계에 의한 강제추행죄

> **폭행·협박 선행형의 강제추행죄에서 '폭행 또는 협박'의 의미**
>
> 대법원 2023. 9. 21. 선고 2018도13877 전원합의체 판결
> [성폭력범죄의 처벌 등에 관한 특례법 위반(친족관계에 의한 강제추행)
> 인정된 죄명: 아동·청소년의 성보호에 관한 법률 위반(위계등추행)]
> ☞ 피고인에게 불리한 판례 변경

[공소사실 요지]

피고인이 4촌 친족인 피해자를 침대에 쓰러뜨려 반항하지 못하게 한 후 피해자의 가슴을 만지는 등 강제로 추행하였다.

피고인은 2014. 8. 15. 19 : 23경 피고인의 주거지 방안에서 4촌 친족관계인 피해자(여, 15세)에게 "내 것 좀 만져줄 수 있느냐?"며 피해자의 왼손을 잡아 피고인의 성기 쪽으로 끌어당겼으나 피해자가 이를 거부하며 일어나 집에 가겠다고 하자, "한 번만 안아줄 수 있느냐?"며 피해자를 양팔로 끌어안은 다음 피해자를 침대에 쓰러뜨려 피해자 위에 올라타 반항하지 못하게 한 후, 피해자에게 "가슴을 만져도 되느냐?"며 피고인의 오른손을 피해자의 상의 티셔츠 속으로 집어넣어 속옷을 걷어 올려 왼쪽 가슴을 약 30초 동안 만지고 피해자를 끌어안고 자세를 바꾸어 피해자가 피고인의 몸에 수차례 닿게 하였으며, "이러면 안 된다. 이러면 큰일 난다."며 팔을 풀어 줄 것을 요구하고 방문을 나가려는 피해자를 뒤따라가 약 1분 동안 끌어안아 피해자를 강제로 추행하였다.

검사는 피고인을 성폭력범죄의 처벌 등에 관한 특례법 제5조 제2항, 제4항 위반죄(주위적 공소사실), 형법 제298조 강제추행죄로 기소하였다.

[원심 판단]

제1심법원은 피고인에게 무죄를 선고하였다.

원심법원은 피고인에게 무죄를 선고하였다.

피고인의 행위가 피해자의 항거를 곤란하게 할 정도의 폭행 또는 협박에 해당하지 않는다. 주위적 공소사실을 무죄로 판단하였다. 피고인이 한 "만 져달라", "안아봐도 되냐"는 등의 말은 객관적으로 피해자에게 아무런 저 항을 할 수 없을 정도의 공포심을 느끼게 하는 말이라고 보기 어렵다. 피 고인이 위와 같은 말을 하면서 피해자를 침대에 눕히거나 양팔로 끌어안 은 행위 등을 할 때 피해자가 아무런 저항을 하지 않았다는 것이어서 피 고인의 물리적인 힘의 행사 정도가 피해자의 저항을 곤란하게 할 정도였 다고도 단정할 수 없다.

검사가 상고하였다.

[대법원 판단]

대법원은 원심판결을 파기하고, 사건을 서울고등법원에 이송한다.

(1) 종전 대법원은 강제추행죄의 '폭행 또는 협박'의 의미에 관하여 이를 두 가지 유형으로 나누어, 폭행행위 자체가 곧바로 추행에 해당하는 경우 (이른바 기습추행형)에는 상대방의 의사를 억압할 정도의 것임을 요하지 않고 상대방의 의사에 반하는 유형력의 행사가 있는 이상 그 힘의 대소강 약을 불문한다고 판시하는 한편, 폭행 또는 협박이 추행보다 시간적으로 앞서 그 수단으로 행해진 경우(이른바 폭행·협박 선행형)에는 상대방의 항거를 곤란하게 하는 정도의 폭행 또는 협박이 요구된다고 판시하여 왔 다(대법원 2011도8805 판결 등, 이하 폭행·협박 선행형 관련 판례 법리를 '종래의 판례 법리').

(2) 대법원은 본 전합판결에서 강제추행죄의 '폭행 또는 협박'의 의미를 다시 정의하였다. 즉, 강제추행죄의 '폭행 또는 협박'은 상대방의 항거를 곤란하게 할 정도로 강력할 것이 요구되지 아니하고, 상대방의 신체에 대 하여 불법한 유형력을 행사(폭행)하거나 일반적으로 보아 상대방으로 하 여금 공포심을 일으킬 수 있는 정도의 해악을 고지(협박)하는 것이라고 다시 정의하였다.

(3) 이에 따라 다수의견은 피고인의 행위는 피해자의 신체에 대하여 불법 한 유형력을 행사하여 피해자를 강제추행한 것에 해당한다고 볼 여지가 충분하다고 보아 원심판결에 강제추행죄의 폭행에 관한 법리오해 등의 잘 못이 있다고 보았다. 원심판결을 파기하고 원심법원(고등군사법원)과 동 등한 관할 법원인 서울고등법원에 이송하였다.

(4) 이러한 다수의견에 대하여, 대법관 이동원의 별개의견과, 다수의견에 대한 대법관 안철상, 대법관 노태악, 대법관 천대엽, 대법관 오석준, 대법관 서경환의 보충의견, 다수의견에 대한 대법관 민유숙, 대법관 오경미의 보충의견, 다수의견에 대한 대법관 노정희의 보충의견이 있음. 그 중 별개의견의 요지는 다음과 같다.

(5) 폭행·협박 선행형의 강제추행죄에서 '폭행 또는 협박'의 정도에 관하여 상대방의 항거를 곤란하게 하는 정도의 폭행 또는 협박이 요구된다고 판시한 '종래의 판례 법리'는 여전히 타당하므로 그대로 유지되어야 하고, 다만, 이 부분 공소사실에 대하여 무죄로 판단한 원심판결을 파기하여야 한다는 다수의견의 결론에는 동의한다.

▪ 낭독 형법 판결문 48 ▪

대법원 2023. 9. 21. 선고 2018도13877 전원합의체 판결 [성폭력범죄의 처벌 등에 관한 특례법 위반(친족관계에 의한 강제추행)[인정된 죄명: 아동·청소년의 성보호에 관한 법률 위반(위계등추행)]
〈폭행·협박 선행형의 강제추행죄에서 '폭행 또는 협박'의 의미〉
☞ 피고인에게 불리한 판례 변경

- -

판시 사항

[1] 강제추행죄의 '폭행 또는 협박'의 의미에 관한 종래 대법원의 입장 및 변경 필요성 / 강제추행죄의 '폭행 또는 협박'은 상대방의 신체에 대하여 불법한 유형력을 행사(폭행)하거나 일반적으로 보아 상대방으로 하여금 공포심을 일으킬 수 있는 정도의 해악을 고지(협박)하는 것이라고 보아야 하는지 여부(적극) 및 어떠한 행위가 이에 해당하는지 판단하는 기준

[2] 피고인이 자신의 주거지 방안에서 4촌 친족관계인 피해자 갑(여, 15세)의 학교 과제를 도와주던 중 갑을 양팔로 끌어안은 다음 침대에 쓰러뜨린 후 갑의 가슴을 만지는 등 강제로 추행하였다는 성폭력범죄의 처벌 등에 관한 특례법 위반(친족관계에의한강제추행)의 주위적 공소사실로 기소된 사안이다. 당시 피고인의 행위는 갑의 신체에 대하여 불법한

유형력을 행사하여 갑을 강제추행한 것에 해당한다고 볼 여지가 충분하다는 이유로, 이와 달리 피고인의 행위가 갑의 항거를 곤란하게 할 정도의 폭행 또는 협박에 해당하지 않는다고 보아 위 공소사실을 무죄로 판단한 원심의 조치에 법리오해 등의 잘못이 있다고 한 사례.

판결 요지

[1] [다수의견] (가) 형법 제298조(강제추행)는
"폭행 또는 협박으로 사람에 대하여 추행을 한 자는
10년 이하의 징역 또는 1천 500만 원 이하의 벌금에 처한다."
라고 규정하고 있다.
「성폭력범죄의 처벌 등에 관한 특례법」(이하 '성폭력처벌법'이라 한다) 제5조 제2항은
"친족관계인 사람이 폭행 또는 협박으로
사람을 강제추행한 경우에는
5년 이상의 유기징역에 처한다."라고 규정하여 가중처벌하고 있다.

이와 같이 형법 및 성폭력처벌법은
강제추행죄의 구성요건으로 '폭행 또는 협박'을 규정하고 있는데,
대법원은 강제추행죄의 '폭행 또는 협박'의 의미에 관하여
이를 두 가지 유형으로 나누어,
폭행행위 자체가 곧바로 추행에 해당하는 경우(이른바 기습추행형)에는
상대방의 의사를 억압할 정도의 것임을 요하지 않고
상대방의 의사에 반하는 유형력의 행사가 있는 이상
그 힘의 대소강약을 불문한다고 판시하는 한편(대법원 1983. 6. 28. 선고 83도399 판결, 대법원 2002. 4. 26. 선고 2001도2417 판결 등),
폭행 또는 협박이 추행보다 시간적으로 앞서
그 수단으로 행해진 경우(이른바 폭행·협박 선행형)에는
상대방의 항거를 곤란하게 하는 정도의 폭행 또는 협박이 요구된다

고 판시하여 왔다(대법원 2007. 1. 25. 선고 2006도5979 판결, 대법원 2012. 7. 26. 선고 2011도8805 판결 등, 이하 폭행·협박 선행형 관련 판례 법리를 '종래의 판례 법리'라 한다).

(나) 강제추행죄의 범죄구성요건과 보호법익,
종래의 판례 법리의 문제점,
성폭력범죄에 대한 사회적 인식,
판례 법리와 재판 실무의 변화에 따라
해석 기준을 명확히 할 필요성 등에 비추어
강제추행죄의 '폭행 또는 협박'의 의미는
다시 정의될 필요가 있다.
강제추행죄의 '폭행 또는 협박'은
상대방의 항거를 곤란하게 할 정도로
강력할 것이 요구되지 아니하고,
상대방의 신체에 대하여 불법한 유형력을 행사(폭행)하거나
일반적으로 보아 상대방으로 하여금
공포심을 일으킬 수 있는 정도의 해악을 고지(협박)하는 것이라고
보아야 한다. 구체적인 이유는 다음과 같다.

① 강제추행죄에서 추행의 수단이 되는 '폭행 또는 협박'에 대해
피해자의 항거가 곤란할 정도일 것을 요구하는 종래의 판례 법리는
강제추행죄의 범죄구성요건이나
자유롭고 평등한 개인의 성적 자기결정권이라는 보호법익과
부합하지 아니한다.

형법 제298조 및 성폭력처벌법 제5조 제2항 등 강제추행죄에 관한
현행 규정은 '폭행 또는 협박으로 사람에 대하여 추행을 한 자' 또는
'폭행 또는 협박으로 사람을 강제추행한 경우'

이를 처벌한다고 정하고 있을 뿐,
폭행·협박의 정도를 명시적으로 한정하고 있지 아니하다.
'강제추행'에서 '강제(强制)'의 사전적 의미는
'권력이나 위력으로 남의 자유의사를 억눌러
원하지 않는 일을 억지로 시키는 것'으로서,
반드시 상대방의 항거가 곤란할 것을 전제로 한다고 볼 수 없고,
폭행·협박을 수단으로 또는 폭행·협박의 방법으로
동의하지 않는 상대방에 대하여 추행을 하는 경우
그러한 강제성은 구현된다고 보아야 한다.

강제추행죄는 개인의 성적 자기결정권을 보호법익으로 한다.
종래의 판례 법리는
피해자의 '항거곤란'이라는 상태적 개념을 범죄구성요건에 포함시켜
폭행 또는 협박의 정도가
일반적인 그것보다 더 높은 수준일 것을 요구하였다.
그에 따라 강제추행죄가 성립하기 위해서는
높은 수준의 의사 억압 상태가 필요하다고 보게 되고,
이는 피해자가 실제로 어떠한 항거를 하였는지 살펴보게 하였으며,
반대로 항거가 없었던 경우에는
그러한 사정을 이유로
성적 자기결정권의 침해를 부정하는 결과를 초래하기도 하였다.
하지만 이와 같이 피해자의 '항거곤란'을 요구하는 것은
여전히 피해자에게 '정조'를 수호하는 태도를
요구하는 입장을 전제하고 있다고 볼 수 있고,
개인의 성적 자유 내지 성적 자기결정권을
보호법익으로 하는 현행법의 해석으로
더 이상 타당하다고 보기 어렵다.

② 강제추행죄에서 '폭행 또는 협박'은
형법상 폭행죄 또는
협박죄에서 정한 '폭행 또는 협박'을 의미하는 것으로
분명히 정의되어야 하고,
이는 판례 법리와 재판 실무의 변화에 비추어 볼 때
법적 안정성 및 판결에 대한 예측가능성을
높이기 위하여도 필요하다.

그동안 대법원은 개별적·구체적인 사건에서
강제추행죄의 성립 요건이나
피해자 진술의 신빙성 등을 심리하면서
고려해야 할 판단 기준과 방법에 관하여 판시하여 왔다.
또한 근래의 재판 실무는
종래의 판례 법리에도 불구하고
가해자의 행위가
폭행죄에서 정한 폭행이나
협박죄에서 정한 협박의 정도에 이르렀다면
사실상 상대방의 항거를 곤란하게 할 정도라고
해석하는 방향으로 변화하여 왔다.

이러한 법원의 판례와 재판 실무는
강제추행죄의 보호법익의 변화를 반영함과 아울러,
종래의 판례 법리에 따른 현실의 수사와 재판 과정에서 자칫
성폭력범죄의 피해자에게 이른바 '피해자다움'을 요구하거나
2차 피해를 야기할 수 있다는 문제 인식을 토대로
형평과 정의에 합당한 형사재판을 실현하기 위한 것이다.

한편 그로 인하여 강제추행죄의 구성요건으로

피해자의 항거가 곤란할 정도의 폭행 또는 협박을 요구하는
종래의 판례 법리는 그 의미가 상당 부분 퇴색하였다.
그렇다면 이제 범죄구성요건의 해석 기준을 명확히 함으로써
사실상 변화된 기준을 적용하고 있는 현재의 재판 실무와
종래의 판례 법리 사이의 불일치를 해소하고,
오해의 소지와 혼란을 방지할 필요가 있다.

③ 강제추행죄의 '폭행 또는 협박'의 의미를
위와 같이 정의한다고 하여
위력에 의한 추행죄와 구별이 불분명해지는 것은 아니다.

위력에 의한 추행죄에서 '위력'이란
사람의 자유의사를 제압하거나
혼란하게 할 만한 일체의 세력을 말하는 것으로,
유형적이든 무형적이든 묻지 아니하는바,
이는 강제추행죄에서의 '폭행 또는 협박'과 개념적으로 구별된다.
그리고 형법 및 성폭력처벌법 등은
미성년자, 심신미약자, 신체적인 또는 정신적인 장애가 있는 사람,
피보호자·피감독자, 아동·청소년을
위력으로 추행한 사람을 처벌하는 규정(형법 제302조, 성폭력처벌법
제6조 제6항, 제7조 제5항, 제10조 제1항, 아동·청소년의 성보호에 관한
법률 제7조 제5항)을 두고 있다.

위력에 의한 추행죄는
성폭력 범행에 특히 취약한 사람을 보호대상으로 하여
강제추행죄의 '폭행 또는 협박'과 다른 '위력'을 범행수단으로 한
성적 침해 또는 착취행위를
범죄로 규정하여 처벌하려는 것이다.

이러한 위력과 폭행·협박의 개념상 차이,
위력에 의한 추행죄와 강제추행죄의 구성요건,
각 보호법익과 체계 등을 고려하면,
위력에 의한 추행죄에서 '위력'은
유형력의 대상이나 내용 등에 비추어
강제추행죄의 '폭행 또는 협박'에 해당하지 아니하는 폭행·협박은
물론,
상대방의 자유의사를 제압하거나
혼란하게 할 만한 사회적·경제적·정치적인 지위나 권세를
이용하는 것을 포함한다.
따라서 강제추행죄의 폭행 또는 협박의 의미를
종래의 판례 법리와 같이 제한 해석하여야만
위력과 구별이 용이해진다고 볼 수는 없다.

(다) 요컨대, 강제추행죄는
상대방의 신체에 대해 불법한 유형력을 행사하거나
상대방으로 하여금 공포심을 일으킬 수 있는 정도의 해악을
고지하여 상대방을 추행한 경우에 성립한다.
어떠한 행위가 강제추행죄의 '폭행 또는 협박'에 해당하는지 여부는
행위의 목적과 의도, 구체적인 행위태양과 내용,
행위의 경위와 행위 당시의 정황,
행위자와 상대방과의 관계,
그 행위가 상대방에게 주는 고통의 유무와 정도 등을
종합하여 판단하여야 한다.

이와 달리 강제추행죄의 폭행 또는 협박이
상대방의 항거를 곤란하게 할 정도일 것을 요한다고 본
대법원 2012. 7. 26. 선고 2011도8805 판결을 비롯하여

같은 취지의 종전 대법원판결은
이 판결의 견해에 배치되는 범위 내에서 모두 변경하기로 한다.

[대법관 이동원의 별개의견]

폭행·협박 선행형의 강제추행죄에서 '폭행 또는 협박'의 정도에 관하여 상대방의 항거를 곤란하게 하는 정도의 폭행 또는 협박이 요구된다고 판시한 '종래의 판례 법리'는 여전히 타당하므로 그대로 유지되어야 한다. 다수의견과 같이 강제추행죄의 처벌범위를 확대하는 해석론은 사회적 공감대가 형성된 후 국회의 입법절차를 통하여 해결하는 것이 바람직하다. 그 이유는 다음과 같다.

첫째, 종래의 판례 법리는 형사법 문언과 체계에 부합한다. 강제추행죄의 '폭행 또는 협박'의 정도에 관하여 상대방의 항거를 곤란하게 하는 정도로 제한 해석해야 단순추행죄, 위력에 의한 추행죄와 분명한 구별이 가능하고, 준강제추행죄의 항거불능과도 균형이 맞는다.

둘째, 종래의 판례 법리는 피해자의 현실적 저항을 요구하거나 2차 피해를 야기하는 법리가 아니다. 설령 강제추행 피해자에 대한 조사·심리 과정에서 2차 피해를 야기할 위험성이 있다고 하더라도 현행법상의 제도 등을 적극 활용함으로써 그 문제를 해결하여야 하는 것이지 이를 이유로 범죄구성요건의 내용을 달리 정할 것은 아니다.

셋째, 종래의 판례 법리는 대법원이 수십 년 동안 반복적으로 선언한 법리로서 학계의 지지를 받고 있고, '종합판단기준설'의 발전적인 해석을 통하여 구체적 타당성을 도모할 수 있는 법리이다. 판례를 변경하려면 이를 정당화할 명확한 근거가 있어야 한다. 다수의견의 논거는 이에 미치지 못하고 있다.

넷째, 종래의 판례 법리를 전제로 성폭력처벌법 등 특별법에서 일정한 유형의 강제추행에 대해 중범죄로 가중처벌하고 있다. 성범죄 피해자 보호를 입법을 통하여 해결하지 않은 채 다수의견과 같이 해석으로 폭행·협박의 정도를 완화할 경우 위 특별법과의 체계상 정합성에 지장을 초래하고, 죄형법정주의나 형벌불소급의 원칙에 실질적으로 어긋날 우려가 있다.

[2] 피고인이 자신의 주거지 방안에서 4촌 친족관계인 피해자 갑(여, 15세)의 학교 과제를 도와주던 중 갑을 양팔로 끌어안은 다음 침대에 쓰러뜨린 후 갑의 가슴을 만지는 등 강제로 추행하였다는 성폭력범죄의 처벌 등에 관한 특례법 위반(친족관계에의한강제추행)

의 주위적 공소사실로 기소된 사안이다.

당시 피고인은 방안에서 갑의 숙제를 도와주던 중 갑의 왼손을 잡아 자신의 성기 쪽으로 끌어당겼고,

이를 거부하고 자리를 이탈하려는 갑의 의사에 반하여 갑을 끌어안은 다음 침대로 넘어져 갑의 위에 올라탄 후 갑의 가슴을 만졌으며,

방문을 나가려는 갑을 뒤따라가 끌어안았는바,

이러한 피고인의 행위는 갑의 신체에 대하여 불법한 유형력을 행사하여 갑을 강제추행한 것에 해당한다고 볼 여지가 충분하다는 이유로,

이와 달리 피고인의 행위가 갑의 항거를 곤란하게 할 정도의 폭행 또는 협박에 해당하지 않는다고 보아

위 공소사실을 무죄로 판단한 원심의 조치에 강제추행죄의 폭행에 관한 법리오해 등의 잘못이 있다고 한 사례.

판결 해설

대법원 판례 변경은 피고인에게 불리한 판례 변경이다. 환송심이 형법 제16조 법률의 착오를 적용할 수 있을지 주목한다. 형법 제16조 논쟁이 없으면, 이 사건은 피고인에게 불리한 새로운 법리로 처음으로 유죄가 선고될 것이다.

피고인에게 불리한 이러한 법률 해석 변경은 법적 안정성을 침해한다. 종전 판례 법리를 변경하면서, 변경 이후 발생한 사건에 대해 새로운 판례 법리를 적용하는 방안이 마련되어야 할 것이다. 법적 안정성 때문이다. 판례변경예고제(obiter dictun)를 생각해 볼 수 있다(김일수 교수).

폭행 또는 협박의 의미는 2007년 대법원 판결 선고 이후 16년 동안 '상대방의 항거 곤란성 이론'이 여러 사건에서 적용되었다. 16년 동안의 법적 안정성이 하루아침에 대법원의 새로운 해석으로 변경된 것이다. 소급입법과 같다.

폭행 또는 협박이 추행보다 시간적으로 앞서 그 수단으로 행해진 경우(이른바 폭행·협박 선행형)에는 상대방의 항거를 곤란하게 하는

정도의 폭행 또는 협박이 요구된다고 판시하여 왔다(대법원 2007. 1. 25. 선고 2006도5979 판결, 대법원 2012. 7. 26. 선고 2011도8805 판결 등, 이하 폭행·협박 선행형 관련 판례 법리를 '종래의 판례 법리'라 한다).

이와 달리 강제추행죄의 폭행 또는 협박이 상대방의 항거를 곤란하게 할 정도일 것을 요한다고 본 대법원 2012. 7. 26. 선고 2011도8805 판결을 비롯하여 같은 취지의 종전 대법원판결은 이 판결의 견해에 배치되는 범위 내에서 모두 변경하기로 한다(대법원 2023. 9. 21. 선고 2018도13877 전원합의체 판결).

피고인에게 불리한 판례 변경은 규범 안정성에 큰 위협이 될 수 있다. 드디어 처음으로 '올바른 해석'이 되었다. 이러한 이론과 주장은 타당한 논거가 될 수 없다.

죄형법정주의는 행위시에 범죄성립과 형벌기준^{가벌성기준}이 확정되어야 한다. 형법 제1조는 국민의 법규범 신뢰와 법적 안정성이 핵심이다. 피고인에게 불리한 판례 변경에 대해 법적 안정성을 강화하는 입법 해결 방안을 찾아야 한다. 형법 제1조(범죄성립과 범죄처벌) 개정을 생각한다. '벼락' 같은 판례 변경은 피고인에게 입법 변경과 같기 때문이다.

✎ 입법 제안

> 형법 제1조(범죄성립과 범죄처벌) ① 어떤 행위가 범죄로 처벌되려면, 범죄성립과 범죄처벌이 ¹행위 전에 ²법률로 ³명확히 규정되어야 한다. **대법원 전원합의체가 피고인에게 불리하게 종전 판례를 변경하는 경우 소급효금지 원칙이 준용된다.**
>
> 형사소송법 제396조(파기자판과 장래효만을 갖는 판례변경) ③ **대법원 전원합의체가 피고인에게 불리하게 종전 판례를 변경하는 경우 형법 제1조를 적용하고 파기자판 하면서 새로운 견해를 방견으로 부기한다.**

아동·청소년성보호법
제11조 제3항 성착취물제작·배포죄,
제11조 제5항 성착취물소지죄

「아동·청소년의 성보호에 관한 법률」 제11조 제3항의
아동·청소년성착취물 '배포' 및 같은 조 제5항의
아동·청소년성착취물 '소지' 여부가 문제된 사건

대법원 2023. 10. 12. 선고 2023도5757 판결
[성폭력범죄의 처벌 등에 관한 특례법 위반(카메라등이용촬영·반포등)·
아동·청소년의 성보호에 관한 법률 위반(성착취물제작·배포등)·아동·
청소년의 성보호에 관한 법률 위반(성착취물소지등)·
정보통신망이용촉진및정보보호등에 관한 법률 위반·(음란물유포)]

[공소사실 요지]

(1) 텔레그램 채널 (명칭 1 생략) 관련 「아동·청소년의 성보호에 관한 법률」(이하 '청소년성보호법'이라고 한다) 위반(성착취물제작·배포등) 부분 요지

피고인은 2021. 12. 28.경부터 2022. 6. 5. 12:45경까지 피고인의 주거지 등에서, 스마트폰, 노트북 등을 통해 텔레그램 대화방 (명칭 2 생략)의 운영자로 활동하면서 아동·청소년이 성교행위를 하거나 가슴 내지 음부를 드러내고 있는 영상 등 원심 판시 별지 범죄일람표 5 기재 총 113개의 사진 또는 영상이 저장되어 있는 텔레그램 채널인 (명칭 1 생략)의 링크를 위 대화방에 게시하였다. 이로써 피고인은 아동·청소년성착취물을 배포하였다.

(2) 청소년성보호법 위반(성착취물소지등) 부분 요지

피고인은 2022. 1. 16.경부터 2022. 6. 5. 12 : 45경까지 피고인의 주거지 등에서, 스마트폰, 노트북 등을 통해 성명불상자가 개설한 (명칭 3 생략) 등 총 7개의 텔레그램 채널 및 대화방에 순차로 접속하여 그곳에 게시된

아동·청소년성착취물 사진 또는 영상을 확인한 다음 언제든지 접근할 수 있도록 대화방 등 참여 상태를 유지하거나, 피고인이 개설한 텔레그램 채널인 (명칭 4 생략), (명칭 5 생략)에 각 접속하여 아동·청소년성착취물 영상을 게시한 다음 언제든지 접근할 수 있도록 접속 상태를 유지하는 방법으로 원심 판시 별지 범죄일람표 7 기재와 같이 총 500개의 아동·청소년성착취물을 소지하였다.

검사는 피고인을 아동·청소년의 성보호에 관한 법률」 제11조 제3항의 아동·청소년성착취물 '배포' 및 같은 조 제5항의 아동·청소년성착취물 '소지' 죄로 기소하였다.

[원심 판단]

제1심법원은 피고인에게 유죄를 선고하였다.

원심법원은 피고인에게 유죄를 선고하였다.

(1) 피고인이 (명칭 2 생략) 대화방에 (명칭 1 생략) 채널 링크를 게시한 행위는 아동·청소년성착취물을 직접 게시한 것과 다를 바 없어 아동·청소년성착취물을 배포한 것으로 평가할 수 있다.

(2) 피고인이 텔레그램 채널 및 대화방에 참여하여 그곳에 게시된 사진 또는 영상에 언제든지 접근할 수 있도록 채널 및 대화방 참여 상태를 유지한 것은 아동·청소년성착취물을 사실상 피고인의 점유 또는 지배하에 두어 이를 소지한 것이라고 볼 수 있다.

피고인이 상고하였다.

[대법원 판단]

대법원은 원심판결을 파기하고, 사건을 서울고등법원에 환송한다.

(1) 피고인이 아동·청소년성착취물이 게시된 텔레그램 대화방을 운영하는 사람으로서 위 대화방의 다수 회원들로 하여금 피고인이 게시한 다른 성착취물 텔레그램 채널 '링크'를 통하여 그 채널에 저장된 아동·청소년성착취물을 별다른 제한 없이 접할 수 있게 한 사안이다. 피고인의 이러한 행위는 전체적으로 보아 아동·청소년성착취물을 '배포'한 것으로 평가한다.

(2) 한편 피고인이 아동·청소년성착취물이 게시된 7개 채널 및 대화방에 '접속'하였지만, 그곳에 게시된 아동·청소년성착취물을 자신의 텔레그램 채널 등에 전달하거나 자신의 저장매체에 다운로드 하는 등 실제로 지배할 수 있는 상태로 나아가지는 않았고 달리 그러한 지배를 인정할 만한

특별한 사정이 없는 사안이다. 아동· 청소년성착취물을 '소지'한 것으로 평가할 수는 없다.

▌ 낭독 형법 판결문 49 ▌

대법원 2023. 10. 12. 선고 2023도5757 판결 [성폭력범죄의 처벌 등에 관한 특례법 위반(카메라등이용촬영·반포등)·아동·청소년의 성보호에 관한 법률 위반(성착취물제작·배포등)·아동·청소년의 성보호에 관한 법률 위반(성착취물소지등)·정보통신망이용촉진 및 정보보 호등에 관한 법률 위반·(음란물유포)]
〈「아동·청소년의 성보호에 관한 법률」 제11조 제3항의 아동·청소년성착취물 '배포' 및 같은 조 제5항의 아동·청소년성착취물 '소지' 여부가 문제된 사건〉

판시 사항

[1] 아동·청소년의 성보호에 관한 법률 제11조 제3항에서 정한 아동·청소년성착취물의 '배포' 및 '공연히 전시'하는 행위의 의미 / **자신의 웹사이트에 아동·청소년성착취물이 저장된 다른 웹사이트로 연결되는 링크를 게시하여 불특정 또는 다수인이 링크를 이용하여 별다른 제한 없이 아동·청소년성착취물에 바로 접할 수 있는 상태를 실제로 조성한 경우, 위 조항에서 정한 아동·청소년성착취물을 배포하거나 공연히 전시한다는 구성요건을 충족하는지 여부(적극)**
[2] 아동·청소년의 성보호에 관한 법률 제11조 제5항에서 정한 아동·청소년성착취물 '소지'의 의미 및 **피고인이 자신이 지배하지 않는 서버 등에 저장된 아동·청소년성착취물에 접근하였으나 위 성착취물을 다운로드하는 등 실제로 지배할 수 있는 상태로 나아가지는 않은 경우, 이를 아동·청소년성착취물을 '소지'한 것으로 평가할 수 있는지 여부(원칙적 소극)**

판결 요지

[1] 아동·청소년의 성보호에 관한 법률 제11조 제3항은 "아동·청소년성착취물을 배포·제공하거나

이를 목적으로 광고·소개하거나
공연히 전시 또는 상영한 자는
3년 이상의 징역에 처한다."라고 규정하고 있다.
여기서 아동·청소년성착취물의 '배포'란
아동·청소년성착취물을 불특정 또는 다수인에게
교부하는 것을 의미한다.
'공연히 전시'하는 행위란
불특정 또는 다수인이 실제로
아동·청소년성착취물을 인식할 수 있는 상태에 두는 것을 의미한다.

자신의 웹사이트에
아동·청소년성착취물이 저장된 다른 웹사이트로
연결되는 링크를 해 놓는 행위자의 의사, 그
행위자가 운영하는 웹사이트의 성격 및
사용된 링크기술의 구체적인 방식,
아동·청소년성착취물이 담겨져 있는 다른 웹사이트의 성격 및
다른 웹사이트 등이 아동·청소년성착취물을 실제로
전시한 방법 등 제반 사정을 종합하여 볼 때,
링크의 게시를 포함한 일련의 행위가
불특정 또는 다수인에게 다른 웹사이트 등을
단순히 소개·연결하는 정도를 넘어
링크를 이용하여 별다른 제한 없이
아동·청소년성착취물에 바로 접할 수 있는 상태를
실제로 조성한다면,
이는 아동·청소년성착취물을 직접 '배포'하거나
'공연히 전시'한 것과 실질적으로 다를 바 없다고 평가할 수 있다.
그러므로 위와 같은 행위는 전체적으로 보아

아동·청소년성착취물을 배포하거나
공연히 전시한다는 구성요건을 충족한다(대법원 2003. 7. 8. 선고 2001
도1335 판결, 대법원 2019. 7. 25. 선고 2019도5283 판결 참조).

[2] 아동·청소년의 성보호에 관한 법률 제11조 제5항은
"아동·청소년성착취물을 구입하거나
아동·청소년성착취물임을 알면서
이를 소지·시청한 자는
1년 이상의 징역에 처한다."라고 규정하고 있다.

여기서 '소지'란 아동·청소년성착취물을
자기가 지배할 수 있는 상태에 두고
지배관계를 지속시키는 행위를 말한다(대법원 2023. 3. 16. 선고 2022도
15319 판결 참조).

아동·청소년성착취물 파일을 구입하여
시청할 수 있는 상태 또는 접근할 수 있는 상태만으로
곧바로 이를 소지로 보는 것은
소지에 대한 문언 해석의 한계를 넘어서는 것이어서 허용될 수 없다.

그러므로 피고인이 자신이 지배하지 않는 서버 등에 저장된
아동·청소년성착취물에 접근하였지만
위 성착취물을 다운로드하는 등 실제로
지배할 수 있는 상태로 나아가지는 않았다면
특별한 사정이 없는 한
아동·청소년성착취물을 '소지'한 것으로 평가하기는 어렵다(대법원
2023. 6. 29. 선고 2022도6278 판결 참조).

정보통신망법
제74조 제1항 제3호, 제44조의7 제1항 제3호
공포심·불안감 유발 문언 반복 도달 위반죄

'공포심이나 불안감을 유발하는 문언 등을 반복적으로 상대방에게
도달하게 하는 행위' 해당 여부에 관한 사건

대법원 2023. 9. 14. 선고 2023도5814 판결
[정보통신망이용촉진및정보보호등에관한법률위반·폭행]

[공소사실 요지]

대표이사인 피고인이 근무태도 등을 이유로 피해자에게 해고의 의사표시를 하자 피해자가 반발한 상황에서, 피고인의 피해자에 대한 카카오 톡 메시지 7회 발송 및 전화통화 2회가 '공포심이나 불안감을 유발하는 문언 등을 반복적으로 상대방에게 도달하게 하는 행위'를 하였다.

(회사명 생략) 주식회사(이하 '이 사건 회사'라 한다)의 대표이사인 피고인은 2021. 2. 1. 22 : 00경 포항시 (주소 생략)에 있는 이 사건 회사의 숙소에서 피해자에게 해고를 통보하고, 야간에 갑작스런 해고 통보를 받은 피해자가 사유를 물어본다는 이유로 피해자에게 욕설을 하면서 '오늘 같이 있으면 무슨 사고를 칠지 모른다.'며 당장 나가라고 압박하다가, 피고인을 피해 위 회사 사무실로 피신한 피해자를 계속 쫓아다님으로써 결국 피해자가 야간에 회사 밖으로 나가도록 만들었다.

피고인은 같은 날 23 : 00경 장소를 알 수 없는 곳에서 휴대전화를 사용하여 피해자에게 "일단 내일 회사 근처 얼쩡거리지 마라, 나 옆에서 봤으면"이라는 메시지를 전송한 것을 비롯하여 그때부터 다음 날인 2021. 2. 2. 09 : 36경까지 제1심 별지 범죄일람표(이하 '별지 범죄일람표'라 한다) 기재와 같이 총 9회에 걸쳐 반복적으로 메시지를 전송하고 피해자에게 전화를 걸어, 정보통신망을 통하여 공포심이나 불안감을 유발하는 문언·음향을 반복적으로 피해자에게 도달하도록 하였다.

검사는 피고인을 정보통신망법 제74조 제1항 제3호, 제44조의7 제1항 제3호 위반죄로 기소하였다.

[원심 판단]
제1심법원은 피고인에게 유죄를 선고하였다.
원심법원은 피고인에게 유죄를 선고하였다.
피고인의 메시지와 통화의 내용·취지·경위, 전후 정황 등에 비추어 이는 공포심이나 불안감을 유발하는 문언에 해당한다.
피고인이 상고하였다.

[대법원 판단]
대법원은 원심판결을 파기하고, 사건을 대구지방법원에 환송한다.
(1) 전화통화의 전체적인 내용 및 취지는 피고인이 피해자를 타이르면서 해고 통지의 수용 및 그에 따른 이행을 촉구하는 내용이 대부분이다. 그 중 피고인에게 불리하게 보이는 극히 일부의 표현만 추출하여 공소가 제기되었다. 그마저도 피해자가 해고 통지를 수용하지 않겠다는 의사를 계속 고수함에 따라 피고인이 순간적으로 격분하여 대표이사 지위에서 해고 의사를 명확히 고지하는 과정에서 일시적·충동적으로 다소 과격한 표현을 사용한 것이다.
(2) 7개의 카카오 톡 메시지는 내용 및 시간적 간격에 비추어 약 3시간 동안 총 3개의 메시지를 발송한 것에 불과하여 정보통신망법 제44조의7 제1항 제3호에서 정한 일련의 반복적 행위에 해당한다고 단정할 수 없다. 전체적인 내용은 해고의 의사표시를 명확히 고지한 것에 불과하다. 피고인과 피해자 사이에 현안이 된 해고 방식의 고용관계 종료를 둘러싼 법적 분쟁 혹은 이에 관한 협의 과정의 급박하고 격앙된 형태 내지 전개라고 볼 수 있을 뿐이다. 피해자의 불안감 등을 조성하기 위한 일련의 반복적인 행위라고 평가하기는 어렵다.

낭독 형법 판결문 50

대법원 2023. 9. 14. 선고 2023도5814 판결 [정보통신망이용촉진및정보보호등에 관한법률위반·폭행]
〈'공포심이나 불안감을 유발하는 문언 등을 반복적으로 상대방에게 도달하게 하는 행위' 해당 여부에 관한 사건〉

판시 사항

[1] 정보통신망 이용촉진 및 정보보호 등에 관한 법률 제74조 제1항 제3호, 제44조의7 제1항 제3호에서 정한 '공포심이나 불안감을 유발하는 문언을 반복적으로 상대방에게 도달하게 하는 행위'에 해당하는지 판단하는 방법 / 정보통신망을 이용한 일련의 불안감 조성행위가 정보통신망 이용촉진 및 정보보호 등에 관한 법률 제74조 제1항 제3호 위반죄에 해당하기 위한 요건

[2] 회사의 대표이사인 피고인이 피해자에게 해고를 통보하자 피해자가 반발한 상황에서, 피고인이 휴대전화를 사용하여 피해자에게 메시지를 7회 전송하고 전화를 2회 걸어 정보통신망을 통하여 공포심이나 불안감을 유발하는 문언·음향을 반복적으로 피해자에게 도달하도록 하였다는 내용으로 기소된 사안이다. 피고인의 행위는 전체적으로 일회성 내지 비연속적인 단발성 행위가 수차 이루어진 것으로 볼 여지가 있을 뿐 정보통신망을 이용하여 상대방의 불안감 등을 조성하는 일련의 행위를 반복한 경우에 해당한다고 단정할 수 없다고 한 사례.

판결 요지

[1] 정보통신망 이용촉진 및 정보보호 등에 관한 법률
제74조 제1항 제3호, 제44조의7 제1항 제3호는
정보통신망을 통하여 공포심이나 불안감을 유발하는
부호·문언·음향·화상 또는 영상을
반복적으로 상대방에게 도달하게 하는 행위를 처벌한다.
여기서 '공포심이나 불안감을 유발하는 문언을
반복적으로 상대방에게 도달하게 하는 행위'에 해당하는지는
상대방에게 보낸 문언의 내용과 그 표현 방법 및 함축된 의미,
피고인과 상대방 사이의 관계,
문언을 보낸 경위, 횟수 및 그 전후의 사정,
상대방이 처한 상황 등을 종합적으로 고려해서 판단하여야 한다.

나아가 이 범죄는
구성요건상 위 조항에서 정한 정보통신망을 이용하여
상대방의 불안감 등을 조성하는 일정 행위의 반복을
필수적인 요건으로 삼고 있을 뿐만 아니라
그 입법 취지에 비추어 보더라도
정보통신망을 이용한 일련의 불안감 조성행위가
이에 해당한다고 하기 위해서는
각 행위 상호 간에 일시·장소의 근접, 방법의 유사성,
기회의 동일, 범의의 계속 등 밀접한 관계가 있어
전체적으로 상대방의 불안감 등을 조성하기 위한
일련의 반복적인 행위로 평가할 수 있는 경우여야만 한다.

그와 같이 평가될 수 없는 일회성 내지 비연속적인 단발성 행위가
여러 번 이루어진 것에 불과한 경우에는
각 행위의 구체적 내용 및 정도에 따라
협박죄나 경범죄처벌법상 불안감 조성행위 등
별개의 범죄로 처벌할 수 있음은 별론으로 하더라도
위 법 위반죄로 처벌할 수 없다.

[2] 회사의 대표이사인 피고인이 피해자에게 해고를 통보하자 피해자가 반발한 상황에서, 피고인이 휴대전화를 사용하여 피해자에게 메시지를 7회 전송하고 전화를 2회 걸어 정보통신망을 통하여 공포심이나 불안감을 유발하는 문언·음향을 반복적으로 피해자에게 도달하도록 하였다는 내용으로 기소된 사안이다.

통화의 전체적인 내용 및 취지는 피해자의 불성실한 근무태도 및 회사 내에서의 무례한 행실과 업무용 차량의 사적 이용이 계기가 된 해고 조치와 관련하여 피고인이 피해자를 타이르면서 해고 통지의 수용 및 그

에 따른 이행을 촉구하는 내용이 대부분인데,

그중 피고인에게 불리하게 보이는 극히 일부의 표현만 추출하여 공소가 제기되었고, 그마저도 피해자가 해고 통지를 수용하지 않겠다는 의사를 계속 고수함에 따라 피고인이 순간적으로 격분하여 회사의 대표이사 지위에서 해고 의사를 명확히 고지하는 과정에서 일시적·충동적으로 다소 과격한 표현을 사용한 것으로 볼 수 있는 점,

피고인이 보낸 메시지는 그 내용 및 시간적 간격에 비추어 보면 약 3시간 동안 3개의 메시지를 피해자에게 보낸 것으로,

이러한 사정만으로 정보통신망 이용촉진 및 정보보호 등에 관한 법률 제44조의7 제1항 제3호에서 정한 일련의 반복적 행위에 해당한다고 단정할 수 없고,

그 뒤에 있었던 통화의 경우 최종적인 메시지의 발송시점으로부터 약 5시간 내지 7시간 후에 이루어졌을 뿐만 아니라 당시 피고인과 피해자 사이의 현안을 직접 대화로 해결하기 위한 시도였다는 점,

피고인이 다소 과격한 표현의 경고성 문구를 포함하여 보낸 메시지의 전체적인 내용은 더 이상 피해자와 함께 근무할 수 없다는 취지로 해고의 의사표시를 명확히 고지한 것에 불과하여,

이는 피고인과 피해자 사이에 현안이 된 해고 방식의 고용관계 종료를 둘러싼 법적 분쟁 혹은 이에 관한 협의 과정의 급박하고 격앙된 형태 내지 전개라고 볼 수 있을 뿐, 피해자의 불안감 등을 조성하기 위한 일련의 반복적인 행위라고 평가하기는 어려운 점 등을 종합하면,

피고인의 행위는 전체적으로 일회성 내지 비연속적인 단발성 행위가 수차 이루어진 것으로 볼 여지가 있을 뿐 정보통신망을 이용하여 상대방의 불안감 등을 조성하는 일련의 행위를 반복한 경우에 해당한다고 단정할 수 없다고 한 사례.

특정범죄가중처벌법
제3조 알선수재죄

공무원의 직무에 속하는 사항에 관하여 자문계약 등을 체결하고
정기적으로 그 대가를 수수하는 것이 특정범죄가중법상
알선수재죄에 해당하는지 여부가 문제된 사건

대법원 2023. 12. 28. 선고 2017도21248 판결
[수뢰후부정처사·부정처사후수뢰·
특정범죄가중처벌등에관한법률위반(알선수재)·뇌물공여]

[공소사실 요지]

피고인이 방산업체로부터 군 관계자에 대한 로비를 요청받고 그 대가로
자문료 및 활동비 명목으로 금원을 지급받았다.

검사는 피고인을 특정범죄 가중처벌 등에 관한 법률 위반(알선수재)죄로
기소하였다.

[원심 판단]

제1심법원은 피고인에게 유죄를 선고하였다.

원심법원은 피고인에게 유죄를 선고하였다.

피고인이 군 관계자들의 직무에 속하는 사항에 관하여 알선한다는 명목으
로 한국항공우주산업으로부터 돈을 수수한 사실을 인정할 수 있다.

피고인 1 및 검사(피고인들에 대하여)가 상고하였다.

[대법원 판단]

대법원은 원심판결 중 피고인 1에 대한 유죄 부분을 파기하고, 이 부분
사건을 서울고등법원에 환송한다. 검사의 피고인 피고인 2에 대한 상고와
피고인 1에 대한 나머지 상고를 모두 기각한다.

계약의 내용과 실질, 계약 체결의 경위와 목적, 피고인이 수행한 업무의
내용 등을 살펴 피고인이 경영 전반에 관한 일반적 자문을 하고 그에 대

한 보수를 수령한 것이 아니라 공무원의 직무에 속한 사항에 관하여 알선
을 의뢰받고 그 대가로 금품을 수수한 것에 해당한다고 볼 사정이 있는지
에 대하여 더 심리하였어야 한다.

낭독 형법 판결문 51

대법원 2023. 12. 28. 선고 2017도21248 판결 [수뢰후부정처사·부정처사후수뢰·
특정범죄가중처벌등에관한법률위반(알선수재)·뇌물공여]
〈공무원의 직무에 속하는 사항에 관하여 자문계약 등을 체결하고 정기적으로 그
대가를 수수하는 것이 특정범죄가중법상 알선수재죄에 해당하는지 여부가 문제된
사건〉

판시 사항

[1] 특정범죄 가중처벌 등에 관한 법률 제3조의 알선수재죄에서 '알선'
의 의미 / 공무원의 직무에 속하는 사항의 알선이 수수한 금품과 '대가
관계'가 있는지 결정하는 방법
[2] 알선수재죄가 성립하는지 판단하는 방법
[3] 의뢰 당사자를 위하여 공무원의 직무에 속하는 사항에 관한 일정한
행위를 하고 그 대가를 수수하기로 하는 등으로 타인의 사무에 관하여
자문계약 등을 체결하는 경우 알선수재죄 성립 여부 및 그 판단기준
[4] 군수 분야의 고위직 간부로 재직한 경력이 있는 피고인이 방위사업
체인 갑 주식회사와 경영자문위원 위촉계약을 체결한 후, 갑 회사의 현
안과 관련된 군 관계자 상대 로비를 요청받고 그 대가로 자문료 및 활
동비 명목으로 금원을 지급받아, 특정범죄 가중처벌 등에 관한 법률 위
반(알선수재)으로 기소된 사안이다. 공소사실을 유죄로 인정한 원심판단
에 법리오해 등의 잘못이 있다고 한 사례.

판결 해설

[1] 「특정범죄 가중처벌 등에 관한 법률」 제3조의 알선수재죄는
'공무원의 직무에 속한 사항을 알선한다는 명목'으로

금품이나 이익을

수수·요구 또는 약속함으로써 성립하는 범죄다(대법원 2014. 4. 24. 선고 2014도1631 판결 등 참조).

여기서 '알선'이라 함은

"일정한 사항에 관하여 어떤 사람과 그 상대방 사이에 서서

중개하거나 편의를 도모하는 것"을 의미한다.

그러므로 의뢰 당사자가 청탁하는 취지를 공무원에게 전하거나

의뢰 당사자를 대신하여 스스로 공무원에게 청탁하는 행위,

공무원에게 영향력을 행사하여

의뢰 당사자가 원하는 방향으로

결정이 이루어지도록 돕는 등의 행위는

모두 위 조항에서 말하는 '알선'에 해당한다(대법원 2005. 1. 28. 선고 2004도7359 판결, 대법원 2014. 10. 30. 선고 2012도12394 판결 등 참조).

공무원의 직무에 속하는 사항의 알선과 수수한 금품 사이에

'대가관계'가 있는지 여부는

해당 알선의 내용,

알선자와 이익 제공자 사이의 친분관계 여부,

이익의 다과,

이익을 수수한 경위와 시기 등 제반 사정을 종합하여 결정하되,

알선과 수수한 금품 사이에

전체적·포괄적으로 대가관계가 있으면 족하다(대법원 2016. 9. 28. 선고 2014도9903 판결 등 참조).

[2] 피고인이

의뢰 당사자를 위하여

공무원의 직무에 속하는 사항에 관한 일정한 행위를 하고

그 대가를 수수하기로 하는 등으로
타인의 사무에 관하여 자문·고문·컨설팅계약 등을 체결하는 경우,
그 계약이 구체적인 현안의 직접적 해결을 염두에 두고 체결되었고
피고인이 의뢰 당사자와 공무원 사이에 서서 중개하거나
편의를 도모하는 것에 대한 대가로서
보수를 수령하는 것이라면,
이는 알선수재행위에 해당할 수 있다.

이와 달리 그 계약이 구체적인 현안을 전제하지 않고,
업무의 효율성·전문성·경제성을 위하여
피고인의 전문적인 지식과 경험에 바탕을 둔 편의제공에 대한 대가
로서 보수가 지급되는 것이라면,
통상의 노무제공행위에 해당하여
알선수재행위에 해당하지 않는다고 볼 여지가 있다.

알선수재죄가 성립하는지 여부는
당사자가 붙인 계약의 명칭이나 형식에 구애될 것이 아니라,
자문 등의 계약이 체결된 경위와 시기가 어떠한지,
의뢰 당사자가 피고인에게 사무처리를 의뢰하고
그 대가를 제공할 만한 구체적인 현안이 존재하는지,
피고인이 지급받는 계약상 급부가 의뢰 당사자와 공무원 사이를
매개·중개한 데 대한 대가인지,
현안의 중요도나 경제적 가치 등에 비추어
자문료 등 보수의 액수나 지급조건이
사회통념·거래관행상 일반적인 수준인지,
보수가 정기적·고정적으로 지급되는지 등
종합적인 사정을 바탕으로
계약의 실질에 따라 신중하게 판단하여야 한다.

특정경제범죄법
제7조 알선수재죄

은행장에게 펀드 재판매를 요청하고 그 대가로 금원을 지급받은
변호사의 행위가 특정경제범죄법상 알선수재에 해당하는지
여부가 문제된 사건

대법원 2023. 12. 14. 선고 2022도163 판결
[특정경제범죄가중처벌등에관한법률위반(알선수재)]

[공소사실 요지]

피고인이 A자산운용 관계자로부터 'B은행장을 만나 위 자산운용의 C펀드
를 B은행에서 다시 판매해 달라는 요청을 해 달라'는 부탁을 받고, B은행
장에게 위 펀드 재판매를 요청하고 그 대가로 약 2억 원을 지급받았다.

검사는 피고인을 특정경제범죄 가중처벌 등에 관한 법률 제7조(알선수
재), 변호사법 제2조, 제3조 위반죄로 기소하였다.

[원심 판단]

제1심법원은 피고인에게 무죄를 선고하였다.

원심법원은 피고인에게 무죄를 선고하였다.

변호사인 피고인이 정식으로 법률사건을 의뢰받고 그 위임의 취지에 따라
금융회사 등의 임직원을 접촉하여 의뢰인의 입장을 전달하며 상대방을 설
득하는 것은 변호사가 수행할 수 있는 적법한 법률사무에 해당한다.

검사가 상고하였다.

[대법원 판단]

대법원은 상고를 기각한다.

▪ 낭독 형법 판결문 52 ▪

대법원 2023. 12. 14. 선고 2022도163 판결 특정경제범죄가중처벌등에관한법률위반(알선수재)

〈은행장에게 펀드 재판매를 요청하고 그 대가로 금원을 지급받은 변호사의 행위가 특정경제범죄법상 알선수재에 해당하는지 여부가 문제된 사건〉

판시 사항

[1] 특정경제범죄 가중처벌 등에 관한 법률 제7조는 변호사가 위임의 취지에 따라 수행하는 적법한 청탁이나 알선행위까지 처벌대상으로 한 규정인지 여부(소극) / 정식으로 법률사건을 의뢰받은 변호사의 경우, 금품 등의 수수 명목이 변호사의 지위 및 직무범위와 무관하다고 평가할 수 있는 때에만 위 제7조의 알선수재죄가 성립하는지 여부(적극)

[2] 변호사의 활동이 특정경제범죄법상 알선수재의 죄에 해당하기 위한 요건

판결 요지

[1] 변호사법 제2조는 변호사의 지위에 관하여
"변호사는 공공성을 지닌 법률 전문직으로서
독립하여 자유롭게 그 직무를 수행한다."라고 규정하고,
제3조는 변호사의 직무에 관하여
"변호사는 당사자와 그 밖의 관계인의 위임이나
국가·지방자치단체와 그 밖의 공공기관의 위촉 등에 의하여
소송에 관한 행위 및 행정처분의 청구에 관한 대리행위와
일반 법률사무를 하는 것을 그 직무로 한다."라고 규정하고 있다.
이러한 변호사 지위의 공공성과 직무범위의 포괄성에 비추어 볼 때,
「특정경제범죄 가중처벌 등에 관한 법률」(이하 '특정경제범죄법'이라
한다) 제7조의 규정은
변호사가 그 위임의 취지에 따라 수행하는 적법한 청탁이나
알선행위까지 처벌대상으로 한 규정이라고 볼 수 없다.

따라서 정식으로 법률사건을 의뢰받은 변호사의 경우라면,

사건의 해결을 위한 접대나 향응, 뇌물의 제공,

사적인 연고관계나 친분관계를 부정하게 이용하는 등

공공성을 지닌 법률전문직으로서의

정상적인 활동이라고 보기 어려운 방법을 내세워

의뢰인의 청탁 취지를 금융회사등의 임직원에게 전하거나

의뢰인을 대신하여 스스로 금융회사등의 임직원에게

청탁하는 행위 등을 한다는 명목으로

금품이나 그 밖의 이익을 받거나 받을 것을 약속하는 등,

금품 등의 수수의 명목이

변호사의 지위 및 직무범위와 무관하다고 평가할 수 있는 때에만

특정경제범죄법 제7조 위반죄가 성립한다.

[2] ○○ 주식회사와 주식회사 △△은행 사이에 펀드 재판매 여부 등과 관련한 분쟁이 있는 상황에서 변호사인 피고인이 ○○의 위임 취지에 따라 △△은행장을 만나 펀드 관련 상황을 설명하고 △△은행의 실무진이 당초 약속했던 대로 펀드 재판매를 이행해 달라는 ○○의 입장을 전달하며 상대방을 설득하는 것은 분쟁 해결을 위하여 약속의 이행을 촉구하거나 상대방과 협상하는 것으로서 변호사가 수행할 수 있는 적법한 법률사무에 해당하고,

검사가 제출한 증거만으로는 피고인이 의뢰인으로부터 금품을 수수한 것이 변호사로서의 지위 및 직무범위와 무관하다거나 피고인이 전적으로 △△은행장과의 친분관계를 부정하게 이용하여 청탁 내지 알선한다는 명목으로 금품을 수수하였다고 단정하기 부족하므로

특정경제범죄법 위반(알선수재)죄에 해당하지 않는다고 보아 이 사건 공소사실을 유죄로 판단한 제1심판결을 파기하고 무죄로 판단하였다.

원심 판단에 논리와 경험의 법칙을 위반하여 자유심증주의의 한계를 벗어나거나 특정경제범죄법 제7조의 알선수재죄, 변호사의 적법한 직무범위 등에 관한 법리를 오해하는 등으로 판결에 영향을 미친 잘못이 없다.

도로교통법
제44조 음주운전죄

> ### 음주운전이 의심되는 운전자가 혈중알코올농도 측정 직전에 추가로 음주를 한 사건
>
> 대법원 2023. 12. 28. 선고 2020도6417 판결
> [도로교통법위반(음주운전)]

[공소사실 요지]

피고인이 화물차를 운전하다가 사고를 낸 후 현장을 이탈하여 소주 1병을 마셨다. 이후 이루어진 음주측정에서 혈중알코올농도가 0.169%로 측정되었다. 그런데 약 두 달 후 경찰이 피고인에게 정상적인 상태에서 소주 1병을 마시도록 한 뒤 음주측정을 실시하여 혈중알코올농도가 0.115%로 측정되었다. 피고인이 0.054%의 술에 취한 상태로 화물차를 운전하였다. 검사는 피고인을 도로교통법 제44조 음주운전죄로 기소하였다.

[원심 판단]

제1심법원은 피고인에게 무죄를 선고하였다.

원심법원은 피고인에게 무죄를 선고하였다.

피고인이 소주 1병을 마셨을 경우 위드마크 공식에 따라 피고인에게 가장 유리한 수치를 적용하여 계산된 결과는 0.141%이다. 이를 사고 이후 음주측정치인 0.169%에서 공제하면 사고 당시 피고인의 혈중알코올농도 추정치는 0.028%가 된다.

검사가 상고하였다.

[대법원 판단]

대법원은 상고를 기각한다.

죄증을 인멸하기 위해 추가음주가 이루어지는 경우 정당한 형사처벌의 필

요성이 인정된다. 하지만 별도의 입법적 조치가 없는 현상황에서 위드마크 공식을 통해 혈중알코올농도를 추정할 수밖에 없다.

█ 낭독 형법 판결문 53 █

대법원 2023. 12. 28. 선고 2020도6417 판결 [도로교통법위반(음주운전)]
〈음주운전이 의심되는 운전자가 혈중알코올농도 측정 직전에 추가로 음주를 한 사건〉

판시 사항

음주운전이 의심되는 상황에서 운전자가 혈중알코올농도 측정 직전에 추가로 음주를 한 경우 위드마크 공식을 통한 혈중알코올농도 추정 방법

판결 요지

음주하고 운전한 직후에
운전자의 혈액이나 호흡 등 표본을 검사하여
혈중알코올농도를 측정할 수 있는 경우가 아니라면
이른바 위드마크(Widmark) 공식을 사용하여
수학적 방법에 따른 계산결과로
운전 당시의 혈중알코올농도를 추정할 수 있다.
운전시부터 일정한 시간이 경과한 후에
음주측정기 또는 혈액채취 등에 의하여 측정한 혈중알코올농도는
운전시가 아닌 측정시의 수치에 지나지 않는다.
그러므로 운전시의 혈중알코올농도를 구하기 위하여는
여기에 운전시부터 측정시까지의
알코올분해량을 더하는 방식이 사용된다.
일반적으로 범죄구성요건 사실의 존부를 알아내기 위하여

위와 같은 과학공식 등의 경험칙을 이용하는 경우에는
그 법칙 적용의 전제가 되는 개별적이고 구체적인 사실에 관하여
엄격한 증명을 요한다고 할 것이다.
시간의 경과에 의한 알코올의 분해소멸에 관해서는
평소의 음주정도, 체질, 음주속도, 음주 후 신체활동의 정도 등이
시간당 알코올분해량에 영향을 미칠 수 있다.
그러므로 특별한 사정이 없는 한
해당 운전자의 시간당 알코올분해량이
평균인과 같다고 쉽게 단정할 것이 아니라
증거에 의하여 명확히 밝혀야 한다.
증명을 위하여 필요하다면
전문적인 학식이나 경험이 있는 사람들의 도움 등을 받아야 한다.
만일 공식을 적용할 때 불확실한 점이 남아 있고
그것이 피고인에게 불이익하게 작용한다면
그 계산 결과는 합리적인 의심을 품게 하지 않을 정도의
증명력이 있다고 할 수 없다(대법원 2000. 10. 24. 선고 2000도3307 판결, 대법원 2000. 10. 24. 선고 2000도3145 판결, 대법원 2000. 12. 26. 선고 2000도2185 판결 등 참조).
그러나 시간당 알코올분해량에 관하여
알려져 있는 신빙성 있는 통계자료 중
피고인에게 가장 유리한 것을 대입하여
위드마크 공식을 적용하여
운전시의 혈중알코올농도를 계산하는 것은
피고인에게 실질적인 불이익을 줄 우려가 없다.
그러므로 그 계산 결과는 유죄의 인정자료로 사용할 수 있다고 하여야 한다(대법원 2001. 6. 26. 선고 99도5393 판결 등 참조).

의 료 법
제33조 의료법인 개설 위반죄

비의료인이 개설자격을 위반하여 의료법인 명의 의료기관을
개설·운영하였는지 여부가 문제된 사건

대법원 2023. 7. 17. 선고 2017도1807 전원합의체 판결
[특정경제범죄가중처벌등에관한법률위반(사기)·의료법위반]

[공소사실 요지]

비의료인인 피고인이 개설자격을 위반하여 의료법인 명의 의료기관을 개설·운영하였다.

피고인은 의료인의 자격이 없는 일반인(이하 '비의료인'이라고 한다)에 해당하여 의료기관 개설자격이 없음에도 형식적으로 의료법인 ○○의료재단(이하 '이 사건 의료법인'이라고 한다)의 설립허가를 받은 다음, 그 법인의 이사장으로 취임하여 의료법인 ○○의료재단 △△요양병원(이하 '이 사건 의료기관'이라고 한다)의 개설신고를 하고 의사 등을 직접 고용하여 그들로 하여금 다수의 환자들을 상대로 진료행위를 하게 함으로써, 적법한 의료기관 개설인 것처럼 가장한 채 의료기관 개설자격을 위반하여 이 사건 의료기관을 개설·운영하였다.

검사는 피고인을 구 의료법(2015. 12. 29. 법률 제13658호로 개정되기 전의 것) 제33조 제2항, 제87조 제1항 제2호(현행 제87조 참조) 의료법인 개설 위반죄로 기소하였다.

[원심 판단]

제1심법원은 피고인에게 유죄를 선고하였다.

원심법원은 피고인에게 유죄를 선고하였다.

의료법인 설립허가를 받을 때 일부 재산출연을 가장한 점, 임직원들에게 과다한 급여를 지급함으로써 영리를 목적으로 의료법인을 운영한 점, 의

료법인의 이사나 감사가 정상적으로 활동하였다고 보기 어려운 점 등을 들어, 비의료인인 피고인이 의료기관 개설자격을 위반하여 의료기관을 개설한 경우에 해당한다.

피고인이 상고하였다.

[대법원 판단]

대법원은 원심판결을 파기하고, 사건을 대구고등법원에 환송한다.

(1) 피고인이 의료법인 이사장의 지위에서 의료기관의 개설·운영에 관한 사항을 주도적으로 처리하였던 것으로 보인다.

(2) 그러나 피고인이 재산출연을 일부 가장하였다거나 일정 기간 동안 고액의 급여를 지급받았다는 사정만으로는 실체를 갖추지 못한 의료법인을 악용하였다거나 의료법인의 공공성, 비영리성을 일탈하였다고 인정하기에 부족하다.

(3) 그러므로 피고인의 재산출연 가장이 의료법인 설립허가에 영향을 미치는 사항인지, 피고인이나 그 배우자의 고액급여 수령이 합리적 범위의 급여 인상에 의한 것인지 등을 추가로 심리하여 판단할 필요가 있다.

(4) 대법원은 일부 사정만을 근거로 유죄로 판단한 원심판결을 파기·환송한다.

(5) 대법관 박정화, 대법관 민유숙, 대법관 김선수, 대법관 이흥구, 대법관 오경미의 반대의견과, 다수의견에 대한 대법관 안철상의 보충의견이 있다.

낭독 형법 판결문 54

대법원 2023. 7. 17. 선고 2017도1807 전원합의체 판결 [특정경제범죄가중처벌등에관한법률위반(사기)·의료법위반]

〈비의료인이 개설자격을 위반하여 의료법인 명의 의료기관을 개설·운영하였는지 여부가 문제된 사건〉

판시 사항

[1] 의료인 개인 명의로 개설된 의료기관이 구 의료법 제33조 제2항에서 정한 의료기관 개설자격 위반에 해당하는지 판단하는 기준

[2] 의료인 개인 명의로 개설된 의료기관의 개설자격 위반 여부에 관한

판단 기준을 의료법인 명의로 개설된 의료기관의 개설자격 위반 여부에 관한 판단에 그대로 적용할 수 있는지 여부(소극) 및 비의료인이 의료법인 명의로 개설된 의료기관에 관여하는 경우, 구 의료법 제33조 제2항에서 정한 의료기관 개설자격 위반에 해당하는지 판단하는 기준

판결 요지

[1] 대법원은 의료인 개인 명의로 개설된 의료기관이
실질적으로 의료인의 자격이 없는
일반인(이하 '비의료인'이라 한다)에 의하여
개설·운영된 것인지에 대하여,

비의료인이
의료기관의 시설 및 인력의 충원·관리,
개설신고, 의료업의 시행, 필요한 자금의 조달,
운영성과의 귀속 등을
주도적인 입장에서
처리하였는지를 기준으로 판단하면서,

비의료인이
필요한 자금을 투자하여 시설을 갖추고
유자격 의료인을 고용하여
그 명의로 의료기관을 개설한 행위는
형식적으로만 적법한 의료기관의 개설로 가장한 것일 뿐
실질적으로는
비의료인이 의료기관을 개설한 경우에
해당한다고 판단하여 왔다.

또한 소비자생활협동조합법에 의하여 설립된
소비자생활협동조합 명의로 의료기관 개설신고가 된 경우에도

위와 같은 법리를 적용하여 왔다.

[2] [다수의견] (가) 의료법인 명의로 개설된 의료기관의 경우,
의료인의 자격이 없는
일반인(이하 '비의료인'이라 한다)의 주도적 출연 내지
주도적 관여만을 근거로
비의료인이
의료기관을 개설·운영한 것으로 평가하기 어렵다.

비의료인이
의료기관의 개설·운영 등에 필요한 자금 전부 또는 대부분을
의료법인에 출연하거나
의료법인 임원의 지위에서
의료기관의 개설·운영에 주도적으로 관여하는 것은
의료법인의 본질적 특성에 기초한 것으로서
의료법인의 의료기관 개설·운영을 허용한
의료법에 근거하여
비의료인에게 허용된 행위이다.

비의료인의 주도적 자금 출연 내지
주도적 관여 사정만을 근거로
비의료인이 실질적으로
의료기관을 개설·운영하였다고 판단할 경우,
허용되는 행위와 허용되지 않는 행위의 구별이
불명확해져 죄형법정주의 원칙에 반할 수 있다.

(나) 따라서 의료법인 명의로 개설된 의료기관을
실질적으로 비의료인이 개설·운영하였다고 판단하려면,
비의료인이

의료법인 명의 의료기관의 개설·운영에
주도적으로 관여하였다는 점을 기본으로 하여,
비의료인이
외형상 형태만을 갖추고 있는 의료법인을
탈법적인 수단으로 악용하여
적법한 의료기관 개설·운영으로
가장하였다는 사정이 인정되어야 한다.

이러한 사정은
다음 두 가지 사항 중
어느 하나에 해당되면 인정될 수 있다.
첫째는 비의료인이
실질적으로 재산출연이 이루어지지 않아
실체가 인정되지 아니하는 의료법인을
의료기관 개설·운영을 위한 수단으로 악용한 경우이고,

둘째는 의료법인의 재산을 부당하게 유출하여
의료법인의 공공성, 비영리성을 일탈한 경우이다.

전자는 의료법인 중 '법인'에 관한 사항이고,
후자는 의료법인 중 '의료'에 관한 사항이다.

① 재산이 출연되지 않은 의료법인은
의료기관을 개설·운영할 시설과 자금이 없어
스스로 의료기관을 개설·운영할 수 없다.
재산이 출연되지 않아
시설과 자금이 없는 의료법인의 명의로 의료기관이 개설되었더라도
그 의료기관은 필연적으로 의료법인이 아닌
제3자가 실질적으로 개설·운영하였다고 평가될 수밖에 없다.

비의료인이 실질적인 재산출연 없이
주무관청인 시·도지사를 기망하여
의료법인 설립허가를 받은 경우라면
의료기관을 개설·운영할 시설과 자금이 없는 의료법인을
의료기관 개설의 외형만을 갖추기 위하여
설립한 것으로 평가할 수 있다.
따라서 위와 같이 형식만을 갖춘 의료법인을 설립한 비의료인이
의료법인 명의 의료기관의 개설·운영을 주도하였다면
비의료인이 의료법인을 탈법적인 수단으로 악용하여
적법한 의료기관 개설·운영으로 가장한 채
실질적으로는
비의료인 자신이
의료기관을 개설·운영하였다고 보아야 한다.

② 의료법인은
의료기관 개설·운영 목적으로
의료법에 근거하여 설립되는 것으로
[구 의료법(2015. 12. 29. 법률 제13658호로 개정되기 전의 것, 이하
같다) 제33조 제2항 제3호 참조],
의료법이 의료법인에 법인격을 부여하고
의료기관 개설·운영 자격을 인정한 전제인
공공성과 비영리성이 유지되어야 한다.

비의료인이
의료법인 명의로 의료기관을 개설·운영하면서
공공성, 비영리성을 일탈하였다면,
외형상으로 그 형태만을 갖추고 있는 의료법인을

탈법적인 수단으로 악용하여
적법한 의료기관 개설·운영으로 가장하였다고 보아야 한다.

형식적으로
의료법인 명의로 의료기관이 개설·운영되었더라도,
비의료인이 의료법인을 지배하면서
의료기관 운영수익 등을
상당한 기간 부당하게 유출하는 등
공공성, 비영리성을 일탈한 경우라면,
공공성, 비영리성을 전제로
의료기관 개설자격을 부여받은 의료법인의 규범적 본질이
유지되었다고 보기 어렵다.

③ 다만 의료법인 설립과정에 하자가 있었다는 사정이나
비의료인이
의료법인의 재산을 일시적으로 유출하였다는 정황만을 근거로
곧바로 비의료인이 의료기관 개설자격을 위반하여
의료기관을 개설·운영하였다고 평가할 수는 없다.

의료법인 설립과정의 하자가
의료법인 설립허가에 영향을 미치거나
의료기관 개설·운영이 실질적으로 불가능할 정도에 이르는 것인지나
의료법인의 재산이 유출된 정도, 기간, 경위 및 이사회 결의 등
정당한 절차나 적정한 회계처리 절차가 있었는지 등을
종합적으로 고려하여
의료법인의 규범적 본질이 부정될 정도에 이르러
의료기관 개설·운영을 위한 탈법적인 수단으로 악용되었다고
평가될 수 있는지를 판단해야 한다.

[대법관 박정화, 대법관 민유숙, 대법관 김선수, 대법관 이흥구, 대법관 오경미의 반대의견]

의료법인 명의로 개설된 의료기관을

실질적으로

비의료인이 개설·운영하였다고 판단하는 기준은

개인 명의 의료기관이나

소비자생활협동조합 명의로 개설된 의료기관에 관한 선례와

마찬가지로 해석, 적용되어야 한다.

구 의료법 제33조 제2항 위반죄에 관한 구성요건해당성과

고의의 핵심적인 징표는,

비의료인이

의료기관의 개설·운영에

주도적으로 관여하였다는 점을 기본으로 하여

의료법인의 공공성 및 비영리성이 형해화되고

비의료인 개인의 사적 이익을 추구하는

탈법적 수단으로 악용되었다는 데에 있다.

따라서 비의료인이

의료법인을 설립한 실질적 목적과 동기, 설립과정의 적정성,

의료법인 내부의 의사결정방식, 의료업 운영 행태,

자산관리 및 수익의 귀속 양상 등

의료법인의 설립과 운영의 전반에 나타난 구체적 사정을

종합적으로 고려하여,

비의료인 개인의 사적 이익 추구로

의료법인의 공공성 및 비영리성이 형해화되어

의료법인에 대하여

예외적으로 의료기관 개설자격을 부여하는
의료법의 입법 취지가
몰각되었다고 볼 정도에 이르렀는지를 중심으로 이를 판단해야 한다.

구 의료법 제33조 제2항 위반행위는
의료기관 개설과 운영이라는 전 과정을 통하여
행위자의 단일하고 계속된 범의로 이루어지는 것임에도,

다수의견은 이러한 특성을 충분히 고려하지 않은 채
구성요건해당성 및 고의의 판단을 위한
여러 간접사실을 의료법인 설립에 관한 사항과
의료법인 운영에 관한 사항으로
형식적, 도식적으로 나누어 제시한 것이어서
타당하지 않다.

이러한 기준으로는
피고인의 행위와 고의를
전체적, 통합적으로 파악하기 어렵고,
그 결과 의료법인 명의 의료기관의 경우
개설자격 위반의 인정 범위가
지나치게 축소되는 결과를 초래한다.

이에 따르면 영리 목적 의료기관의 개설을 억지하여
의료의 적정을 기하고 국민의 건강을 보호, 증진하고자 하는
의료법의 입법 목적을 해치고 나아가
국민건강보험 재정의 건전성을 위협할 우려가 있다.
이러한 점에서 다수의견에 동의할 수 없다.

스토킹처벌법
제2조 스토킹범죄(빌라 소음 사건)

수개월간 반복하여 고의로 소음을 발생시킨 행위가
스토킹범죄에 해당하는지 문제된 사건

대법원 2023. 12. 14. 선고 2023도10313 판결
[스토킹범죄의처벌등에관한법률위반]

[공소사실 요지]

빌라 아래층에 살던 피고인이 불상의 도구로 여러 차례 벽 또는 천장을 두드려 '쿵쿵' 소리를 내어 이를 위층에 살던 피해자의 의사에 반하여 피해자에게 도달하게 한 사안이다.

검사는 구 스토킹범죄의 처벌 등에 관한 법률(2023. 7. 11. 법률 제19518호로 개정되기 전의 것) 제2조 제1호, 제2호 위반죄로 기소하였다.

[원심 판단]

제1심법원은 피고인에게 유죄를 선고하였다.

원심법원은 피고인에게 유죄를 선고하였다.

이 사건 빌라 아래층에 살던 피고인이 불상의 도구로 여러 차례 벽 또는 천장을 두드려 '쿵쿵' 소리를 내어 이를 위층에 살던 피해자의 의사에 반하여 피해자에게 도달하게 한 행위가 객관적으로 불안감 또는 공포심을 일으킬 정도로 평가되는 스토킹행위에 해당한다. 원심은 이 사건 공소사실(무죄부분 제외)을 유죄로 판단한 제1심의 판단을 유지하였다.

피고인이 상고하였다.

[대법원 판단]

대법원은 상고를 기각한다.

피고인은 층간소음 기타 주변의 생활소음에 불만을 표시하며 수개월에 걸쳐 이웃들이 잠드는 시각인 늦은 밤부터 새벽 사이에 반복하여 도구로 벽을 치거나 음향기기를 트는 등으로 피해자를 비롯한 주변 이웃들에게 큰

소리가 전달되게 하였다. 피고인의 반복되는 행위로 다수의 이웃들은 수 개월 내에 이사를 갈 수밖에 없었다. 피고인은 이웃의 112 신고에 의하여 출동한 경찰관으로부터 주거지 문을 열어 줄 것을 요청받고도 '영장 들고 왔냐'고 하면서 대화 및 출입을 거부하였을 뿐만 아니라 주변 이웃들의 대화 시도를 거부하고 오히려 대화를 시도한 이웃을 스토킹혐의로 고소하는 등 이웃 간의 분쟁을 합리적으로 해결하려 하기보다 이웃을 괴롭힐 의도로 위 행위를 한 것으로 보인다. 피고인과 피해자의 관계, 구체적 행위 태양 및 경위, 피고인의 언동, 행위 전후의 여러 사정들에 비추어 보면, 피고인의 행위는 층간소음의 원인 확인이나 해결방안 모색 등을 위한 사회 통념상 합리적 범위 내의 정당한 이유 있는 행위에 해당한다고 볼 수 없다. 객관적·일반적으로 상대방에게 불안감 내지 공포심을 일으키기에 충분하다고 보인다. 나아가 위와 같은 일련의 행위가 지속되거나 반복되었으므로 '스토킹범죄'를 구성한다. 원심판결을 수긍하여 상고를 기각하였다.

[참조조문]
[1] 구 스토킹범죄의 처벌 등에 관한 법률(2023. 7. 11. 법률 제19518호로 개정되기 전의 것) 제2조 제1호, 제2호 [2] 구 스토킹범죄의 처벌 등에 관한 법률(2023. 7. 11. 법률 제19518호로 개정되기 전의 것) 제2조 제1호, 제2호

[참조판례]
[1] 대법원 2023. 9. 27. 선고 2023도6411 판결(공2023하, 1979)

낭독 형법 판결문 55

대법원 2023. 12. 14. 선고 2023도10313 판결 [스토킹범죄의처벌등에관한법률위반]
〈수개월간 반복하여 고의로 소음을 발생시킨 행위가 스토킹범죄에 해당하는지 문제된 사건〉

판시 사항

[1] 구 스토킹범죄의 처벌 등에 관한 법률 제2조 제1호 각 목의 행위가 객관적·일반적으로 볼 때 상대방에게 불안감 또는 공포심을 일으키기에 충분한 정도라고 평가되는 경우, 현실적으로 상대방이 불안감 내지 공포심을 갖게 되었는지와 관계없이 '스토킹행위'에 해당하는지 여부(적극)

및 이때 위 조항의 행위가 객관적·일반적으로 볼 때 상대방에게 불안감 또는 공포심을 일으키기에 충분한 정도인지 판단하는 방법 / 스토킹처벌법상 스토킹행위 및 스토킹범죄 해당 여부 판단 방법

[2] 빌라 아래층에 살던 피고인이 불상의 도구로 여러 차례 벽 또는 천장을 두드려 '쿵쿵' 소리를 내어 이를 위층에 살던 피해자의 의사에 반하여 피해자에게 도달하게 하였다는 공소사실로 스토킹범죄의 처벌 등에 관한 법률 위반죄로 기소된 사안이다.

피고인의 위 행위는 층간소음의 원인 확인이나 해결방안 모색 등을 위한 사회통념상 합리적 범위 내의 정당한 이유 있는 행위라고 볼 수 없고, 객관적·일반적으로 상대방에게 불안감 내지 공포심을 일으키기에 충분하며, 위와 같은 일련의 행위가 지속·반복되었으므로 '스토킹범죄'를 구성한다고 본 원심판단을 정당하다고 한 사례.

판결 요지

구「스토킹범죄의 처벌 등에 관한 법률」(2023. 7. 11. 법률 제19518호로 개정되기 전의 것. 이하 '구 스토킹처벌법'이라 한다) 제2조 제1호는 "'스토킹행위'란 상대방의 의사에 반하여

정당한 이유 없이 상대방 또는 그의 동거인, 가족에 대하여

다음 각 목의 어느 하나에 해당하는 행위를 하여

상대방에게 불안감 또는 공포심을 일으키는 것을 말한다."라고 규정하고,

그 유형 중 하나로 '상대방 등에게 직접 또는 제3자를 통하여

글·말·부호·음향·그림·영상·화상을 도달하게 하거나

주거 등 또는 그 부근에 물건 등을 두는 행위'를 들고 있다(라. 목).

그리고 같은 조 제2호는 "'스토킹범죄'란 지속적 또는 반복적으로 스토킹행위를 하는 것을 말한다."라고 규정한다.

스토킹행위를 전제로 하는 스토킹범죄는
행위자의 어떠한 행위를 매개로

이를 인식한 상대방에게 불안감 또는 공포심을 일으킴으로써
그의 자유로운 의사결정의 자유 및 생활형성의 자유와 평온이
침해되는 것을 막고
이를 보호법익으로 하는
위험범이라고 볼 수 있다.

그러므로 구 스토킹처벌법 제2조 제1호 각 목의 행위가
객관적·일반적으로 볼 때
이를 인식한 상대방으로 하여금
불안감 또는 공포심을 일으키기에 충분한 정도라고 평가될 수 있다면
현실적으로 상대방이
불안감 내지 공포심을 갖게 되었는지 여부와 관계없이
'스토킹행위'에 해당한다.

나아가 그와 같은 일련의 스토킹행위가
지속되거나 반복되면 '스토킹범죄'가 성립한다.
이때 구 스토킹처벌법 제2조 제1호 각 목의 행위가
객관적·일반적으로 볼 때
상대방으로 하여금
불안감 또는 공포심을 일으키기에 충분한 정도인지는
행위자와 상대방의 관계·지위·성향,
행위에 이르게 된 경위,
행위 태양,
행위자와 상대방의 언동,
주변의 상황 등
행위 전후의 여러 사정을 종합하여
객관적으로 판단하여야 한다(대법원 2023. 9. 27. 선고 2023도6411 판결
참조).

스토킹처벌법
제2조 스토킹범죄(피해자·자녀 접근 사건)

> ### 스토킹범죄 성립을 위해서 피해자의 현실적인 불안감 내지 공포심이 필요한지 여부 등이 문제된 사건
>
> 대법원 2023. 9. 27. 선고 2023도6411 판결
> [스토킹범죄의처벌등에관한법률위반]

[공소사실 요지]

피고인은 피해자 공소외인(여, 33세)과 2009. 12.경 결혼하여 4명의 자녀를 두고, 2017. 11.경 피고인의 가정폭력 등으로 이혼하였다. 피해자는 피고인과 이혼한 후 혼자서 자녀들을 양육해오다 2021. 3.경 피고인으로부터 강간 피해를 당하고 피고인을 상대로 피해자 및 자녀들에 대한 접근금지명령을 신청하는 등 피고인을 만나는 것에 대해 공포심을 갖고 있었다.

피고인은 2022. 10. 15. 11 : 56경 충남 홍성군 (주소 생략)인 피해자의 주거지에 찾아가 피해자의 의사에 반하여 현관문 앞에서 피해자 및 자녀들을 만나기 위하여 기다리는 등의 방법으로 피해자에게 불안감 또는 공포심을 일으킨 것을 비롯하여 그때부터 같은 해 11. 18.경까지 별지 범죄일람표 순번 2 내지 7 기재와 같이 총 6회에 걸쳐 같은 방법으로 피해자의 의사에 반하여 정당한 이유 없이 피해자의 주거지에서 피해자 및 자녀들을 기다리거나, 문을 열어달라고 소리치는 등의 방법으로 피해자 및 자녀들에게 접근하여 피해자에게 불안감 또는 공포심을 일으키는 행위를 하였다. 이로써 피고인은 지속적 또는 반복적으로 스토킹행위를 하였다.

검사는 구 스토킹범죄의 처벌 등에 관한 법률(2023. 7. 11. 법률 제19518호로 개정되기 전의 것) 제2조 제1호, 제2호 위반죄로 기소하였다.

[원심 판단]

제1심법원은 피고인에게 유죄를 선고하였다.

피해자와 같은 상황에 처한 보통의 여성을 기준으로 할 때 피고인의 위각 행위가 피해자에게 불안감 또는 공포심을 일으켰을 것으로 봄이 타당하다. 위 각 행위도 스토킹범죄를 구성한다.

원심법원은 피고인에게 유죄를 선고하였다.

이 사건 개별 공소사실 행위 전부(원심 별지 범죄일람표 순번 2 내지 7의 각 행위)가 객관적·일반적 관점에서 상대방으로 하여금 불안감 또는 공포심을 일으키기에 충분한 행위로 평가된다.

피고인이 상고하였다.

[대법원 판단]

대법원은 상고를 기각한다.

이 사건 공소사실 중 일부(원심 별지 범죄일람표 순번 2 내지 5)는 피고인과 피해자의 평소 관계, 피고인이 피해자의 주거에 찾아가게 된 경위, 피해자의 언동, 출동 경찰관들의 대응 등에 비추어 객관적·일반적 관점에서 상대방으로 하여금 불안감 또는 공포심을 일으키기에 충분한 행위로 단정하기 어려운 측면이 있다. 그러나 스토킹행위의 본질적 속성상 비교적 경미한 수준의 개별 행위라 하더라도 그러한 행위가 반복되어 누적될 경우 상대방이 느끼는 불안감 또는 공포심이 비약적으로 증폭될 가능성이 충분하다. 피고인이 1개월 남짓의 짧은 기간에 위 행위뿐만 아니라 피고인 스스로도 피해자에게 불안감 또는 공포심을 일으키기에 충분한 행위임을 인정하는 행위(원심 별지 범죄일람표 순번 6)를 반복하였다. 그러므로 단기간에 수차례 반복된 순번 2 내지 6 행위는 누적적·포괄적으로 불안감 또는 공포심을 일으키기에 충분한 하나의 스토킹행위를 구성한다고 볼 수 있다. 그 직후 또다시 불안감 또는 공포심을 일으키기에 충분한 순번 7의 행위를 반복하였다. 그러므로 결국 원심 별지 범죄일람표 순번 2 내지 7의 각 행위가 포괄하여 '스토킹범죄'를 구성한다.

낭독 형법 판결문 56

대법원 2023. 9. 27. 선고 2023도6411 판결 [스토킹범죄의처벌등에관한법률위반]

〈스토킹범죄 성립을 위해서 피해자의 현실적인 불안감 내지 공포심이 필요한지 여부 등이 문제된 사건〉

구 스토킹범죄의 처벌 등에 관한 법률 제2조 제1호 각 목의 행위가 객관적·일반적으로 볼 때 이를 인식한 상대방으로 하여금 불안감 또는 공포심을 일으키기에 충분한 정도라고 평가되는 경우, 현실적으로 상대방이 불안감 내지 공포심을 갖게 되었는지 여부와 관계없이 '스토킹행위'에 해당하는지 여부(적극) / 이때 구 스토킹범죄의 처벌 등에 관한 법률 제2조 제1호 각 목의 행위가 객관적·일반적으로 볼 때 상대방으로 하여금 불안감 또는 공포심을 일으키기에 충분한 정도인지를 판단하는 방법

[1] 스토킹행위를 전제로 하는 스토킹범죄는
행위자의 어떠한 행위를 매개로
이를 인식한 상대방에게
불안감 또는 공포심을 일으킴으로써
그의 자유로운 의사결정의 자유 및 생활형성의 자유와 평온이
침해되는 것을 막고
이를 보호법익으로 하는
위험범이라고 볼 수 있다.

그러므로 구 스토킹범죄의 처벌 등에 관한 법률(2023. 7. 11. 법률 제19518호로 개정되기 전의 것. 이하 '구 스토킹처벌법'이라 한다)
제2조 제1호 각 목의 행위가
객관적·일반적으로 볼 때
이를 인식한 상대방으로 하여금
불안감 또는 공포심을 일으키기에 충분한 정도라고 평가될 수 있다면
현실적으로 상대방이 불안감 내지 공포심을 갖게 되었는지 여부와 관계없이 '스토킹행위'에 해당한다.

나아가 그와 같은 일련의 스토킹행위가

지속되거나 반복되면 '스토킹범죄'가 성립한다.

이때 구 스토킹처벌법 제2조 제1호 각 목의 행위가 객관적·일반적으로 볼 때 상대방으로 하여금 불안감 또는 공포심을 일으키기에 충분한 정도인지는 행위자와 상대방의 관계·지위·성향, 행위에 이르게 된 경위, 행위 태양, 행위자와 상대방의 언동, 주변의 상황 등 행위 전후의 여러 사정을 종합하여 객관적으로 판단하여야 한다.

[2] 상대방의 의사에 반하여 정당한 이유 없이 상대방 또는 그의 가족 등에 대하여 접근하거나 따라다니는 스토킹행위는 그 행위의 본질적 속성상 비교적 경미한 수준의 개별 행위라 하더라도 그러한 행위가 반복되어 누적될 경우 상대방이 느끼는 불안감 또는 공포심이 비약적으로 증폭될 가능성이 충분한 점,

피고인이 1개월 남짓의 짧은 기간에 위 각 행위뿐만 아니라 피고인 스스로도 불안감 또는 공포심을 일으키기에 충분한 행위임을 인정하는 원심 별지 범죄일람표 순번 6 행위에까지 나아가 같은 취지의 행위를 반복하였음을 고려하면,

단기간에 수차례 반복된 순번 2 내지 6 행위는 누적적·포괄적으로 불안감 또는 공포심을 일으키기에 충분한 일련의 행위로 평가할 수는 있다.

결국 피고인은 위와 같이 누적적·포괄적으로 일련의 '스토킹행위'를 구성한다고 볼 수 있는 원심 별지 범죄일람표 순번 2 내지 6의 행위에 더하여 그로 인하여 이미 불안감 또는 공포심을 느낀 상태에 이른 피해자를 상대로 그 직후에 다시 불안감 또는 공포심을 일으키기에 충분한 순번 7의 행위까지 반복하였으므로,

원심 별지 범죄일람표 순번 2 내지 7의 각 행위가 포괄하여 '스토킹범죄'를 구성한다고 본 원심의 판단은 앞서 본 바와 같이 판시에 부적절한 부분은 있으나 결론에 있어서 수긍할 수 있고,

거기에 논리와 경험의 법칙을 위반하여 자유심증주의의 한계를 벗어나거나 구 스토킹처벌법 위반죄의 성립에 관한 법리를 오해함으로써 판결에 영향을 미친 잘못이 없다.

스토킹처벌법
제2조 스토킹범죄(전화·문자 발신 사건)

> 상대방에게 전화를 걸어 벨소리를 울리게 하거나 '부재중 전화
> 문구'가 표시되도록 한 행위 및 그 내용이 밝혀지지 않은
> 상대방과의 전화통화 행위가 스토킹처벌법상 스토킹행위에
> 해당하는지 여부가 문제된 사건
>
> ─────────────────────────
> 대법원 2023. 5. 18. 선고 2022도12037 판결
> [스토킹범죄의처벌등에관한법률위반·정보통신망이용촉진및
> 정보보호등에관한법률위반]

[공소사실 요지]

피고인은 피해자의 의사에 반하여 정당한 이유 없이 정보통신망을 이용하여 피해자에게 글·말을 도달하게 하여 불안감 또는 공포심을 일으켰다. 검사는 피고인을 스토킹범죄의 처벌 등에 관한 법률 제2조 제1호 (다)목, 제2호 위반죄로 기소하였다.

[원심 판단]

제1심법원은 일부 무죄를 선고하였다.

원심법원은 일부 무죄를 선고하였다.

스토킹처벌법 위반의 공소사실 중 일부에 대해서는 피고인과 피해자 사이의 전화통화 내용이 밝혀지지 않았다는 이유로, 또 다른 일부에 대해서는 피해자가 전화를 받지 않았다면 벨소리가 울리고 부재중 전화 문구가 표시되었다고 하더라도 피고인이 정보통신망을 통하여 전송한 음향, 글, 부호에 해당하지 않는다는 등의 이유로 각 무죄로 판단하였다.

검사가 상고하였다.

[대법원 판단]

대법원은 원심판결을 파기하고, 사건을 부산지방법원에 환송한다.

피고인이 피해자에게 전화를 걸어 피해자와 전화통화를 하거나 피해자의 휴대전화에 발신자 정보 없음 표시 또는 부재중 전화 표시가 남겨지도록 한 행위는 스토킹처벌법 제2조 제1호 다목의 스토킹행위에 해당할 여지가 크다. 그러므로 그 행위가 피해자의 의사에 반하여 정당한 이유 없이 지속적 또는 반복적으로 이루어져 스토킹범죄에 해당하는지 여부를 심리·판단하였어야 한다. 원심판결을 파기·환송하였다.

낭독 형법 판결문 57

대법원 2023. 5. 18. 선고 2022도12037 판결 [스토킹범죄의처벌등에관한법률위반·정보통신망이용촉진및정보보호등에관한법률위반]

〈상대방에게 전화를 걸어 벨소리를 울리게 하거나 '부재중 전화 문구'가 표시되도록 한 행위 및 그 내용이 밝혀지지 않은 상대방과의 전화통화 행위가 스토킹처벌법상 스토킹행위에 해당하는지 여부가 문제된 사건〉

[판시 사항]

[1] 전화를 걸어 상대방의 휴대전화에 벨소리가 울리게 하거나 부재중 전화 문구 등이 표시되도록 하여 상대방에게 불안감이나 공포심을 일으키는 행위가 실제 전화통화가 이루어졌는지와 상관없이 스토킹범죄의 처벌 등에 관한 법률 제2조 제1호 (다)목에서 정한 스토킹행위에 해당하는지 여부(적극)

[2] 상대방의 의사에 반하여 정당한 이유 없이 전화를 걸어 상대방과 전화통화를 하여 말을 도달하게 한 경우, 전화통화 내용이 불안감 또는 공포심을 일으키는 것이었음이 밝혀지지 않더라도 스토킹범죄의 처벌 등에 관한 법률 제2조 제1호 (다)목 스토킹행위에 해당할 수 있는지 여부(한정 적극) / 상대방과 전화통화 당시 아무런 말을 하지 않아 '말을 도달하게 하는 행위'에 해당하지 않더라도 위 조항 스토킹행위에 해당할 수 있는지 여부(한정 적극)

판결 요지

[1] 스토킹범죄의 처벌 등에 관한 법률
(이하 '스토킹처벌법'이라 한다)의 문언, 입법 목적 등을 종합하면,
피고인이 전화를 걸어
피해자의 휴대전화에 벨소리가 울리게 하거나
부재중 전화 문구 등이 표시되도록 하여
상대방에게 불안감이나 공포심을 일으키는 행위는
실제 전화통화가 이루어졌는지와 상관없이
스토킹처벌법 제2조 제1호 (다)목에서 정한 스토킹행위에 해당한다.

[2] 피고인이
피해자의 의사에 반하여 정당한 이유 없이 전화를 걸어
피해자와 전화통화를 하여 말을 도달하게 한 행위는,
전화통화 내용이 불안감 또는
공포심을 일으키는 것이었음이 밝혀지지 않더라도,
피고인과 피해자의 관계, 지위, 성향, 행위 전후의
여러 사정을 종합하여
전화통화 행위가
피해자의 불안감 또는 공포심을 일으키는 것으로 평가되면,
스토킹범죄의 처벌 등에 관한 법률 제2조 제1호 (다)목 스토킹행위
에 해당하게 된다.

설령 피고인이 피해자와의 전화통화 당시 아무런 말을 하지 않아
'말을 도달하게 하는 행위'에 해당하지 않더라도
피해자의 수신 전 전화 벨소리가 울리게 하거나
발신자 전화번호가 표시되도록 한 것까지 포함하여
피해자에게 불안감이나 공포심을 일으킨 것으로 평가된다면
'음향, 글 등을 도달하게 하는 행위'에 해당하므로
마찬가지로 위 조항 스토킹행위에 해당한다.

식품위생업법
제37조 즉석판매제조·가공업죄

식품위생법상 식품제조·가공업 중 영업등록이 요구되는 업종과
영업신고가 요구되는 업종의 구별이 문제된 사건

대법원 2023. 12. 21. 선고 2023도8730 판결
[식품위생법위반·사기·공무집행방해]

[공소사실 요지]

피고인이 자신의 주거지에서 영업등록을 하지 아니한 채 식초를 제조·발
효하는 식품제조업을 하고, 피고인이 직접 제조·발효한 식초 7병('이 사건
식초')을 판매하였다.

검사는 피고인을 식품위생법 제36조 제1항, 제3항, 식품위생법 시행령 제
21조 제2호, 식품위생법 시행규칙 제37조 [별표 15] 제1호, 제2호 위반죄
로 기소하였다.

[원심 판단]

제1심법원은 피고인에게 유죄를 선고하였다.

원심법원은 피고인에게 유죄를 선고하였다.

피고인이 제조·판매한 식초의 제조기간이 7년에 이른다거나 식품위생법령
상 식초는 즉석판매제조·가공 대상 식품에서 제외된다는 점에 비추어 이
사건 식초의 제조·판매행위는 즉석판매제조·가공업에 해당하지 않는다.
이 부분 공소사실을 모두 유죄로 판단하였다.

피고인이 상고하였다.

[대법원 판단]

대법원은 원심판결을 파기하고, 사건을 춘천지방법원에 환송한다.

식품위생법령상 영업신고가 요구되는 즉석판매제조·가공업의 대상식품 여
부와 관련하여 식품의 제조기간은 고려할 사항이 아니다. 식품위생법 시

행규칙 제37조 [별표 15] 제1호와 제2호의 각 행위유형 및 대상 식품을 구별해야 한다. 그러므로 영업등록이 요구되는 식품제조·가공업이 아니라 영업신고가 요구되는 즉석판매제조·가공업에 해당할 여지가 있다. 이와 달리 피고인의 이 사건 식초 제조행위가 영업등록이 필요한 식품제조업에 해당한다. 원심판결을 파기·환송하였다.

■ 낭독 형법 판결문 58 ■

대법원 2023. 12. 21. 선고 2023도8730 판결 [식품위생법위반·사기·공무집행방해]
〈식품위생법상 식품제조·가공업 중 영업등록이 요구되는 업종과 영업신고가 요구되는 업종의 구별이 문제된 사건〉

판시 사항

[1] 식품위생법상 즉석판매제조·판매업의 대상 식품인지 여부를 판단할 때 제조기간을 고려해야 하는지 여부(소극), [2] 즉석판매제조·가공업자가 식품위생법 시행규칙 제37조 [별표 15] 제1호의 식품을 스스로 제조·가공하여 판매하는 경우, 같은 조 [별표 15] 제2호 단서의 제한을 받는지 여부(소극)

판결 요지

[1] 식품위생법령에 의하면, 식품제조·가공업은 영업등록이 요구되나(식품위생법 제37조 제5항, 같은 법 시행령 제26조의2 제1항 제1호), 즉석판매제조·가공업은 영업신고가 요구된다(식품위생법 제37조 제4항 전단, 같은 법 시행령 제25조 제1항 제2호).

즉석판매제조·가공업이란 '총리령으로 정하는 식품을 제조·가공업소에서 직접 최종소비자에게 판매하는 영업'을 말한다(식품위생법 제36조 제3항, 같은 법 시행령 제21조 제2호).

즉석판매제조·가공업의 대상인 '총리령으로 정하는 식품'은 '식품제조·가공업에서 제조·가공할 수 있는 식품에 해당하는

모든 식품(통·병조림 식품 제외)'(식품위생법 시행규칙 제37조 [별표 15]
제1호)과
'식품제조·가공업의 영업자가 제조·가공한 식품으로
즉석판매제조·가공업소 내에서
소비자가 원하는 만큼 덜어서 직접
최종 소비자에게 판매하는 식품'(같은 별표 제2호 본문)을 의미하는데,
후자의 경우 식초 등 일부 식품은 제외된다(같은 별표 제2호 단서).

[2] 이와 같이 식품위생법령은
통·병조림 식품을 제외한 모든 식품을
즉석판매제조·가공업의 대상 식품으로 규정하는 한편,
식품 제조기간의 장단에 따라
이를 달리 취급하지 않고 있다(같은 별표 제1호 참조).
또한 식품위생법령은
식품제조·가공업자가 제조·가공한 것을
즉석판매제조·가공업자가
자신의 업소 내에서 직접 최종 소비자에게 판매하는 경우에는
식초 등 일부 식품을 즉석판매제조·가공업의 대상 식품에서
제외시키고 있는바(같은 별표 제2호 단서 참조),
즉석판매제조·가공업자가
같은 별표 제1호에 정한 식품을
스스로 제조·가공하여 판매하는 경우에는
같은 별표 제2호 단서의 제한을 받지 않는다고 보아야 한다.

조세범처벌법
제10조 세금계산서의 발급의무 위반죄

실물거래 없이 허위 세금계산서를 발급·수취하였는지 여부가 문제된 사건

대법원 2023. 12. 21. 선고 2022도13402 판결
[조세범처벌법위반]

[공소사실 요지]

피고인 2의 대표이사 피고인 1이 이 사건 각 거래에 관하여 발급·수취한 세금계산서가 실물거래 없이 허위로 작성되었는지 여부가 문제된 사안이다. 피고인 1은 피고인 2 회사(이하 '피고인 회사'라 한다)의 대표이사, 피고인 회사는 아스팔트 운송사업 등을 목적으로 설립된 법인이다. (1) 피고인 1은 2014. 12. 21.경 피고인 회사 사무실에서, 피고인 회사가 공소외 1 회사에 아스팔트를 공급한 사실이 없음에도 허위로 작성한 매출세금계산서 1매를 발급하고, 피고인 회사가 공소외 2 회사로부터 아스팔트를 공급받은 사실이 없음에도 허위로 작성한 매입세금계산서 1매를 수취하였으며, (2) 피고인 회사는 그 대표이사인 피고인 1이 피고인 회사의 업무에 관하여 위와 같이 허위 세금계산서를 발급하고 수취하는 행위를 하였다는 것이다.

검사는 피고인들에게 구 「조세범 처벌법」(2018. 12. 31. 법률 제16108호로 개정되기 전의 것, 이하 같다) 제10조 제3항 제1호 위반죄로 기소하였다.

[원심 판단]

제1심법원은 피고인들에게 무죄를 선고하였다.

원심법원은 피고인들에게 무죄를 선고하였다.

이 사건 각 거래가 가장거래라는 사실에 대한 증명이 부족하다.

(1) 이 사건 각 거래에 관하여 공소외 2 회사, 피고인 회사, 공소외 1 회

사 간에 실질적으로 이 사건 아스팔트를 인도 또는 양도하기로 하는 구속력 있는 합의가 있었다고 보이고 피고인 회사는 이 사건 매입거래 및 이 사건 매출거래를 하였다고 인정하였다.

(2) 피고인들이 이 사건 각 거래를 하게 된 것이 수출실적 증대 목적에서 비롯되었다는 이유만으로 이 사건 각 거래를 가장거래라고 보기 어렵다.

(3) 달리 검사가 피고인들이 실물거래의 의사 없이 이 사건 각 거래에 참여할만한 목적이나 동기에 관하여 납득할만한 설명을 하지 못하고 있다.

(4) 이 사건 각 거래가 가장거래임이 합리적인 의심을 할 여지가 없을 정도로 입증되었다고 볼 수 없다. 피고인들을 유죄로 판단한 제1심판결을 파기하고 무죄로 판단하였다.

검사가 항소하였다.

[대법원 판단]

대법원은 원심판결을 파기하고, 사건을 제주지방법원에 환송한다.

이 사건 각 거래에 관하여 실질적인 교섭을 거쳐 구속력 있는 합의에 이르렀다거나 실제로 아스팔트를 구입하여 수출할 진정한 의사가 있었다고 인정하기 어렵다. 피고인 2는 이 사건 각 거래가 가공거래에 해당한다는 이유로 내려진 처분의 취소를 구하는 소를 제기하였으나 패소한 바 있다. 그러므로 원심으로서는 관련 행정사건에서 가공거래를 인정한 이유와 근거 등을 심리할 필요가 있었다. 피고인 1은 이 사건 각 거래 당시 수출실적 증대를 위해 실물거래 없이 세금계산서를 수수한다는 점을 인식하고 있었다고 보인다. 이와 달리 무죄로 판단한 원심판결을 파기·환송하였다.

낭독 형법 판결문 59

대법원 2023. 12. 21. 선고 2022도13402 판결 [조세범처벌법위반]

〈실물거래 없이 허위 세금계산서를 발급·수취하였는지 여부가 문제된 사건〉

판시 사항

[1] 자유심증주의의 의미와 한계 및 사실심 법원이 자유심증주의의 한계를 벗어나거나 필요한 심리를 다하지 아니하는 등으로 판결 결과에 영향을 미친 경우, 상고심의 심판대상에 해당하는지 여부(적극)

[2] 실물거래 없이 가공의 세금계산서를 발급·수취한 행위를 처벌하는 구「조세범 처벌법」제10조 제3항 제1호의 취지 및 이때 재화나 용역을 공급하기로 하는 계약을 체결하는 등 실물거래가 있다고 하기 위한 요건

판결 요지

형사소송법은 증거재판주의와 자유심증주의를 기본원칙으로 한다.
범죄사실의 인정은 증거證據에 의한다.
증거의 증명력證明力은 법관法官의 자유판단自由判斷에 의하도록 하고 있다.
그러나 이는 그것이 실체적 진실발견에 적합하기 때문이다.
법관의 자의적인 판단을 인용한다는 것은 아니다.

그러므로 비록 사실의 인정이 사실심의 전권이라 하더라도
범죄사실이 인정되는지 여부는
논리와 경험법칙에 따라야 한다.
충분한 증명력이 있는 증거를 합리적 이유 없이 배척하거나
반대로 객관적인 사실에 명백히 반하는 증거를
근거 없이 채택·사용하는 것은
자유심증주의의 한계를 벗어나는 것으로서
법률 위반에 해당한다(대법원 2007. 5. 10. 선고 2007도1950 판결, 대법원 2015. 8. 20. 선고 2013도11650 전원합의체 판결 참조).

또한 범죄의 유무 등을 판단하기 위한 논리적 논증을 하는데
반드시 필요한 사항에 대한 심리를 다하지도 아니한 채
합리적 의심이 없는 증명의 정도에 이르렀는지에 대한 판단에
섣불리 나아가는 것 역시
실체적 진실발견과 적정한 재판이 이루어지도록 하려는
형사소송법의 근본이념에 배치되는 것으로서 위법하다.

그러므로 사실심 법원으로서는,

형사소송법이 사실의 오인을 항소이유로는 하면서도

상고이유로 삼을 수 있는 사유로는 규정하지 아니한 데에 담긴 의미가

올바르게 실현될 수 있도록

주장과 증거에 대하여 신중하고 충실한 심리를 하여야 한다.

그에 이르지 못하여

자유심증주의의 한계를 벗어나거나

필요한 심리를 다하지 아니하는 등으로

판결 결과에 영향을 미친 때에는,

사실인정을 사실심 법원의 전권으로 인정한 전제가

충족되지 아니하는 것이다.

그러므로 당연히 상고심의 심판대상에 해당한다(대법원 2016. 10. 13.
선고 2015도17869 판결 등 참조).

구 「조세범 처벌법」(2018. 12. 31. 법률 제16108호로 개정되기 전의
것, 이하 같다) 제10조 제3항 제1호는

재화 또는 용역을 공급하지 아니하거나 공급받지 아니하고

부가가치세법에 따른 세금계산서를 발급하거나

발급받은 행위를 처벌하고 있다.

이는 실물거래 없이 세금계산서를 수수하는 행위를 처벌함으로써

세금계산서 수수질서의 정상화를 도모하기 위한 것이다(대법원 2014. 4.
30. 선고 2012도7768 판결, 대법원 2020. 10. 15. 선고 2020도118 판결 등 참조).

여기서 재화나 용역을 공급하기로 하는 계약을 체결하는 등

실물거래가 있다는 것은

당사자 사이에

재화나 용역을 공급하기로 하는 구속력 있는 합의가 있음을 의미한
다(대법원 2012. 11. 15. 선고 2010도11382 판결 등 참조).

가정폭력처벌법
제55조 임시보호명령·제63조
피해자보호명령 위반죄

**피해자보호명령 및 임시보호명령의 효력과
그 위반죄 성립이 문제되는 사건**

대법원 2023. 7. 13. 선고 2021도15745 판결
[가정폭력범죄의처벌등에관한특례법위반]

[공소사실 요지]

피고인이 피해자의 핸드폰으로 전화를 걸거나 피해자에게 문자메시지를 전송함으로써 임시보호명령 또는 피해자보호명령을 위반하였다고 기소된 사안이다.

피고인은 피해자 공소외인(여, 45세)의 전 남편으로, 2019. 10. 16. 서울가정법원으로부터 "피해자보호명령 결정 시까지 피해자의 핸드폰 또는 이메일주소로 유선, 무선, 광선 및 기타의 전자적 방식에 의하여 부호, 문언, 음향 또는 영상을 송신하지 아니할 것을 명한다."라는 내용의 임시보호명령(이하 '이 사건 임시보호명령'이라 한다)을 받아 같은 달 25일 그 임시보호명령을 송달받고, 2020. 1. 9. 위와 같은 내용의 피해자보호명령(이하 '이 사건 피해자보호명령'이라 한다)을 받아 2020. 1. 15. 그 피해자보호명령을 송달받았다.

그럼에도 피고인은 2020. 1. 12.부터 2020. 2. 21.까지 사이에 공소장 별지 범죄일람표(1) 순번 13 기재와 같이 피해자의 핸드폰으로 전화를 걸거나 공소장 별지 범죄일람표(3) 순번 133 내지 145 기재와 같이 13회에 걸쳐 피해자에게 문자메시지를 전송함으로써 총 14회에 걸쳐 이 사건 임시보호명령 또는 피해자보호명령을 위반하였다.

검사는 피고인을 가정폭력범죄의 처벌 등에 관한 특례법 제2조 제3호, 제

11조, 제12조, 제40조 제1항, 제55조의2 제1항 제2호 위반죄로 기소하였다.

[원심 판단]

제1심법원은 일부 유죄, 이 사건 임시보호명령 또는 피해자보호명령을 위반죄에 대해 무죄를 선고하였다. 제1심 형(2020고단1657 사건의 판시 제1범죄: 징역 6월 집행유예 2년, 나머지 판시 범죄: 벌금 1,000만 원)

원심법원은 일부 유죄, 이 사건 임시보호명령 또는 피해자보호명령을 위반죄에 대해 무죄를 선고하였다.

임시보호명령에 대해서는 피해자보호명령으로 효력이 상실되었다고 보고 피해자보호명령에 대해서는 항소심에서 취소되어 소급하여 효력이 상실되었다. 무죄를 선고하였다.

검사가 상고하였다.

[대법원 판단]

대법원은 원심판결 중 무죄 부분을 파기하고, 이 부분 사건을 서울동부지방법원에 환송한다.

임시보호명령이 가정폭력행위자에게 고지되어 효력이 발생하였다면, 피해자보호명령이 가정폭력행위자에게 고지되어 효력이 발생할 때까지 임시보호명령은 계속하여 효력을 유지한다. 그러므로 임시보호명령 위반으로 인한 가정폭력처벌법위반죄가 성립한다. 피해자보호명령이 항고심에서 절차적 사유로 취소되었음에 불과한 이상 피해자보호명령에서 금지를 명한 행위를 한 경우에는 피해자보호명령 위반으로 인한 가정폭력처벌법위반죄가 성립한다.

▌낭독 형법 판결문 60 ▐

대법원 2023. 7. 13. 선고 2021도15745 판결 [가정폭력범죄의처벌등에관한특례법위반]

〈피해자보호명령 및 임시보호명령의 효력과 그 위반죄 성립이 문제되는 사건〉

판시사항

가정폭력범죄의 처벌 등에 관한 특례법상 피해자보호명령 및 임시보호명령 제도의 취지 / 같은 법 제55조의4 제2항에서 임시보호명령의 종기로 정한 '피해자보호명령의 결정 시'의 의미 및 결정 주문에서 종기를 제한하지 않은 임시보호명령이 가정폭력행위자에게 고지되어 효력이 발생한 후 적법한 피해자보호명령이 가정폭력행위자에게 고지되어 효력이 발생할 때까지의 사이에 가정폭력행위자가 임시보호명령에서 금지를 명한 행위를 한 경우, 임시보호명령 위반으로 인한 같은 법 위반죄가 성립하는지 여부(적극) / 같은 법 제63조 제1항 제2호에서 정한 '피해자보호명령을 받고 이를 이행하지 아니한 가정폭력행위자'의 의미 및 항고심에서 절차적 사유로 취소된 피해자보호명령에서 금지를 명한 행위를 한 경우, 피해자보호명령 위반으로 인한 같은 법 위반죄가 성립하는지 여부(적극)

판결 요지

[1] 가정폭력범죄의 처벌 등에 관한 특례법('가정폭력처벌법')은
종래 가정폭력범죄(제2조 제3호)에 대해서
검사가 가정보호사건으로 처리하고 관할 법원에 송치하거나(제11조)
법원이 가정폭력행위자에 대한 피고사건을 심리한 결과 관할 법원에 송치한 사건(제12조)을 전제로
판사가 심리를 거쳐 하는 보호처분(제40조 제1항)만을
규정하고 있었다.

그러나 2011. 7. 25. 법률 제10921호로 도입된
피해자보호명령 제도는
피해자가 가정폭력행위자와 시간적·공간적으로 밀착되어
즉시 조치를 취하지 않으면
피해자에게 회복할 수 없는 피해를 입힐 가능성이 있을 때
수사기관과 소추기관을 거치지 않고
스스로 안전과 보호를 위하여
직접 법원에 보호를 요청할 수 있도록 하는 한편

그러한 명령을 위반한 경우에는 형사처벌을 함으로써
피해자 보호를 강화하려는 취지에서 도입되었다.

임시보호명령 제도는
피해자보호명령 결정 전에
신속하게 피해자를 보호하고자 하는 취지에서 도입되었다.

위와 같은 규정의 체계와 내용, 입법 취지 등에 비추어 볼 때,
가정폭력처벌법 제55조의4 제2항에서
임시보호명령의 종기로 정한 "피해자보호명령의 결정 시"는
그 결정이 가정폭력행위자에게 고지됨으로써
효력이 발생한 때를 의미한다.

따라서 일단 임시보호명령이 가정폭력행위자에게 고지되어
효력이 발생하였다면
결정 주문에서 종기를 제한하지 않는 이상
적법한 피해자보호명령이 가정폭력행위자에게 고지되어
효력이 발생할 때까지
임시보호명령은 계속하여 효력을 유지하므로
가정폭력행위자가
그 사이에 임시보호명령에서 금지를 명한 행위를 한 경우에는
임시보호명령 위반으로 인한 가정폭력처벌법 위반죄가 성립한다.

나아가 가정폭력처벌법 제63조 제1항 제2호가 정한
'피해자보호명령을 받고 이를 이행하지 아니한 가정폭력행위자'란
피해자의 청구에 따라
가정폭력행위자로 인정되어
피해자보호명령을 받았음에도
이행하지 않은 사람을 말하고,

피해자보호명령이 항고심에서 절차적 사유로
취소되었음에 불과한 이상
피해자보호명령에서 금지를 명한 행위를 한 경우에는
피해자보호명령 위반으로 인한 가정폭력처벌법 위반죄가 성립한다.

[2] 서울가정법원은 이 사건 임시보호명령의 종기를 '피해자보호명령 결정 시'까지로 정하였을 뿐 달리 이를 제한하지 않았다. 따라서 이 사건 임시보호명령의 효력은 적법하게 피해자보호명령의 효력이 발생할 때까지 그대로 유지된다. 그런데 제1 행위는 이 사건 피해자보호명령이 피고인에게 고지되기 전에 이루어졌고 행위 당시에는 이 사건 임시보호명령의 효력이 여전히 유지되고 있었으므로 불이행죄가 성립한다.

이 사건 피해자보호명령은 2020. 1. 15. 피고인에게 송달되었다가 이를 취소하고 서울가정법원 단독재판부로 환송한다는 내용의 2020. 3. 26. 자 항고심 결정이 있었지만 절차적 사유로 취소되었음에 불과하므로 이를 위반한 제2 행위에 대해서도 불이행죄가 성립한다.

따라서 제1, 2 행위에 관하여 이 사건 임시보호명령 또는 피해자보호명령 위반으로 인한 가정폭력처벌법 위반죄가 성립한다고 봄이 타당하다. 이와 달리 제1, 2 행위 당시에 이미 이 사건 임시보호명령의 효력이 상실되었거나 이 사건 피해자보호명령이 항고심에서 취소됨으로써 효력이 상실되었음을 전제로 제1, 2 행위에 관하여 이 사건 임시보호명령 또는 피해자보호명령 위반으로 인한 가정폭력처벌법 위반죄가 성립하지 않는다고 본 원심의 판단에는 임시보호명령, 피해자보호명령의 효력에 관한 법리를 오해하여 판결에 영향을 미친 잘못이 있다. 이를 지적하는 검사의 상고이유 주장은 이유 있다.

그러므로 원심판결 중 무죄 부분을 파기하고, 이 부분 사건을 다시 심리·판단하도록 원심법원에 환송하기로 하여, 관여 대법관의 일치된 의견으로 주문과 같이 판결한다.

형법 법률용어 외국어 표기법

가. 여기에 중요한 법률용어를 몇 가지 소개하고자 한다. 법률용어 표기에 참고자료가 되었으면 한다. 외국에서 유학생활을 하는 사람은 공부기간 동안 자기만의 『법률용어집』을 만들어야 한다. 학문연구 기본이기 때문이다. 유학 초기부터 시작하여 정리하고 다듬어야 한다. 언어연구자가 되어야 한다. 필자가 제시한 유형을 참고하여 독창적인 『법률용어소사전』을 집필하기 바란다. 여러 나라 유학생들이 공동으로 작업을 한다면, 훌륭한 사전이 될 것이다.

나. 법학 학문을 시작하려면, 정확한 국어가 기본이 되어야 한다. 외국어를 배우는 이유는 정확한 한국어와 함께 전공 내용과 의미를 풍성하게 가꾸기 위한 것이다. 한국어가 안 되면서 시도하는 연구는 무의미한 것이다. 외국어 문체로 된 번역문장은 가독성이 없다. 관계문장을 묶어서 긴 문체로 쓰는 이유를 알 수가 없다. 누구를 위한 글인지 궁금하다.

다. 읽는 사람은 한국인이다. 정확한 이해와 국어 어순으로 번역과 통역을 해야 한다. 단문이 최고 문장이라 생각한다. 번역자와 통역자는 정확한 단문을 기본으로 삼아야 한다. 유학생들이 겪는 어려움이다.

라. 학생들에게 당부하는 말이다. "간결체와 건조체를 사용하라. 정확한 단문이다. 첨단기기를 사용하여 좋은 내용은 수시로 번역하라. 후배들을 위해 학문 사다리를 놓아라. 좋은 번역은 후배들을 위한 진정한 배려다. 학문은 지식을 통한 사회 공헌이다. 더 나은 세상을 위한 노력이다."

마. 이 법률용어집은 형법총론에 중심을 두었다. 향후 개정판에서 형법각론을 다룰 것이다. 동양 언어와 서양 언어를 함께 배워서 한국어를 더 다듬기를 기원한다. 두 언어의 문장구조를 깊이 연구하기를 바란다. 여러 참고문헌을 참조하였다. 다음에 더 나은 내용을 약속드린다.

• 형법

ⓗ刑法　ⓒ刑法　ⓓStrafrecht　ⓔcriminal law / penal law　ⓕdroit pénal
ⓘdiritto penale / legge penale　ⓢderecho penal / ley penal

형법은 어떤 행위가 범죄로 처벌되고, 어떤 형벌을 부가할 것인지 규정한 법규범이다. 구성요건과 법률효과로 이루어져 있다. 중국 당률(唐律)・대명률(大明律)・경국대전(經國大典)・형법대전(刑法大全)・조선형사령(朝鮮刑事令)・형법(刑法, 1953) 순으로 발전하였다.

• 형법전

ⓗ刑法典　ⓒ刑法典　ⓓStrafgesetzbuch　ⓔcriminal code / penal code
ⓕcode / pénal / criminel　ⓘcp, codice penale
ⓢcódigo criminal / código penal

형법전은 협의 형법이다. 1953년 9월 18일 법률 제293호로 공포되었다. 1953년 10월 3
일부터 시행되고 있다. 형법전은 총칙(總則・總則・Allgemeiner Teil・general part・
diespositions・partie générale・Parte generale・Parte general)과 각칙(各則・各
則・Besonder Teil・Partie spéciale・Parte speciale・Parte especial)으로 구성된다.
총칙은 범죄와 형벌의 일반요소를, 각칙은 범죄와 형벌을 규정하고 있다. 각칙은 실질적
형법이다. 형법 이외에 특별형법과 행정형법이 있다. 도로교통법・교통사고처리특례법・
특정범죄가중처벌법・특정경제가중처벌법・폭력행위처벌법・성폭력처벌 및 피해자보호
법・아동청소년보호법・여신금융업법・부정수표단속법・통신비빌보호법 등이 있다.

형사소송법

ⓗ刑事訴訟法　ⓒ刑事訴訟法　ⓓStrafprozeßordnung
ⓔcode criminal procedure　ⓕcode pénal procédure
ⓘcodice procedura penale　ⓢcódigo de procedimiento penal

형사법원 /

ⓗ刑事法院　ⓒ刑事法院　ⓓStrafgericht　ⓔcriminal court　ⓕtribunal pénal
ⓘtribunale penale　ⓢtribunal penal

형사법정 /

ⓗ刑事法廷　ⓒ刑事法廷　ⓓStrafkammer　ⓔcriminal division　ⓕchambre
ⓘcriminelle chambre / correctionnelle / sezione / penale　ⓢdivisión criminal

형사판사 /

ⓗ刑事判事　ⓒ刑事判事　ⓓStrafrichter　ⓔcriminal court judge
ⓕjuge de la cour criminelle　ⓘgiudice criminale　ⓢjuez de la corte criminal

• 죄형법정주의

ⓗ罪刑法定主義　ⓒ罪刑法定主義　ⓓGesetzlichkeitsprinzip
ⓔprinciple of legality　ⓕprincipe de légalité　ⓘprincipio di legalità
ⓢprincipio de legalidad

"법률이 없으면, 범죄도 없고, 형벌도 없다." 라틴어이다. 「nullum crimen sine lege.
nulla poena sine lege.」 독일 형법학자 포이에르바흐(Feuerbach)는 근대 형법 기본
원리를 말했다. 국가가 어떤 행위를 범죄로 처벌하려면, 범죄와 형벌은 반드시 행위 전
에 법률로 정해져 있어야 한다. no crime without law.

• 법률주의

ⓗ法律主義　ⓒ法律主義　ⓓLegalismus　ⓔLegalism / rule of law
ⓕJuridisme　ⓘlegalismo　ⓢprincipio de legalidad

법률을 제정하여 법적 효력을 부여한다. legal(legal·lawful), Legitimation, Legitimität (合法性·legitimacy)

• 신법우선원칙 / 경한법우선원칙

Ⓗ新法優先主義 　ⒸⒹ新法优先主義
ⒹDas Prinzip des neuen Rechts zuerst / Vorrang des mildesten Gesetzes
ⒺThe principle of the new law first / Priority of the mildest law
ⒻLe principe de la nouvelle loi d'abord / Priorité de la loi la plus douce
⒤Il principio della nuova legge prima / Priorità della legge più blanda
ⓈEl principio de la nueva ley primero / Prioridad de la ley más suave

법령이 새로 제정·개정되어 법령 내용에 충돌이 생겼을 때, 신법이 구법에 먼저 적용된다. 경미한 법 우선원칙이다. 특별법 우선 원칙이다. 특별법 형벌이 중한 경우 소급하지 못한다.

• 명확성원칙

Ⓗ明確性原則 　Ⓒ明确性塬則 　ⒹBestimmtheitsprinzip 　ⒺCertainty principle
ⒻPrincipe de Certitude 　⒤Principio di certezza 　ⓈPrincipio de certeza

명확성은 헌법 원칙이다. 기본권을 제한하는 법규범 내용은 명확해야 한다. 국민들이 법률을 읽고, 무엇이 허용되고 금지되는 것인지, 어떻게 형벌이 부과되는지, 명확하게 판단할 수 있어야 한다. 구성요건 명확성과 제재 명확성이다. 예견가능하고, 가치판단이 가능하고, 형벌이 명확해야 한다.

• 소급효금지원칙

Ⓗ遡及效禁止原則 　Ⓒ遡及效禁止塬則 　ⒹRückwirkungsverbot 　ⒺRetroactivity
Ⓕrétroactivité 　⒤retroattività 　ⓈRetroactividad / Retroactividad

범죄와 형벌은 행위 당시 법률을 적용한다. 현대 형법 일반원리이다.

• 유추금지

Ⓗ類推禁止 　Ⓒ類推禁止 　ⒹAnalogieverbot 　Ⓔanalogical interpretation
Ⓕinterdiction d'analogie 　⒤divieto di analogia
Ⓢprohibición de analogía / interpretación analógica

법률에 규정이 없는 사항에 대해 유사한 성질을 가진 법률을 적용하는 것을 금지한다. 형법 해석원칙이다. 형벌 법규에 처벌 대상으로 명시되지 않은 사항에 대하여 비슷한 법규를 가져와서 유추적용을 해서는 안 된다.

• 적법절차

Ⓗ適法節次 　Ⓒ适法節次 　Ⓓrechtsliches Gehör 　ⒺDue process of law
Ⓕdroit d'être entendu / En raison de la loi
⒤diritto di essere ascoltato / Processo legale
Ⓢderecho a ser escuchado / Debido proceso legal

법률에 규정된 절차에 따라 법을 적용한다.

- **보충성원칙**

  ⒣補充性原則　⒤補充性塬則　ⒹSubsidiaritätsprinzip
  Ⓔprinciple of subsidiarity　Ⓕprincipe de subsidiarité
  Ⓘprincipio di sussidiarietà　Ⓢprincipio de subsidiariedad
  형법 이외 다른 수단이 없는 경우 최후 수단으로 적용된다.

- **한시법**

  ⒣限時法　⒤限時法　ⒹZeitgesetz　Ⓔtemporary law
  ⒡Loi sur le temps / loi temporaire　⒤Atto tempo / legge temporanea
  ⒮Ley vez / ley temporal
  한시법은 제한된 유효기간을 명기하여 제정되는 법률이다. 일시적 사정에 대응하기 위한
  법률이다. 유효기간이 끝나면 가벌성 근거는 소멸한다. 「귀속재산처리에 관한 특별조치
  법」, 「반민족행위처벌법」, 「부동산 소유권이전 등기 등에 관한 특별조치법」, 「올림픽기
  간시위금지법」 등이 있었다. 판례는 동기설을 채택하고 있다. 법적 견해 변경이면, 가벌
  성(추급)은 소멸한다.

- **해석**

  ⒣解釋　⒤解釋　ⒹAuslegung　Ⓔinterpretation　Ⓕinterprétation
  Ⓘinterpretazione　Ⓢinterpretación
  법규범 의미를 분명히 밝히는 것이다. 문리해석·논리해석·목적해석·헌법합치해석이
  있다. 목적해석이 법률해석 왕관이다. 주관적 역사해석(입법자 의사)과 객관적 목적해석
  (법규 현재 의미)이다. 문리해석·논리해석·목적해석·헌법합치해석방법을 모두 동원해
  야 완전한 법률해석이 가능하다.

- **속지주의**

  ⒣屬地主義　⒤屬地主義　ⒹTerritorialitätsprinzip　Ⓔprinciple of territoriality
  Ⓕprincipe de territorialité　Ⓘprincipio di territorialità
  Ⓢterritorialidad / principio de territorialidad
  우리나라 영역 안(비행기·선박 포함 기국주의)에서 발생한 범죄는 대한민국 형법을 적
  용한다.

- **속인주의**

  ⒣屬人主義　⒤屬人主義　ⒹPersonalitätsprinzip　Ⓔprinciple of personality
  ⒡Principe de la personnalité / principe de personnalité
  ⒤Principio di personalità　⒮Principio de la personalidad
  대한민국 사람이 저지른 범죄는 범죄지와 상관없이 대한민국 형법을 적용한다(적극적
  속인주의).

- **보호주의**

  ⒣保護主義　⒤保護主義
  ⒹSchutzprinzip / Prinzip des Schutzes　Ⓔprotection principle / Principle of

protection
Ⓕprincipe de la protection / Principe de protection
Ⓘprincipio di protezione / Principio di protezione
Ⓢprincipio de protección

대한민국·대한민국 국민의 법익을 침해하는 범죄는 범행자와 범죄지와 상관없이 대한민국 형법을 적용한다(형법 제5조·제6조).

• 세계주의

Ⓗ世界主義　Ⓒ世界主義　ⒹWeltrechtsprinzip　ⒺUniversal jurisdiction
ⒻLa compétence universelle　ⒾGiurisdizione universale
ⓈLa jurisdicción universal / Jurisdicción universal

문명국가 공통 법익 침해범죄는 대한민국 형법을 적용한다. 형법 제296조2는 세계주의를 규정하고 있다. 형법 제287조·제288조·제289조·제290조·제291조·제292조·제294조는 대한민국 영역 밖에서 죄를 범한 경우에도 대한민국 형법이 적용된다. 미성년자 약취 유인과 인신매매행위는 범죄행위자 국적과 범죄지와 상관없이 대한민국 형법이 적용된다.

• 정의 / 개념

Ⓗ定義 / 槪念　Ⓒ定義 / 槪念　ⒹDefinition　Ⓔdefinition　Ⓕdéfinition
Ⓘdefinizione　Ⓢdefinición

정의는 단어·사물 뜻을 명백히 밝혀 규정하는 것이다.

• 이론 / 실무 / 이론과 실무

Ⓗ理論 / 實務 / 理論と實務　Ⓒ理論 / 實務 / 理論与實踐 / 理論與實踐
ⒹTheorie / Praxis / Theorie und Praxis
Ⓔtheory / practice / theory and practice
Ⓕthéorie / pratique / théorie et pratique　Ⓘteoria / pratica / teoria e pratica
Ⓢteoría / práctica / teoría y práctica

이론은 사물·현상 이치를 논리적으로 일반화한 체계이다. 이론은 많은 관측 결과에 대한 일반적인 설명이다. 실무는 실제적이고 구체적인 업무이다. 형사실무란 형사사건을 다루는 업무이다. 형사소송실무·형사재판실무·형사수사실무 등이 있다.

• 법익 / 보호법익

Ⓗ法益·保護法益　Ⓒ法益·保護法益　ⒹRechtsgut　Ⓔlegally protected right
Ⓕintérêt légal / droit légalement protégé
Ⓘinteressi legali / diritto legalmente protetto
Ⓢinterés legal / derecho legalmente protegido

법익은 어떤 법률이 보호하려는 이익이다. 형법으로 침해가 금지된 개인·사회공동체·국가의 이익·가치를 말한다. 보호법익은 사회적 추상적 관념적 가치이다. 살인죄는 사람생명이다. 협박죄는 의사결정자유와 의사활동자유이다. 주거침입죄는 사실상 주거평온이다. 절도죄는 타인 재물 소유권이다. 성범죄는 성에 대한 피해자 자기결정권이다. 명예훼손죄는 외적 명예이다. 문서죄는 문서거래안전과 문서거래신용이다. 공무집행방해죄는 공무이다. 위증죄는 국가사법기능이다. 증거인멸죄도 국가사법기능이다. 무고죄는 국가심판기능이다.

• 범죄

Ⓗ犯罪　ⓒ犯罪　ⒹDelikt　Ⓔoffense　Ⓕinfraction　Ⓘreato　Ⓢdelito

범죄는 법률로 형벌을 과하는 행위이다. 범죄본질은 법익침해이다. 행위반가치(Erfolgsunwert)・결과반가치(Handlungsunwert)・심정반가치(Gesinnungsunwert)이다. 범죄는 죄질에 따라 중죄(Verbrechen, Verbrecher, crime, felony, indictable offence, kriminal, felon. culprit)・경죄(Vergehen, misdemeanaur, misdemeanor)로 분류된다. 형법은 "범죄를 범하다"(vergehen sich. commit, an indecent assault)라고 표현한다.

• 친고죄

Ⓗ親告罪　ⓒ親告罪　ⒹAntragsdelikt
Ⓔoffence, requiring an application for prosecution
Ⓕinfraction, nécessitant une demande de poursuite
Ⓘoffesa, richiedere una richiesta di procedimento giudiziario
Ⓢofensa, requiriendo una solicitud de enjuiciamiento

친고죄는 피해자・그 밖에 고소권자가 고소를 해야 공소를 제기할 수 있는 범죄이다. 피해자 불이익 범죄와 경미한 범죄에 인정되는 인도적 소추조건이다. 친고죄는 모욕죄・사자명예훼손죄 등이 있다. 한편 반의사불벌죄(反意思不罰罪)가 있다. 피해자가 처벌을 원하지 않는다는 표시를 명백히 하는 경우, 공소를 제기할 수 없다. 반의사불벌죄는 과실치사상죄・폭행죄・협박죄・명예훼손죄 등이 있다. 친고죄와 반의사불벌죄는 제1심 판결선고 전까지 취소할 수 있다.

• 결과범

Ⓗ結果犯　ⓒ結果犯　ⒹErfolgsdelikt　Ⓔobjecktive crime
Ⓕinfraction de succès / crime objectif　Ⓘsuccesso reato / reato oggettivistico
Ⓢdelito éxito / crimen objexctive

결과범은 구성요건이 결과발생을 요건으로 하는 범죄이다. 살인죄・상해죄・손괴죄 등이 있다. 실질범이다. 반면 형식범(形式犯・擧動犯・擧動犯・Formaldelikt・Tätigkeitsdelikt)은 결과발생 없이 구성요건 행위만으로 범죄가 성립한다. 주거침입죄・위증죄・무고죄 등이 있다. 결과범은 반드시 인과관계와 객관적 귀속을 검토해야 한다.

• 위험범

Ⓗ危險犯　ⓒ危險犯　ⒹGefährdungsdelikt　Ⓔstrict-liability-tort
Ⓕinfraction inchoate / responsabilité civile délictuelle
Ⓘreato incipiente / rigoroso-liability-tort
Ⓢdelito no completado / responsabilidad estricta-agravio

위험범은 보호법익에 대한 위험 야기로 범죄가 성립한다. 유기죄・업무방해죄・방화죄・통화위조죄 등이다. 위험범은 추상적 위험범과 구체적 위험범이 있다. 추상적 위험범은 위험한 행위방법 때문에 처벌한다. 위험은 입법동기이다. 구성요건요소가 아니다.

구체적 위험범은 위험발생이 증명되어야 처벌한다. 위험발생은 구성요건요소이다. 구체적 위험범은 결과범이다. 현주건조물방화죄는 추상적 위험범이다. 일반물건방화죄는 구체적 위험범이다. 법관이 구체적 위험을 증명하여 판단한다. 반면 침해범(侵害犯・Verletungsdelikt)은 법익이 침해되어야 범죄가 성립한다. 살인죄・상해죄 등이다. 추상적 위험범은 대부분 형식범이다. 그 외는 대부분 침해범이다. 추상적 위험범(위험야기)도 모두 침해범이라는 주장이 있다. 그러나 아직 소수설이다.

- **계속범**

  ⒣繼續犯 ⊕繼續犯 ⒟Dauerdelikt ⒠duration offense
  ⒡infraction de durée ⒤durata reato / offesa di durata
  ⒮delito duración / duración de la ofensa

  계속범은 위범상태가 계속되는 범죄이다. 체포감금죄・주거침입죄・퇴거불응죄 등이다. 반면 상태범(즉시범・狀態犯・狀態犯・卽時犯・卽時犯・Zustandsdelikt)은 결과발생과 동시에 범죄가 완성된다. 살인죄・상해죄・절도죄 등이다.

- **범죄체계**

  ⒣犯罪體系 ⊕犯罪體系 ⒟Dogmatik ⒠dogmatics
  ⒡dogmatisme / dogmatique ⒤dogmatismo / dogmatica
  ⒮dogmatismo / dogmática

  범죄체계란 ①범죄성립요건・②처벌요건・③소추요건을 말한다. 형법총칙은 범죄체계도 학습이 핵심이다.

- **구성요건 / 구성요건요소 / 구성요건해당성 / 구성요건착오**

  ⒣構成要件 / 構成要件要素 / 構成要件該當性 / 構成要件錯誤
  ⊕构成要件 / 构成要件要素 / 构成要件該当性 / 构成要件錯誤
  ⒟Tatbestand / Tatbestandsmerkmale / Tatbestandsmäßigkeit / Tatbestandsirrtum
  ⒠ abstract of record, facts, facts of the case, elements of an offence / element of an offence, constituent fact / existence of facts constituting / factual mistake
  ⒡réalités, résumé du dossier, réalités, faits de l'affaire, éléments d'une ouverture / incriminations, élément d'une infraction, fait constitutif / existence de faits constitutifs, existence de faits constituant / erreur factuelle
  ⒤fatti, estratto del record, fatti, fatti del caso, elementi di un reato / incriminazioni, elemento di un reato, fatto costitutivo / esistenza di fatti che costituiscono / errore di fatto, errore reale
  ⒮hechos, resumen de registro, hechos, hechos del caso, elementos de una ofensa / tipificaciones, elemento de una ofensa, hecho constituyente / existencia de hechos constitutivos / error de hecho

  구성요건은 범죄성립요건이다. ①구성요건・②위법・③책임이다. 구성요건요소는 범죄성립요건 중 구성요건 개별요소를 말한다. 행위주체・행위객체・행위・결과・인과관계(객관적 구성요건요소)와 고의・미필고의・공모・공동의사・자의성・불법영득의사・불법이득의사・목적・경향과 과실(주관적 구성요건요소)이 있다. 구성요건요소에서 핵심은 행위객체·행위·고의·과실이다. 구성요건해당성이란 어떤 범죄사실이 해당 구성요건에 일치하는 것을 의미한다. 구성요건착오란 행위자의 행위 당시 의도한 인식과 실제 발생한 구성요건요소와 불일치를 말한다. 구성요건착오를 사실착오라고 한다. 동일한 구성요건인 경우, 행위객체착오·행위착오는 모두 고의가 인정된다(법정적 부합설·판례 입장).

• 행위주체 / 행위자

ⓗ行爲主體·行爲者　ⓒ行爲主体·行爲者　ⓓTäter　ⓔoffender, tortfeasor
ⓕdélinquant, tortfeasor　ⓘcolpevole, danneggiante　ⓢdelincuente, tortuga

형법에서 행위주체는 원칙적으로 자연인이다. 형사미성년자와 정신병자도 행위주체가 된다. 법인은 양벌규정이 있는 경우 행위주체가 된다. 양벌규정이 없는 경우 법인의 대표이사가 행위주체가 된다.

• 행위객체 / 범행대상

ⓗ行爲客體·犯行對象　ⓒ行爲客体·犯行對象　ⓓTatobjekt
ⓔobject of the crime　ⓕobjet du crime　ⓘoggetto del reato
ⓢobjeto del delito

형법 구성요건에 명시된 객체를 말한다. 범죄대상·공격대상이다. 중요한 구성요건요소이다. 예를 들면 살인죄에서 다른 사람이다. 절도죄에서 타인 재물이다. 사기죄에서 재물·재산상이익이다. 공무집행방해죄에서 적법한 공무를 집행하는 공무원이다. 다중불해산죄·단순도주죄·퇴거불응죄는 행위객체가 없다. 참고로 보호객체는 법익이라 말한다.

• 행위

ⓗ行爲　ⓒ行爲　ⓓHandlung / strafbare Handlung
ⓔAction / punishable offense　ⓕAction / infraction punissable
ⓘAzione / reato punibile　ⓢAcción / delito punible

"범죄는 행위다." 이 명제는 형법학에서 오랜 명제 중 하나다. 행위는 범죄론 체계에서 근본을 이룬다. 행위는 사회적으로 의미 있는 인간의 행동이다(사회행위론·사회관점). 행위는 인격의 객관적 표현이다(인격행위론·존재관점). 행위는 작위(作爲·Tun)와 부작위(不作爲·Unterlassung)로 분류된다. 규범(規範, 规范, Norm, standard)은 금지규범(Verbotsnorm)과 명령규범(Gebotsnorm)이 있다. 형법은 대부분 금지규범이다. 형법에 부작위 규정이 없는 경우, 대부분 부작위로 범죄가 발생할 수 있다. 이를 부진정 부작위라고 말한다.

• 행동

ⓗ行動　ⓒ行動　ⓓVerhalten　ⓔbehavior / conduct / demeanor
ⓕcomportement / conduite / comportement　ⓘcomportamento / condotta
ⓢcomportamiento / conducta

행동은 몸을 움직여 어떤 일을 하는 것이다. 모든 행동이 형법상 의미 있는 행동이 아니다. 형법에 규정된 인간의 행동만이 형법상 행위이다.

• 결과

ⓗ結果　ⓒ結果　ⓓErfolg　ⓔsuccess / achivement　ⓕsuccès　ⓘsuccesso

Ⓢéxito

구성요건에 속하는 결과를 말한다. 살인죄에서 사망이다.

• 인과관계

Ⓗ因果關係 ⊕因果關係 ⒟Kausalität Ⓔcausality Ⓕcausalité Ⓘcausalità
Ⓢcausalidad

인과관계란 행위와 결과 사이에 연결을 말한다. 이때 범죄는 기수가 된다. 행위는 자연
적 인과관계이다(원인・因). 결과는 규범적 인과관계이다(결과・果). 자연(행위)과 규범
(평가)이 연결되어야 완전한 인과관계가 성립한다. 규범적・평가적 인과관계를 객관적
귀속(客觀的 歸屬, objektive Zurechung des Erfolgs)이라 한다. '상당인과관계' 다른
표현이다. 상당(相當)의 구체적인 판단 기준이 객관적 귀속이다. 그 행위로 결과발생이
객관적으로 예견가능하고, 객관적으로 무대를 지배하였다면, 객관적 귀속이 인정된다.
'상당'인과관계가 성립한다. 객관적 귀속 판단기준은 네 가지이다. ①규범보호범위, ②객
관적 예견가능성, ③객관적 지배가능성, ④위험증대이다. 인과관계는 유형과 상관없이
이 네 가지 기준으로 판단한다. 부작위범 인과관계는 가설적으로 판단한다. "만약 가능
한 행위를 하였다면, 결과를 방지할 수 있었는가"이다. 세월호 선장 부작위 행위를 이
기준으로 설명하면, 이해가 쉽다. ①사망, ②사망가능성, ③선장・무대지배, ④사망이다.

• 고의

Ⓗ故意 ⊕故意 ⒟Vorsatz / Absicht / Deliktsvorsatz(법의・犯意)
ⒺIntent / Intention Ⓕintention Ⓘintento / Intenzione Ⓢintención

고의는 행위자가 행위 당시 객관적 구성요건요소를 인식하고, 의욕한 것을 말한다. 인식
(認識・지적요소・Wissen)과 의욕(意欲・의지요소・Wollen)이다. 행위자의 정신적・심
리적・관념적 내면세계이다. 주관적 구성요건요소이다. 고의를 밝혀야 정확한 구성요건
을 적용할 수 있다. 살인죄・상해치사죄・폭행치사죄・과실치사죄는 고의 확정이 핵심
이다. 채증법칙은 고의를 규명하는 소송절차이다. 오늘날 신고전적 범죄체계는 학계에서
지배이론이 되었다. 고의는 구성요건과 책임에서 동시에 의미가 있다. 고의의 이중기능
(二重機能, Doppelfunktion)이라고 말한다. 학자들은 고의를 네 종류로 분류한다. ①확
정고의, ②미필고의(未必故意・Eventualvorsatz・dolus eventualis・용인설・容認說・
Einwilligungstheorie), ③택일고의, ④개괄고의(概括的 故意・dolus generalis)이다. 형
법은 원칙으로 고의범만 처벌한다.

• 과실

Ⓗ過失 ⊕過失 ⒟Fahrlässigkeit / Fahrlässigkeitsdelikt / fahrlässig
Ⓔnegligence / carelessness / heedlessness / negligence offence / offence
committed by negligence
Ⓕfaute / pénale / infraction / d'imprudence / négligence / quasi-délit / délit
d'imprudence Ⓘcolpa / delitto colposo / colposo Ⓢculpa / criminal / ofensa /
imprudencia / negligencia / cuasi-delito / delito menor

과실・과실범은 주의의무를 위반하여 행위자 의사와 다르게 구성요건을 실현하는 행위
이다. ①주의의무, ②주의능력, ③태만이 핵심이다. 주의의무(主意義務・

Sorgfaltswidrigkeit)란 예견의무와 회피의무를 말한다. 허용된 위험·신뢰의무는 행위자에게 주의의무가 물을 수 없다. 객관적 구성요건해당성이 없기 때문이다. 형법은 원칙적으로 과실범을 처벌하지 않는다. 법률에 특별한 규정이 있는 경우만 과실범을 처벌한다. 형법에　업무상과실치사죄·업무상과실치상죄·중과실치사죄·중과실치상죄·과실치사죄·과실치상죄·업무상과실장물죄·중과실장물죄·업무상실화죄·중실화죄·실화죄·과실폭발성물건파열죄·과실일수죄·업무상과실교통방해죄·중과실교통방해죄·과실교통방해죄가 있다. 과실은 인식 있는 과실과 인식 없는 과실이 있다. 인식 있는 과실은 결과발생을 미용인(未容認)하는 것이고, 미필적 고의는 결과발생을 용인(容認)하는 것이다. 고의 인정 여부 판단에서 구별 실익이 있다. 과실은 구성요건이며, 또한 책임요건이다. 범죄체계에서 동시에 의미가 있다. 과실의 이중기능(二重機能·Doppelfunktion)이라고 말한다. 위법성조각사유 전제사실 착오 문제를 해결하는데 도움이 된다. 법효과제한적 책임설이다. 과실 책임만 묻는다. 과실범 처벌 규정이 있어야 한다.

- **방법착오 / 타격착오**

  ⓗ方法錯誤 / 打擊錯誤　ⓒ方法錯誤 / 打擊錯誤
  ⓓaberratio ictus(lat.) Fehlgehen der Tat
  ⓔmiscarriage of criminal act, transferred malice
  ⓕaberratio ictus (lat.) / fausse couche d'acte criminel, malice transférée
  ⓘaborto spontaneo di atti criminali, malevolenza trasferita
  ⓢaborto involuntario de un acto criminal, malicia transferida

  방법착오·타격착오·행위착오는 행위수단에 엇갈림이 생겨 의도한 객체가 아니라, 다른 객체에게 결과가 발생한 경우이다. 예를 들면 살인 고의로 갑을 향하여 총을 발포하였다. 그러나 갑에게 명중되지 않고, 옆에 있던 을에게 명중하였다. 침해법익이 동일한 (인간생명) 구체적 사실착오 경우, 살인 고의를 인정한다. 법정적 부합설이다. 살인죄가 성립한다. 고의 인정을 다투는 학설 중 하나이다. 구체적 부합설도 있다. 미수·과실을 인정한다. 대법원 입장은 법정적 부합설이다.

- **부작위**

  ⓗ不作爲　ⓒ不作爲　ⓓUnterlassung　ⓔforbearance / omission / non-act
  ⓕabstention / omission / non-acte　ⓘtolleranza / omissione / non-atto
  ⓢindulgencia / omisión / no-acto

  부작위는 명확하게 예상되는 행위를 하지 않는 행위이다. 부작위로 성립되는 범죄를 부작위범이라 말한다. 진정부작위(眞正不作爲)와 부진정부작위(不眞正不作爲)가 있다. 진정부작위범은 구성요건에 명시된 부작위범이다. 그 외 나머지는 모두 부진정부작위범(不眞正不作爲犯·unechte Unterlassungsdelikt·crime by omission)이 될 수 있다. 법적 의무를 가진 사람이 명확하게 예상되는 행동을 하지 않아서 결과가 발생하였다면, 적극적 행위를 한 것과 동일한 형벌로 처벌된다. 삼촌이 살해 고의로 10세 조카를 저수지로 유인한 뒤, 조카가 물에 빠지자 구하지 않은 행위는 부작위 살인행위이다. 적극적으로 살인한 행위와 결과발생이 같다. 행위자 힘(力)이 투입되면, 작위이다.

- **보증인의무**

  ⓗ保證人義務　ⓒ保証人義務　ⓓGarantenpflicht　ⓔguarantor's obligation

Ⓕobligation du garant Ⓘobbligo del fideiussore Ⓢobligación del garante

결과발생을 방지해야 할 법적 의무를 말한다. 보증인능력·보증인의무를 갖춘 사람을 보증인 지위라고 말한다. 보증인의무는 법령·계약·선행행위·조리·사회상규에서 발생된다. 보증인 지위는 행위정형 동가치 핵심이다.

• 결과적 가중범

Ⓗ結果的 加重犯 ㊀結果的 加重犯 Ⓓerfolgsqualifizierte Delikt
ⒺSuccess-qualified offense ⒻInfraction qualifiée de succès, Open qualifié
ⒾReato qualificato per il successo ⓈOfensa calificada para el exito

고의로 기본범죄를 범하고, 과실로 중한 결과가 발생한 경우이다. 중한 결과는 대부분 사망과 상해로 제한되어 있다. 진정 결과적 가중범은 고의와 과실이 결합된 범죄이다 (Vorsatz-Fahrlässigkeitskombination). 기본범죄와 중한 결과는 직접성(**直接性 · 直接性 · Unmittelbarkeit**)이 있어야 한다. 상해치사죄·폭행치사죄·폭행치상죄·낙태치사죄·낙태치상죄·유기치사죄·유기치상죄·체포감금치사죄·체포감금치상죄·강간치사죄·강간치상죄·강도치사죄·강도치상죄·교통방해치사죄·교통방해치상죄 등이다. 순수한 과실범 보다 가중하여 처벌한다. 기본범죄에 포함된 전형적인 불법이 실현되었기 때문이다. 형법 제15조 제2항 예견가능성은 결과적 가중범 인과관계를 말한다. 진정 결과적 가중범과 부진정 결과적 가중범으로 분류된다. 부진정 결과적 가중범은 기본범죄 고의와 중한 결과 과실뿐만 아니라, 기본범죄 고의와 중한 결과 고의를 포함한다. 형법에 현주건조물방화치사죄·현주건조물방화치상죄·현주건조물일수치사죄·현주건조물일수치상죄·교통방해치사죄·교통방해치상죄 등이 있다. 결과적 가중범은 공동정범·교사·방조도 가능하다.

• 위법성

Ⓗ違法性 ㊀違法性 ⒹRechtswidrigkeit Ⓔillegality / unlawfulness
Ⓕl'illégalité Ⓘillegalità / illegittimità Ⓢilegalidad

위법은 법질서 위반을 말한다. 위법행위는 법규범과 행위의 충돌이다. 구성요건에 해당하면, 위법하다(위법성 징표론). 위법성은 위법의 실질을 말한다. 어떤 행위가 범죄행위·불법행위로 인정되는 객관적 요건을 의미한다. 위법성 평가는 전체 법질서에 비추어 판단한다. 실질적으로 이익형량을 한다. 구체적 판단 기준은 정당성·상당성·균형성·긴급성·보충성이다. 다섯 가지 판단 기준이 위법성조각사유 핵심 내용이다. 한편 불법(**不法**, Unrecht)이란 구성요건에 규정된 반가치 규범을 말한다. 불법에 대한 최종평가는 위법성조각사유에 대한 평가가 종료되어야 한다. 불법은 위법성의 실질을 평가한 후 내리는 최종결론이다. 형법총칙은 정당행위·정당방위·긴급피난·자구행위·피해자승낙을 위법성조각사유로 규정하고 있다. 형법각칙은 형법 제246조 일시도박과 형법 제310조 위법성조각사유를 규정하고 있다. 구성요건에 해당하지 않는 행위와 구성요건에 해당하지만, 위법성이 없는 행위는 명확히 구별된다. 범죄체계에서 중요한 문제이다. 적법한 공무집행이 아니면, 공무집행방해죄 구성요건에 해당하지 않는다. 수지침 행위는 의료법 무면허의료행위 구성요건에 해당한다. 그러나 정당행위로 위법성이 조각된다. 사회상규에 위배되지 않는 행위이다.

- **정당방위**

　Ⓗ正當防衛　Ⓒ正当防衛　ⒹNotwehr　Ⓔself-defence　Ⓕautodéfense
　Ⓘautodifesa / auto difesa　Ⓢautodefensa

　자기·타인 법익에 현재 부당한 침해를 방위하기 위한 행위로 상당한 이유가 있어야 한다. 방위행위가 상당성을 넘으면 과잉방위(過剩防衛·過剩防衛·Notwehrexzess·excessive self- defence, fait·pour l'auteur de se croire à tort en état de legitime défense)가 되어 위법성을 조각하지 못한다. 상당성은 필요성(긴급성)과 사회윤리적 제한(균형성·적합성) 요건을 갖추어야 한다. 사회윤리적 제한은 미성년자·가족관계·법익 이익형량이 핵심이다. 오상방위(誤想防衛·誤想防衛·Putativenotwehr·imaginary self-defence)와　오상과잉방위(誤想過剩防衛·誤想過剩防衛·Putativnotwehrexzess·imaginary excessive self-defence)가 있다. 오상방위와 오상과잉방위는 모두 책임조각사유이다. 오상과잉방위는 위법조각사유전제사실착오 문제이다. 형법 제16조를 적용하여 엄격책임설에 따라 판단하자는 주장이 있다. 그러나 오상과잉방위는 법효과제한적 책임설에 따라 과실책임과 형벌을 검토해야 한다.

- **긴급피난**

　Ⓗ緊急避難　Ⓒ緊急避難　ⒹNotstand　Ⓔemergency / emergency situation / urgent necessity　Ⓕétat / de nécessité / etat d'urgence　Ⓘstato / di necessità　Ⓢestado / de necesidad

　자기·타인의 생명·신체·자유·재산에 대한 현재 위난을 피하기 위한 행위로서 상당성이 있어야 한다. 피난행위가 상당성을 넘으면, 과잉피난(過剩避難·過剩避難·Notstandexzess·emergency excesses·act not excused be the emergency)이 된다. 과잉피난은 위법성이 조각되지 않는다. 상당성은 보충성·균형성·긴급성 요건을 갖추어야 한다. 긴급피난에 특칙이 있다. 일정한 위난을 감수해야 할 의무 있는 사람들이다. 군인·경찰관·소방관 등이다. 감수해야 할 위험을 초과하지 않는 범위다. 오상피난(誤想避難·誤想避難·Putativenotstand·imaginary necessity)과 오상과잉피난(誤想誤想避難·Putativnotstandexcess·imaginary excessive necessity)이 있다. 오상피난과 오상과잉피난은 모두 책임성조각사유이다. 오상과잉피난은 위법성조각사유전제사실착오 문제이다. 형법 제16조를 적용하여 엄격책임설에 따라 판단하자는 주장이 있다. 그러나 오상과잉피난은 법효과제한적 책임설에 따라 과실책임과 형벌을 검토해야 한다.

- **자구행위**

　Ⓗ自救行爲　Ⓒ自救行為　ⒹSelbsthilfe　Ⓔself-help / self-redress
　Ⓕautodéfense　Ⓘautotutela / autodéfense　Ⓢautodéfense / autoprotección

　법정절차로 청구권 보전 불가능 또는 청구권 실행불능·현저한 실행곤란을 피하기 위한 행위이다. 상당한 이유가 있는 경우 위법성이 조각된다. 상당성은 필요성과 보충성을 말한다. 과잉자구행위와 오상자구행위가 있다. 모두 책임조각사유이다. 자구행위가 그 정도를 초과한 경우 정황(情況)에 따라 그 형을 감경(減輕) 또는 면제할 수 있다.

- **책임**

　Ⓗ責任　Ⓒ責任　ⒹSchuld　Ⓔguilt / fault　Ⓕculpabilité / faute

Ⓘcolpa / guasto Ⓢculpa

책임은 비난가능성(非難可能性 · 非難可能性 · Vorwerfbarkeit)이다. 형사책임은 법적 책임이다.

책임 근거는 인간의 자유의사이다. 책임 본질은 규범적 비난가능성이다.

• 책임능력

Ⓗ責任能力 Ⓒ責任能力 ⒹSchuldfähigkeit
Ⓔcriminal responsibility / culpability Ⓕresponsabilité / pénaleculpabilité
Ⓘresponsabilità criminale / colpevolezza
Ⓢresponsabilidad criminal / culpabilidad

책임능력은 통찰능력과 조정능력을 말한다. 책임은 책임능력을 전제로 한다. 책임능력이 없으면, 비난가능성도 없다. 형법은 책임능력을 인정할 수 없는 경우를 입법하였다. 형법은 책임무능력자와 한정책임능력자를 규정하고 있다.

• 금지착오

Ⓗ禁止錯誤 Ⓒ禁止錯誤 ⒹVerbotsirrtum
Ⓔerror / as to the prohibited nature of an act
Ⓕerreur de droit / erreur / quant au caractère prohibé d'un acte
Ⓘerrore di diritto / errore / riguardo alla natura proibita di un atto
Ⓢerror de derecho / error / en cuanto a la naturaleza prohibida de un acto

위법인식이 없는 경우다. 위법성착오라고 말한다. 형법은 정당한 이유가 있는 경우 벌하지 않는다. 정당한 이유는 전문가에게 문의를 판단요소로 삼는다.

• 자기결정권

Ⓗ自己決定權 Ⓒ自己決定權 ⒹSelbstbestimmungsrecht
Ⓔright of self-determination
ⒻAutodétermination / droit à l'autodétermination / de disposer de soi-meme
ⒾAutodeterminazione / Autodeterminazione
ⓈAutodeterminación / derecho de autodeterminación

자기 법익을 스스로 결정할 수 있는 권리이다. '자기운명결정권'이다. 헌법 제10조 행복추구권에서 근거를 찾는다. 인격권과 행복추구권이다. 자기결정권은 형법 · 형사소송법 · 개인정보보호법 · 의료법 · 생명윤리법 · 장기이식법에 넓게 반영되어 있다. 설명의무위반은 자기결정권침해의 대표적 유형이다. 형법 제26조 중지미수에서 자의성 판단은 자율성이다. 자기결정권을 존중한다.

• 미수

Ⓗ未遂 Ⓒ未遂 ⒹVersuch Ⓔattempt / test / trial Ⓕtentative / test / essai
Ⓘtentativo / test / prova Ⓢintento / prueba / juicio

미수란 범죄 실행에 착수하였지만, 이후 실행행위를 중단한 경우이다(착수미수 · 着手未遂 · unbeendete Versuch). 또한 범죄 실행은 완료되었지만, 이후 결과가 발생하지 않은 경우이다(실행미수 · 實行未遂 · beendeter Versuch). 미수는 범죄가 모두 실현된 기수와 다르다. 실행착수 이전인 예비와 다르다. 미수는 ①중지미수, ②장애미수, ③불능미수가 있다. 불능범은 위험성이 없어 미수가 성립되지 않는다. 범죄불성립을 불능범이라 한다. 미수는 고의를 전제로 한다. 과실 미수는 있을 수 없다. 모든 행위는 미수가 가능하다. 형법에서 미수를 처벌하는 범죄를 미수범이라 한다. 요약하면, 미수는 실행착수(Beginn der Ausführung)가 있어야 한다. 실행착수란 범죄행위개시(Anfang der Ausführung)이다. 독일 형법 제22조는 미수범을 명확하게 규정하고 있다.「미수범은 자기 의사로 직접 구성요건이 실현되는 행위를 개시한 사람이다.」범의를 갖고 범죄 실행에 착수한 사람이다. 미수 판단에서 주관적 객관설(subjektiv- objektive Theorie)이 다수설이다.

• 중지미수 / 미수중지

Ⓗ中止未遂　Ⓣ中止未遂　ⒹRücktritt vom Versuch　Ⓔrenunciation
Ⓕrésignation / démission　Ⓘdesistenza / recesso
Ⓢrenuncia / retirada / recreo

범죄 실행에 착수한 사람이 범죄가 완성되기 전에 자의로 중지하거나 또는 결과발생을 방지하는 것이다. 형을 감경·면제한다. 독일·오스트리아·그리스 형법은 중지미수를 처벌하지 않는다. 스위스 형법은 김경·면제 할 수 있다. 자의성(自意性·Freiwilligkeit· voluntary, optional, unsolicited, non-obligatory)은 주관적 구성요건이다.

• 불능미수

Ⓗ不能未遂　Ⓣ不能未遂　Ⓓuntauglicher Versuch
Ⓔattempt / for doomed to failure　Ⓕdélit / impossible / infraction
Ⓘtentativo / inidoneo / delitto / impossibile　Ⓢintento / imposible

범죄의사로 실행착수를 하였지만, 실행수단착오와 범행대상착오로 결과가 불가능하면, 처벌되지 않는다(불능범·不能犯). 그러나 구체적 위험성이 있다면, 불능미수범(不能未遂犯)으로 처벌된다. 행위자가 인식한 사정을 전문가가 실험하여 볼 때, 결과발생가능성이 있다면, 위험성이 있는 것이다. 학자들은 이를 구체적 위험설(具體的 危險說· Theorie der konkreten Gefährlichkeit·Theory of concrete danger)이라고 한다. 현재 다수설이다.

• 예비

Ⓗ豫備　Ⓣ豫備　ⒹVorbereitung　Ⓔpreparation　Ⓕpréparation
Ⓘpreparazione　Ⓢpreparación / preparativo / apresto

예비란 범죄실현을 위한 준비행위이다. 예를 들면 범행장소탐사와 범행도구구입이다. 예비는 범죄실행을 위한 준비단계와 계획단계이다. 아직 실행행위가 개시되지 않은 상태다. 형법은 예비행위를 아주 예외적으로 처벌한다. 예비행위를 공동으로 실현할 수 있다. 그러므로 예비죄 공동정범이 성립한다. 그러나 예비죄 교사범과 예비죄 방조범은 성립이 불가능하다. 정범의 실행착수가 없기 때문이다. 정범은 적어도 구성요건행위를 실현하고, 위법해야 공범이 성립한다. 종속성 정도, 제한적 종속형식(制限的 從屬形式· limitierte Akzessorietät·limited accessoriness·accessoirité limitée)에 따른 것이다. 예비죄의 미수는 불가능하다. 왜냐하면 행위자가 실행착수도 하지 않았기 때문이다. 미수는 최소한 고의와 실행착수가 있어야 한다. 확립된 대법원 판례 입장이다. 중지미수유추적용설이 있다. 그러나 예비죄의 중지는 입법론 문제이다. 해결방안으로 불가벌 또는 필요적 감경이 있다.

• 기수

Ⓗ旣遂 ⊕旣遂 Ⓓvollendung Ⓔcompletion / accomplishment
Ⓕconsommation / achèvement Ⓘconsumazione / consommation
Ⓢconsumo

범죄는 구성요건을 모두 충족할 때 기수가 된다. 범죄의사는 예비 ⇒ 실행착수 ⇒ 결과발생을 거쳐 종료된다. 기수란 구성요건의 형식적 실현(tatbestandlich-formelle Vollendung)이다. 종료란 범죄의 실질적 종료(materielle Beendigung)이다. 기수와 종료의 구별실익은 공소시효진행기산점·공범성립가능·가중적 구성요건적용이다.

• 공동정범

Ⓗ共同正犯 ⊕共同正犯 Ⓓmittäterschaft
Ⓔcomplicity / joint commission of crime
Ⓕcoachtivité / complicité / commission conjointe du crime
Ⓘcomplicità / commissione congiunta di reato
Ⓢcomplicidad / comisión conjunta de delito.

2인 이상이 공동으로 죄를 범한 경우, 각 행위자를 정범으로 처벌한다, 공동정범은 여러 사람(甲·乙·丙)이 범죄행위를 분담하여 실행한다. 객관적 요건으로 여러 사람이 역할 분담한 행위로 기능적 행위지배가 있어야 한다. 주관적 요건으로 각 행위자의 범행고의와 여러 행위자들의 공동모의 또는 공동의사가 있어야 한다. 과실범 공동정범도 인정된다. 주의의무를 여러 행위자들이 공통으로 태만히 해야 한다. 승계적 공동정범(承繼的 共同正犯·sukzessive Mittäterschaft)도 성립한다. 승계한 시점부터 정범이 인정된다. 그러나 편면적 공동정범(片面的 共同正犯·einseitige Mittäterschaft)은 성립될 수 없다. 이 경우 동시범(同時犯·同時犯·Nebentäter·independent perpetrator) 또는 종범(從犯·Beihilfe·assistance·aid·help)이 성립한다. 형법각론은 한 사람이 범죄를 실현하는 것을 예상하고, 법조문을 규정하고 있다. 그러나 현실에서 여러 사람이 같이 범하는 경우가 많다. 범죄참가형태(犯罪參加形態·Beteiligungsformen·forms of participation)는 정범(正犯·Täterschaft·tortfeasor·fait)과 공범(共犯·Teilnahme·participation·complicity·participation)이 있다. 정범은 단독정범·공동정범·간접정범이 있다. 공범은 교사범·방조범이 있다. 하나의 범죄를 단독으로 실행하는 사람을 단독정범(單獨正犯·Alleintäterschaft·alone perpetration·seul perpétrer)이라 한다.

• 간접정범

Ⓗ間接正犯 ⊕間接正犯 Ⓓmittelbare Täterschaft Ⓔindirect perpetrator
Ⓕprovocateur auteur Ⓘperpetratore indiretto / provocatore-autore
Ⓢperpetrador indirecto

간접정범은 다른 사람을 도구로 이용하여 범죄를 실현한다. 형법은 '다른 사람'(피이용자 범위)을 무죄 또는 과실범으로 처벌되는 사람으로 제한한다. '이용'은 교사행위와 방조행위로 규정되어 있다. 독일 형법 제28조 제1항 보다 간접정범 성립범위가 좁다. 정범이후 정범이론은 과실범을 제외하고, 형법 해석상 불가능하다. 형법은 교사로 간접정범을 범하면, 정범과 동일한 형으로 처벌한다. 방조로 간접정범을 범하면, 정범보다 감경하여 처벌한다. 간접정범 실행착수는 이용된 사람이 이용행위를 개시할 때 성립한다. 간접정범 미수도 성립한다. 간접정범 착오는 구성요건착오이다. 초과부분은 구성요건 고의가 없다. 신분 없는 사람은 진중신분범 간접정범이 성립되지 않는다. 고의가 없다.

- **교사범**

  Ⓗ敎唆犯　Ⓒ敎唆犯　ⒹAnstiftung

  Ⓔinstigation / subormation / solicitation / incitement

  Ⓕincitation / instigation / provocation　Ⓘistigazione　Ⓢinstigación

  교사범은 다른 사람에게 범죄를 결의하게 하여 범죄를 실행하게 한 사람이다. 교사범은 범죄창업자이다. 정범에게 범죄원인을 제공한 사람이다. 교사범은 스스로 행위지배에 관여하지 않는다. 공동정범과 교사범 차이점이다. 교사범은 피교사자(정범)가 실행에 착수해야 성립한다. 명령·지시·설득·애원·요청·유혹·감언·이익제공이 교사행위 수단이다. 교사행위는 작위로 한다. 교사행위는 부작위로 불가능하다. 교사행위는 고의로 한다. 교사행위는 과실로 불가능하다. 교사범은 정범 고의를 인식하고, 교사 교의를 가져야 한다. 이중적 고의이다. 피교사자 착오는 구성요건착오이다. 초과부분은 이중 고의를 모두 인정할 수 없다. 교사자는 정범과 같은 법정형으로 처벌된다. 특수교사는 정범 법정형보다 2분의 1을 가중하여 처벌한다. 교사행위가 실패하면, 교사자만 음모죄로 처벌된다.「실패한 교사」이다. 반면 교사행위는 성공하였지만, 실행착수가 없다면, 교사자·피교사자 모두 예비죄·음모죄로 처벌된다.「효과 없는 교사」이다. 간접교사와 연쇄교사도 성립한다.

- **종범 / 방조범**

  Ⓗ從犯·幇助犯　Ⓒ從犯·幇助犯　ⒹBeihilfe　Ⓔassistance / aid / help

  Ⓕcomplicité / assistance / aide / aide

  Ⓘcomplicità / assistenza / aiuto / aiuto

  Ⓢcomplicidad / asistencia / ayuda / ayuda

  종범은 정범을 방조한 사람이다. 정범에게 구성요건 실현을 가능하게 하거나 또는 쉽게 하거나 또는 법익침해를 강화하는 것을 말한다. 정범 실행행위에 가담하는 범죄이다. 행위지배가 없다. 지적·정신적·기술적·물질적 방조가 모두 가능하다. 방조시기는 정범 행위 전후 모두 가능하다. 작위 방조와 부작위 방조 모두 가능하다. 방조행위도 인과관계가 있어야 한다. 방조행위로 정범 결과발생이「가능·강화·용이」하면, 인과관계가 인정된다. 합법칙적 관련설이라고 말한다. 정범 고의에 대한 인식과 방조 고의가 있어야 한다. 이중 고의이다. 미수 방조는 성립되지 않는다. 처벌실익도 없다. 편면적(일방적) 방조도 성립한다. 종범 착오도 구성요건착오이다. 초과부문은 구성요건 고의가 없다. 종범을 교사한 사람은 종국적으로 정범을 방조한 것이다. 교사범을 방조한 사람도 종국적으로 정범을 방조한 것이다. 연쇄방조·간접방조도 가능하다.

- **죄수**

  Ⓗ罪數　Ⓒ罪數　ⒹKonkurrenz / Straftatbestandskonkurrenz

  Ⓔconcurrence / conflict　Ⓕconcours / d'infractions / cumul　Ⓘconcorso

  Ⓢconcurso

죄수는 행위자가 범한 범죄 수이다. 행위자가 1개 또는 여러 개 행위를 통해 같은 구성요건을 여러 번 충족하였거나 또는 여러 개 구성요건을 실현한 경우 어떤 죄가 성립하고, 어떻게 처리할 것인지 문제이다. 죄수론은 범죄론과 형벌론이 종합되어 있다. 형법각칙에 아무런 규정이 없다. 형법총칙은 경합범(실체적 경합범)과 상상적 경합을 규정하고 있다. 죄수결정 판단기준은 법익표준설·행위표준설·의사표준설·구성요건표준설이 있다. 대법원은 구체적 사건에 따라 여러 표준으로 죄수를 결정한다. 일죄(법조경합과 포괄일죄)와 수죄(상상적 경합·실체적 경합) 요건을 검토하면서, 어떤 요소를 고려하는지 살펴보아야 한다. 일죄는 범죄 수가 1개인 것이다.

법조경합(法條競合·法條競合·Gesetzeskonkurrenz·overlapping of law·concurrence of provisions)은 특별관계(特別關係·特別關係·Spezialität·specialty·speciality)·보충관계(補充關契·補充關契·Subsidiarität·subsidiarity)·흡수관계(吸收關係·吸收關係·Konsumtion· consumption)가 있다. 법조경합 효과는 배제된 법률은 적용되지 않는다. 경과범죄(經過犯罪·經過犯罪·Durchgangsdelikt·Through offense)와 불가벌적 사전행위(不可罰的 事前行爲·不可罰的 事前行爲·straflose Vortat·unpunished predicate)는 보충관계이다. 불가벌적 수반행위(不可罰的 隨伴行爲·不可罰的 隨伴行爲·mitbestrafte Begleittat·co-punished accompanying act)와 불가벌적 사후행위(不可罰的 事後行爲·不可罰的 事后行爲·mitbestrafte Nachtat·co-punished after act)는 흡수관계이다.

포괄일죄(包括一罪)는 결합범(結合犯)·계속범(繼續犯)·접속범(接續犯)·연속범(連續犯)이 있다. 수죄(數罪)는 상상적 경합(想像的 競合·想像的 競合·Idealkonkurrenz·Tateinheit·unity of crime·concours·Idéal d'infractions·cumul Idéal d'infractions)과 실체적 경합(實體的 競合·実体的 競合·Realkonkurrenz·Tatmehrheit·plurality of actsjoinder of offences·concours·réel d'infration)이 있다. 상상적 경합은 양형에서 일죄이다.

• 사형

ⓗ死刑 ⓒ死刑 ⒟Todesstrafe ⒠capital punishment / death penalty
ⒻPeine de mort / peine / capitale ⒤pena di morte / pena / capitale
Ⓢpena de muerte / pena / capital

사형은 생명을 박탈하는 범죄이다. 가장 중한 형벌이다. 형법은 교수형으로 집행한다. 군형법은 총살형으로 집행한다. 가장 먼저 포르투갈(1867)·스위스(1937)·독일(1949)·오스트리아(1950)·영국(1969)·스페인(1975)·프랑스(1981)가 사형을 폐지하였다. 대부분 유럽 국가는 사형을 폐지하였다. 한국·중국·일본은 사형제도를 존치하고 있다. 무기자유형으로 대체하자는 주장이 있다. 범죄피해자 재활센터 등 피해자보호정책이 확대되어야 한다. 그래야 사형폐지론이 힘을 얻는다.

• 양형

ⓗ量刑 ⓒ量刑 ⒟Strafzumessung
ⒺAward of punishment / assessment of penalty Ⓕcalcul / de la peine
⒤applicazione della pena / determinazione / concreta della poena
Ⓢaplicación della pena / determinación / concreta della poena

양형은 법정형에 법률상 가중·감경·작량감경을 한 처단형에서 구체적으로 선고할 형을 정하는 것을 말한다. 법관 재량은 법적으로 구속된 재량(法律連繫裁量·rechtlich gebundenes Ermessen·legally bound discretion)이다.

• 상습범

Ⓗ常習犯   ⊕常習犯   ⒟Gewohnheitsverbrecher / Gewohnheitsmässigkeit
Ⓔhabitual criminal / persistent offender / habitualness
Ⓕdélinquant / d'habitude   Ⓘdelincuente / habitual   Ⓢdelincuente / habitual

상습범은 행위자가 반복한 행위로 얻어진 경향이다. 상습범은 습벽 범죄이다. 상습은 동종 범죄를 반복 실행하여 행위자에게 위험이 체화된 것이다. 누범과 다르다. 누범은 범죄 수를 기준으로 한다. 상습범은 형법각칙과 특별형법에 개별적으로 규정되어 있다. 상습범은 구성요건에 따라 가중하여 처벌된다. 상습강제추행죄·상습절도죄·상습도박죄 등이 있다.

• 집행유예

Ⓗ執行猶豫   ⊕執行犹豫   ⒟Strafaussetzung zur Bewährung   ⒠Probation
Ⓕépreuve / probation   Ⓘepreuve / prova   Ⓢepreuve / prueba

집행유예는 형을 선고할 때 일정기간 형 집행을 유예하는 제도이다. 집행유예기간이 지나면, 그 때부터 형선고 효력이 없다. 단기자유형 폐해를 보완한 제도이다. 사회복귀사상(社會復歸思想·Resozialisierungsgedanke·social   adjustment·rehabilitation·resocialization thought)이 담겨있다. 법원은 집행유예를 선고할 때, 보호관찰과 사회봉사명령을 명령할 수 있다. 2018년 1월 7월부터 벌금형 집행유예제도가 시행하고 있다. 다만 500만원 이하 벌금형에 한하여 집행유예를 선고할 수 있다.

• 선고유예

Ⓗ宣告猶豫   ⊕宣告犹豫   ⒟Verwarnung
Ⓔwarnung / admonition / reprimand
Ⓕavertissement / avis / de contravention / avertissement
Ⓘavvertimento / avviso / violazione / ammonizione
Ⓢadvertencia / advertencia / violación / advertencia

선고유예는 범정이 경미한 범인에게 일정기간 동안 형선고를 유예한다. 유예기간이 지난 때 면소된 것으로 본다. 선고유예는 특별예방사상이 반영된 제도이다.

• 가석방

Ⓗ假釋放   ⊕假釋放   ⒟Aussetzung des Strafrestes / bedingte Entlassung
Ⓔexposure / abandonment   Ⓕabandon / exposition / d'enfant
Ⓘabbandono / esposizione / bambino   Ⓢabandono / exposición / niño

가석방은 자유형을 집행 받고 있는 사람이 개전의 정이 현저할 경우, 형기만료 전에 조건부로 석방하는 제도이다. 일정한 기간이 지난 후에 형 집행을 종료한다. 특별예방사상과 사회복귀사상이 담겨 있다. 정기형제도 결함을 보충하고, 형 집행의 구체적 타당성을 보완할 수 있다. 가석방제도 존재이유이다. 가석방은 사회적응을 높이는 중요한 처우방법 중 하나이다. 가석방은 보호관찰제도와 결합되어 있다. 가석방은 가석방심의위원회에 신청을 하고, 법무부장관이 최종 결정한다. 가석방 기간은 형의 집행이 종료된 것이 아니다. 따라서 이 기간 중 다시 죄를 범한 경우, 누범에 해당하지 않는다. 가석방이 실효·취소되면, 가석방기간은 형기에 산입하지 않는다. 구금된 전날부터 형기(刑期)가 다시 시작된다.

• 보안처분

ⓗ保安處分 ⊕保安處分 ⒟Maßregeln der Besserung und Sicherung
ⓔrule / regulation / disciplinary action of improvement and securing
ⓕrègle / règlement / action disciplinaire d'amélioration et de sécurisation
ⓘregola / regolamento / azione disciplinare miglioramento e sicurezza
ⓢRegla / reglamento / acción disciplinaria mejora y seguridad

보안처분은 형벌을 대체처분·보완처분이다. 행위자 특수한 사정으로 형벌을 부과할 수 없는 경우가 있다. 책임무능력자이기 때문이다. 사회적 위험성 때문에 보안처분을 한다. 순수 예방적 성격의 제재이다. 특정범죄가중처벌에 관한 법률 제5조4에 상습누범자 가중 처벌 조항이 있다.

• 보호관찰 / 보호관찰관

ⓗ保護觀察·保護觀察官
⊕保護觀察·保護觀察官 ⒟Bewährungshilfe / Bewährungshelfer
ⓔprobation / probation officer / parole officer officer
ⓕe'preuve / probation / délégué / a 'la promotion / adjoint de probation
ⓘprova / assistente alla prova ⓢprueba / probatorio / delegado / ascenso / asistente probatorio

보호관찰은 범죄인 재범방지와 사회복귀를 촉진하기 위해 교정시설이 아닌 자유 상태에서 범죄인을 지도·감독하는 제도이다. 보호관찰은 집행유예제도 핵심이다. 자유박탈 없는 제재수단이다. 사회봉사명령과 수강명령이 있다. 모두 집행유예기간 내에 집행한다. 사회봉사명령은 무보수 근로봉사이다. 수강명령은 출석강좌이다. 사회봉사는 500시간 내에서 시간단위로 부과된다. 「글 발표와 금전 출연은 사회봉사로 볼 수 없다. 사회봉사명령과 수강명령을 동시에 명령할 수 있다」(대법원 판례).

• 인적처벌조각사유

ⓗ人的處罰阻却事由 ⊕人的處罰阻却事由
ⓓpersönliche Strafausschliessungsgründe
ⓔ personal exclude for punishment / personal preclude for punishment / personal rule out for punishment
ⓕExclusion personnelle pour punition / personnel exclure pour punition / écart personnel pour punition
ⓘpersonale esclude per punizione / personale preclude per punizione / la regola personale per la punizione
ⓢpersonal excluye para castigo / personal excluido para el castigo / descarte personal para el castigo

인적처벌조각사유는 범죄는 성립하지만, 행위자의 특수신분으로 형벌권이 발생하지 않는다. 중지미수에서 자의로 중지한 사람과 친족상도례에서 직계혈족·배우자·동거친족이 행위자 특수신분에 해당한다. 재산죄에서 절도·사기·공갈·횡령·배임·장물은 친족상도례가 적용된다. 범죄는 성립하지만, 형이 면제되는 사유이다. 범죄처벌조건 중 하나의 유형이다.

- **살인죄**

　Ⓗ殺人罪　　Ⓒ殺人罪　　Ⓓ Tötungsdelikt　　Ⓔ killing / homicide
　Ⓕ meurtre / homicide　　Ⓘ meurtre / omicidio　　Ⓢ asesinato / omicidio

살인죄는 사람을 살해하여 생명을 침해하는 범죄이다. 살인죄 보호법익은 생명이다. 보호정도는 침해범·결과범이다. 사람은 출생부터 사망까지 생존한 사람을 말한다. 일부노출(자궁절개시점)과 맥박종지(뇌기능정지)이다. 부작위 살인죄도 가능하다. 결과발생은 사망이다. 인과관계와 객관적 귀속이 있어야 기수가 성립한다. 살인죄는 미수범·예비범·음모범을 처벌한다. 존속살해죄에서 행위객체는 직계존속이다. 과실로 사람을 사망에 이르게 하면, 과실치사죄(過失致死罪·過失致死罪·fahrlässige Tötung·homicide by negligence)가 성립한다.

- **상해죄**

　Ⓗ傷害罪　　Ⓒ傷害罪　　Ⓓ Körperverletzung　　Ⓔ physical injury / bodily harm
　Ⓕ lésion / corporelle / blessure　　Ⓘ lésione / personale
　Ⓢ lesión / corporal / persona

상해죄는 사람을 상해하여 사람 신체를 침해하는 범죄이다. 상해죄 보호법익은 사람 신체 완전성이다. 보호정도는 침해범·결과범이다. 행위객체는 생존한 사람신체이다. 사람은 자연인과 다른 사람이다. 존속상해죄는 행위객체가 직계존속신체이다. 부작위 상해죄도 가능하다. 보호의무자가 물에 빠진 아이를 방임하여 상해를 입힌 경우와 보호의무자가 영양을 공급하지 아니하여 상해를 입힌 경우이다. 결과발생은 생리기능침해를 말한다. 인과관계와 객관적 귀속이 있어야 기수가 성립한다. 상해죄는 미수범을 처벌한다. 상해죄는 형법 제263조에 동시범 특례규정이 있다. 상해치사죄는 결과적 가중범이다. 상해로 사망 결과가 직접 실현되어야 한다. 상해치사죄 공동정범도 가능하다. 각자가 사망 결과를 예견할 수 있어야 한다. 특수상해죄는 2016년 1월 6일 신설된 규정이다. 상습인 경우 정한 형의 2분의 1까지 가중하여 처벌한다.

- **폭행죄**

　Ⓗ暴行罪　　Ⓒ暴行罪　　Ⓓ Gewalt　　Ⓔ power / force / assault
　Ⓕ violence / contrainte　　Ⓘ potere / forza / violenza
　Ⓢ poder / fuerza / violencia

폭행죄는 사람 신체에 폭행을 행사하는 범죄이다. 폭행이란 사람 신체에 유형력 행사를 말한다. 폭행죄는 협의 폭행 개념을 적용한다. 형법 제125조 폭행·가혹행위죄에서 폭행도 폭행죄 폭행 개념과 같다. 폭행을 당하는 사람은 자연인과 다른 사람이다. 형식범이다. 반의사불벌죄이다. 범죄수사는 피해자 고소가 없어도 진행되지만, 제1심 판결 선고 전까지, 처벌을 희망하지 않는다는 표시를 하면 효력이 있다. 특수폭행죄가 있다. 폭행치사죄와 폭행치상죄도 있다. 이는 결과적 가중범이다. 공동정범으로 성립이 가능하다. 상습인 경우 정한 형의 2분의 1까지 가중하여 처벌한다.

· **유기죄**

Ⓗ遺棄罪　　Ⓒ遺弃罪　　Ⓓ Aussetzung　　Ⓔ exposure / abandonment
Ⓕ abandon / d'enfant exposition / d'enfant
Ⓘ sospensione / abbandono / esposizione
Ⓢ suspensión / abandono / exposición

유기죄는 보호의무자가 노유·질병·그 밖에 사유로 부조를 요하는 사람을 유기하는 범죄이다. 진정신분범이다. 유기란 보호 없는 상태로 옮기거나 또는 방치하는 것이다. 작위와 부작위 성격을 모두 갖고 있다. 보호법익은 생명·신체 안전이다. 보호정도는 추상적 위험범이다. 길가에 버리거나 또는 방치하면 기수이다. 유기치사죄·유기치상죄가 있다. 부작위 살인죄는 살인 고의가 있는 것이다. 유기치사죄는 유기 고의가 있는 것이다. 기본범죄 고의 여부를 명확하게 구분해야 한다.

· **협박죄**

Ⓗ脅迫罪　　Ⓒ脅迫罪　　Ⓓ Bedrohung　　Ⓔ threat / menace / danger
Ⓕ menace / menace / danger　　Ⓘ minaccia / minaccia / pericolo
Ⓢ amenaza / amenaza / peligro

협박죄는 사람을 협박하는 범죄이다. 협박은 다른 사람에게 해악 고지와 공포심을 야기하는 행위이다. 협의 협박 개념이다. 보호법익은 의사결정 자유이다. 보호정도는 침해범이다. 판례는 위험범으로 본다. 반의사불벌죄이다. 형법은 미수범을 처벌한다. 대법원은 「협박죄 미수범 처벌조항은 해악고지가 현실적으로 상대방에게 도달하지 아니한 경우 또는 도달은 하였으나 상대방이 이를 지각하지 못한 경우 또는 고지된 해악의미를 인식하지 못한 경우에 적용될 뿐이다」고 판시한바 있다(대법원 2007. 9. 28. 선고 2007도606 전원합의체 판결). 특수협박죄가 있다.

· **강간죄**

Ⓗ强姦罪　　Ⓒ强奸罪　　Ⓓ Vergewaltigung / vergewaltigen
Ⓔ rape / ravishment / ravish
Ⓕ viol / ravissement / ravish / violer / commettre un viol
Ⓘ violenza / camale / violentare / usare violenza carnale
Ⓢ violencia / camaleón / violación / uso violación

강간죄는 폭행 또는 협박을 하고, 반항을 곤란하게 한 다음, 사람을 강간하는 범죄이다. 강간은 폭행·협박·간음을 말한다. 결합범이다. 이들 행위들이 연결되어 성적자기결정권을 침해한다. 보호법익은 개인의 성적자기결정 자유이다. 보호정도는 침해범이다. 인과관계와 객관적 귀속이 있어야 기수가 성립한다. 강간죄는 미수범도 처벌한다. 폭행 또는 폭행이 있을 때, 실행착수가 있다. 성폭력특별법은 제3조 특수강도강간죄와 제4조 특수강간죄를 가중하여 처벌한다. 또한 성폭력특별법은 제11조 공중밀집장소추행죄와 제12조 통신매체이용음란죄를 처벌한다. 친고죄가 아니다.

• 명예훼손죄

Ⓗ名譽毀損罪　Ⓒ名譽毀損罪　ⒹEhrverletzung / Ehre
Ⓔdefamation / violation of honour / honor / libel and slander
Ⓕdiffamation　Ⓘdiffamazione　Ⓢdifamación

명예훼손죄는 공연히 사실 또는 허위사실을 적시하여 사람 또는 법인 명예를 훼손하는 범죄이다. 보호법익은 외적 명예이다. 보호정도는 위험범이다. 반의사불벌죄이다. 공연성과 사실적시만 있으면 기수가 성립한다. 공연성이란 불특정 또는 다수인이 인식할 수 있는 상태를 말한다. 행위는 구체적 사실 적시이다. 비평자의 주관적인 의견 강조는 사실 적시에 해당하지 않는다. 형법에 사자명예훼손죄와 출판물명예훼손죄가 있다. 정보통신법 제70조에 사이버 명예훼손죄(친고죄)가 있다. 형법 제310조 위법성조각사유는 제307조 제1항에만 적용된다. 공공성과 진실성이 요건이다.

• 모욕죄

Ⓗ侮辱罪　Ⓒ侮辱罪　ⒹBeschimpfung
Ⓔrevilement / invective / vituperation / abusive language
Ⓕinsulte / injure　Ⓘinsulto / ingiuria　Ⓢinsulto

모욕죄는 사람을 공연히 모욕하는 범죄이다. 모욕은 인격 경멸 의사표시이다. 보호법익은 외적 명예이다. 보호정도는 위험범이다. 모욕죄는 친고죄이다. 고소가 있어야 공소를 제기할 수 있다.

• 업무방해죄

Ⓗ業務妨害罪　Ⓒ業務妨害罪　ⒹBetriebsgefährdung / Betriebsgefahr
Ⓔoperational risk / operational hazard
Ⓕrisque d'exploitation / resultant de l'utilisation d'un véhicule
Ⓘrischio / di esercizio　Ⓢriesgo / ejercicio

업무방해죄는 위계 또는 위력으로써 사람의 업무를 방해한 경우에 성립한다. '위력'이란 사람의 자유의사를 제압·혼란케 할 만한 일체의 세력을 말한다. 업무방해는 결과를 초래할 위험발생이다. 보호법익은 업무이다. 공무는 포함되지 않는다(판례). 보호정도는 위험범이다. 대법원은 「쟁의행위로서 파업도 집단적 노무제공을 중단하는 실력행사이다. 업무방해죄 위력에 해당한다」고 판시한바 있다(대법원 2011. 3. 17. 선고 2007도482 전원합의체 판결).

• 주거침입죄

Ⓗ住居侵入罪　Ⓒ住居侵入罪　ⒹHausfriedensbruch
Ⓔunlawful entry / forcible entry　Ⓕviolation / de domicile
Ⓘviolazione / di domicilio　Ⓢviolación / domicilio

주거침입죄는 사람 주거 또는 관리 장소를 침입하는 범죄이다. 보호법익은 사실상 주거평온이다. 보호정도는 침해범이다. 인과관계와 객관적 귀속을 검토해야 한다. 형법은 미수범을 처벌한다. 부작위 주거침입죄도 가능하다(부진정부작위범). 사후에 알고도 방치하는 경우이다. 퇴거불응죄도 있다(진정부작위범). 퇴거요구를 받은 경우 성립한다. 대법원은 「주거침입죄는 반드시 행위자 신체 전부가 범행 목적인 타인 주거 안으로 들어가야 성립하는 것이 아니다. 신체 일부만 타인 주거 안으로 들어갔더라도, 거주자가 누리는 사실상 주거 평온을 해할 수 있는 정도에 이르렀다면, 범죄구성요건을 충족하는 것이다. 주거침입죄 범의는 신체 일부라도 타인 주거 안으로 들어간다는 인식이 있으면 족하다」고 판시한바 있다(대법원 1995. 9. 15. 선고 94도2561 판결).

- **절도죄**

  ⓗ竊盜罪 ⓒ窃盜罪 ⓓDiebstahl ⓔtheft / larceny / stealing
  ⓕvol / soustraction / frauduleuse ⓘfurto ⓢrobo

  절도죄는 타인 재물을 절취하는 범죄이다. 보호법익은 소유권이다. 보호정도는 침해범이다. 행위객체는 타인 소유·점유 재물이다. 행위는 절취이다. 타인 점유 배제와 새로운 점유 취득을 말한다. 대법원은 「'점유'란 현실적으로 어떠한 재물을 지배하는 순수한 사실상 관계이다. 민법상 점유와 반드시 일치하는 것은 아니다. 현실적 지배도 점유자가 반드시 직접 소지하거나 또는 항상 감수하여야 하는 것은 아니다. 사실상 지배 여부는 재물 크기·형상, 그 개성의 유무, 점유자와 재물과 시간적·장소적 관계 등을 종합하여 사회통념에 비추어 결정되어야 한다」고 판시한바 있다(대법원 2012. 4. 26. 선고 2010도6334 판결). 절도죄는 주관적 구성요건으로 고의와 불법영득의사(不法領得意思·in der Absicht, sich rechtswidrig zuzueinigen)가 있어야 한다. 절도죄는 미수범을 처벌한다. 야간주거침입절도죄와 특수절도죄가 있다. 2인 이상이 합동하여 절취하는 경우, 행위자들이 현장(시간적 장소적 협동)에 있어야 한다. 현장에 없는 사람은 특수절도(합동절도)죄 공동정범이 성립한다. 디지털시대에 맞는 재물개념이 정립되어야 한다.

- **강도죄**

  ⓗ强盜罪 ⓒ强盜罪
  ⓓRaub / Räuber / räuberischer Diebstahl / räuberischer Erpressung / Raubmord
  ⓔrobbery /robber / violent larceny / extortionary robbery / murder and robbery
  ⓕextorsion / par force on violence in contrainte / vol / commis à l'aide de violence au menace de faire usage d'une arme ⓘrapina ⓢrobo

  강도죄는 폭행 또는 협박을 사용하고, 타인의 재물을 강취하거나 또는 재산상 이익을 취득하거나 또는 제3자에게 이를 취득하게 하는 범죄이다. 재산상 이익은 법률적 경제적 재산개념이다. 폭행과 협박은 상대방 의사를 억압하여 반항을 불가능하게 할 정도이다(최협의 폭행·협박개념). 강도죄는 주관적 구성요건으로 고의와 불법영득의사·불법이득의사(不法利得意思)가 있어야 한다. 강도죄는 미수범을 처벌한다. 특수강도죄가 있다. 2인 이상이 합동하여 강취하는 경우, 행위자들이 현장(시간적 장소적 협동)에 있어야 한다. 현장에 없는 사람은 특수강도(합동강도)죄 공동정범이 성립한다. 준강도가 있다. 준강도 미수는 절도미수인 경우이다. 형법은 강도살인죄와 강도치사죄를 처벌한다. 또한 강도예비죄와 강도음모죄도 처벌한다.

- **사기죄**

  ⓗ詐欺 ⓒ詐欺 ⓓBetrug ⓔfraud / cheat / swindle / deceit
  ⓕfraude / triche / escroquerie / tromperie
  ⓘfrode / imbroglione / truffa / inganno ⓢfraude / engaño / estafa

  사기죄는 사람을 속여 착오에 빠지게 하고, 재물·재산이익을 교부 받거나 또는 취득하는 행위이다. 보호법익은 재산권이다. 보호정도는 침해범이다. 판례는 위험범으로 본다. 불법원인급여도 사기죄 객체가 된다. 부작위 사기죄가 가능하다. 사기로 취득한 재물·재산이익 가액이 5억원 이상인 경우 특정경제범죄가중처벌법에 근거하여 가중하여 처벌된다. 대법원은 「[1] 도박이란 2인 이상의 자가 상호간에 재물을 도(賭)하여 우연한 승패에 의하여 그 재물의 득실을 결정하는 것이다. 그러므로 이른바 사기도박과 같이 도박당사자 일방이 사기 수단으로써 승패의 수를 지배하는 경우, 도박에서 우연성이 결여되어 사기죄만 성립한다. 도박죄는 성립하지 아니한다. [2] 사기죄는 편취의 의사로 기망행위를 개시한 때에 실행에 착수한 것으로 보아야 한다. 사기도박도 사기적인 방법으로 도금을 편취하려고 하는 자가 상대방에게 도박에 참가할 것을 권유하는 등 기망행위를 개시한 때에 실행의 착수가 있다」고 판시한바 있다(대법원 2011. 1. 13. 선고 2010도9330 판결 [사기·도박]). 또한 대법원은 「사기죄는 타인을 기망하여 착오에 빠뜨리고 그로 인하여 피기망자(기망행위의 상대방)가 처분행위를 하도록 유발하여 재물 또는 재산상의 이익을 얻음으로써 성립하는 범죄이다. 따라서 사기죄가 성립하려면 행위자의 기망행위, 피기망자의 착오와 그에 따른 처분행위, 그리고 행위자 등의 재물이나 재산상 이익의 취득이 있고, 그 사이에 순차적인 인과관계가 존재하여야 한다. 그리고 사기죄 피해자가 법인·단체인 경우 기망행위로 인한 착오, 인과관계 등이 있었는지는 법인·단체 대표 등 최종 의사결정권자 또는 내부적인 권한 위임 등에 따라 실질적으로 법인의 의사를 결정하고 처분을 할 권한을 가지고 있는 사람을 기준으로 판단하여야 한다. 따라서 피해자 법인·단체 대표자 또는 실질적으로 의사결정을 하는 최종결재권자 등이 기망행위자와 동일인이거나 기망행위자와 공모하는 등 기망행위임을 알고 있었던 경우에는 기망행위로 인한 착오가 있다고 볼 수 없다. 재물 교부 등 처분행위가 있었더라도 기망행위와 인과관계가 있다고 보기 어렵다. 이러한 경우 사안에 따라 업무상횡령죄 또는 업무상배임죄 등이 성립하는 것은 별론으로 하고 사기죄가 성립한다고 볼 수 없다. 반면에 피해자 법인·단체의 업무를 처리하는 실무자인 일반 직원이나 구성원 등이 기망행위임을 알고 있었더라도, 피해자 법인이나 단체 대표자 또는 실질적으로 의사결정을 하는 최종결재권자 등이 기망행위임을 알지 못한 채 착오에 빠져 처분행위에 이른 경우라면, 피해자 법인에 대한 사기죄 성립에 영향이 없다」고 판시한바 있다(대법원 2017. 9. 26. 선고 2017도8449 판결 [특정경제범죄가중처벌 등에 관한 법률 위반(사기)·사문서위조·위조사문서행사]).

• 공갈죄

Ⓗ恐喝罪　ⓒ恐喝罪　ⒹErpressung　Ⓔextortion / blackmail　Ⓕchantage
Ⓘestorsione　Ⓢextorsión

공갈죄는 사람을 공갈하여 재물을 교부 받거나 또는 재산상 불법이익을 취득하거나 또는 타인에게 이를 얻게 하는 범죄이다. 보호법익은 재산권이다. 보호정도는 침해범이다. 상습공갈인 경우 폭력행위처벌법으로 처벌된다. 이득액이 5억원 이상인 경우 특정경제범죄가중처벌법으로 처벌된다. 상습공갈로 가액 합계가 5억원 이상인 경우 특정경제범죄가중처벌법으로 처벌된다. 대법원은 「상습성을 갖춘 자가 여러 개의 죄를 반복하여 저지른 경우에는 각 죄를 별죄로 보아 경합범으로 처단할 것이 아니라, 그 모두를 포괄하여 상습범이라고 하는 하나의 죄로 처단하는 것이 상습범의 본질 또는 상습범 가중처벌규정의 입법취지에 부합한다」고 판시한 바 있다(대법원 2004. 9. 16. 선고 2001도3206 전원합의체 판결)

- **횡령죄**

  Ⓗ橫領罪　Ⓒ橫領罪　ⒹUnterschlagung　Ⓔembezzlement / misappropriation
  Ⓕdétournement　Ⓘappropriazione / indebita　Ⓢelpeculado

  횡령죄는 타인 재물을 보관하는 사람이 재물을 불법으로 가져가거나 또는 반환을 거부하는 범죄이다. 보호법익은 소유권이다. 보호정도는 침해범이다. 판례는 위험범으로 본다. 순수 재물범죄이다. 행위객체는 타인의 재물이다. 불법원인급여는 행위객체가 되지 않는다(확립된 판례 입장). 횡령죄는 미수범을 처벌한다. 대법원은 '보이스피싱 판결'에서 「횡령죄 주체는 타인 재물을 보관하는 자라야 한다. 여기에서 보관이란 위탁관계로 재물을 점유하는 것을 뜻한다. 횡령죄가 성립하기 위하여 재물 보관자와 재물 소유자(또는 그 밖에 본권자) 사이에 위탁관계가 있어야 한다. 이러한 위탁관계는 사실상 관계에 있으면 충분하다. 피고인이 반드시 민사상 계약 당사자일 필요는 없다. 위탁관계는 사용대차·임대차·위임·임치 등 계약으로 발생하는 것이 보통이다. 그러나 사무관리와 같은 법률 규정, 관습이나 조리 또는 신의성실 원칙으로 발생할 수 있다. 횡령죄 본질이 위탁받은 타인 재물을 불법으로 영득하는 데 있음에 비추어 볼 때, 그 위탁관계는 횡령죄로 보호할 만한 가치가 있는 것으로 한정된다. 위탁관계가 있는지 여부는 재물 보관자와 소유자 사이 관계, 재물을 보관하게 된 경위 등에 비추어 볼 때, 보관자에게 재물 보관 상태를 그대로 유지하여야 할 의무를 부과하여 그 보관 상태를 형사법적으로 보호할 필요가 있는지 등을 고려하여 규범적으로 판단하여야 한다」(대법원 2018. 7. 19. 선고 2017도17494 전원합의체 판결 [사기방조·횡령]) 다수의견은 사기피해금을 임의로 인출한 사람에게 사기피해자에 대한 횡령죄 성립을 인정한다.

- **배임죄**

  Ⓗ背任罪　Ⓒ背任罪　ⒹUntreu　Ⓔdisloyalty / breach of trust / unfaithfulness
  Ⓕdéloyauté / abus de confiance / infidélité　Ⓘmalversazione　Ⓢmalversación

  배임죄는 타인 사무를 처리하는 사람이 임무에 위배하여 재산상 이익을 취득하거나 또는 제3자에게 이를 취득하게 하는 범죄이다. 배임죄 본질은 신임관계 침해에 있다(임무위배설). 보호법익은 재산권이다. 보호정도는 침해범이다. 판례도 침해범으로 변경하였다. 배임죄는 손해를 가한 때 기수가 성립한다. 대법원은 「형법 제355조 제2항은 타인의 사무를 처리하는 자가 그 임무에 위배하는 행위로써 재산상 이익을 취득하거나 제3자로 하여금 이를 취득하게 하여 본인에게 손해를 가한 때에 배임죄가 성립한다고 규정하고 있다. 형법 제359조는 그 미수범은 처벌한다고 규정하고 있다. 형법은 타인의 사무를 처리하는 자가 그 임무에 위배하는 행위를 할 것과 그러한 행위로 인해 행위자나 제3자가 재산상 이익을 취득하여 본인에게 손해를 가할 것을 배임죄의 객관적 구성요건으로 정하고 있다. 그러므로 타인 사무를 처리하는 자가 배임의 범의로, 즉 임무에 위배하는 행위를 한다는 점과 이로 인하여 자기 또는 제3자가 이익을 취득하여 본인에게 손해를 가한다는 점에 대한 인식이나 의사를 가지고 임무에 위배한 행위를 개시한 때 배임죄의 실행에 착수한 것이다. 이러한 행위로 인하여 자기 또는 제3자가 이익을 취득하여 본인에게 손해를 가한 때 기수에 이른다」고 판시하고 있다(대법원 2017. 7. 20. 선고 2014도1104 전원합의체 판결 [특정경제범죄가중처벌 등에 관한 법률 위반(배임)]). 업무상 배임죄·배임수재죄·배임증재죄가 있다. 배임수증죄 보호법익은 거래 청렴성이다.

- **장물죄**

  ㉠贓物罪　㊀赃物罪　ⒹHehlerei　Ⓔreceiving / stolen goods / fencing
  Ⓕrecel　Ⓘricettazione　Ⓢrobado / ocultación

  장물죄는 장물을 취득·양도·운반·보관하거나 또는 이를 알선하는 범죄이다. 장물이란 재산범죄로 불법하게 영득한 재물을 말한다. 그 범인을 본범(本犯·Vortat·Vortäter·prior offence)이라 말한다. 보호법익은 재산권이다. 보호정도는 위험범이다. 장물죄 본질은 위법상태 유지설과 상실재물 추구권설(회복권설)이 결합되어 있다. 「장물죄에서 장물은 본범이 절도·강도·사기·공갈·횡령 등 재산죄로 영득한 물건이면 족하다. 그 중 어느 범죄로 영득한 것인지를 구체적으로 명시할 것을 요하지 않는다」(대법원 2000. 3. 24. 선고 판결). 「장물인 현금 또는 수표를 금융기관에 예금의 형태로 보관하였다가 이를 반환받기 위하여 동일한 액수의 현금 또는 수표를 인출한 경우, 예금계약 성질상 그 인출된 현금 또는 수표는 당초의 현금 또는 수표와 물리적인 동일성은 상실되었지만, 액수에 의하여 표시되는 금전적 가치에는 아무런 변동이 없다. 그러므로 장물로서의 성질은 그대로 유지된다. 장물취득죄가 성립한다. 그러나 갑이 권한 없이 인터넷뱅킹으로 타인 예금계좌에서 자신 예금계좌로 돈을 이체한 후 그 중 일부를 인출하여 그 정을 아는 을에게 교부한 경우, 갑이 컴퓨터등사용사기죄로 취득한 예금채권은 재물이 아니라 재산상 이익이다. 그러므로 그가 자신 예금계좌에서 돈을 인출하였더라도 장물을 금융기관에 예치하였다가 인출한 것으로 볼 수 없다. 을의 장물취득죄의 성립을 부정한 사례이다」(대법원 2004. 4. 16. 선고 2004도353 판결).

- **손괴죄**

  ㉠損壞罪　㊀損坏罪　ⒹSachbeschädigung
  Ⓔdamage to property / injury to property
  Ⓕdommages matériel / détériorisation matérielle　Ⓘdanneggiamento
  Ⓢdaño / daños materiales / deterioro material

  손괴죄는 타인 재물·문서·전자기록 등 특수매체기록을 손괴 또는 은닉 또는 그 밖의 방법으로 효용을 해하는 범죄이다. 순수한 재물죄이다. 보호법익은 소유권 이용가치 또는 소유권 기능이다. 보호정도는 침해범이다. 형법은 미수범을 처벌한다. 대법원은 「재물손괴죄는 타인의 재물을 손괴 또는 은닉하거나 기타의 방법으로 그 효용을 해하는 경우에 성립한다. 여기에서 재물의 효용을 해한다고 함은 사실상으로나 감정상으로 그 재물을 본래의 사용목적에 제공할 수 없는 상태로 만드는 것을 말한다. 일시적으로 그 재물을 이용할 수 없는 상태로 만드는 것도 포함된다. 건조물의 외부에 그림을 그리는 행위 등이 그 건조물의 효용을 해하는 것에 해당하는지 여부는, 건조물의 용도와 기능, 그 행위가 건조물에 미치는 영향과 미관을 해치는 정도, 건조물 이용자들이 느끼는 불쾌감이나 저항감, 원상회복의 난이도와 비용, 그 행위의 목적과 시간적 계속성, 행위 당시의 상황 등 제반 사정을 종합하여 사회통념에 따라 판단하여야 한다」(대법원 2007. 6. 28. 선고 2007도2590 판결).

- **방화죄**

  ㉠放火罪·失火罪　㊀放火罪·失火罪
  ⒹBrandstiftung / fahrlässige Brandstiftung

Ⓔarson / incendiarism / intentional fire / negligent・careless・heedless fire
Ⓕincendie volontaire / incendie criminel / incendiaire / feu intentionnel
Ⓘincendio doloso / incendiari / fuoco intenzionale
Ⓢincendie criminel / incendiaire / feu intentionnel

방화죄는 고의 또는 과실로 불을 놓아 현주건조물・공용건조물・일반건조물・일반물건을 소훼하는 범죄이다. 보호법익은 공공위험이다. 보호정도는 추상적 위험범(형법 제164조・제165조・제166조 제1항)과 구체적 위험범(형법 제166조 제2항・제167조)이다. 방화죄 기수시기는 불이 매개물을 떠나 목적물에 독립하여 연소할 수 있는 상태이다(독립연소설). 대법원은 「[1] 형법 제167조 제2항은 방화 객체인 물건이 자기 소유에 속한 때에는 같은 조 제1항보다 감경하여 처벌하는 것으로 규정하고 있다. 방화죄는 공공 안전을 제1차적인 보호법익으로 하지만 제2차적으로 개인의 재산권을 보호하는 것이라고 볼 수 있는 점, 현재 소유자가 없는 물건인 무주물에 방화하는 경우에 타인의 재산권을 침해하지 않는 점은 자기 소유에 속한 물건을 방화하는 경우와 마찬가지인 점, 무주(無主)동산을 소유 의사로 점유하는 경우에 소유권을 취득하는 것에 비추어(민법 제252조) 무주물에 방화하는 행위는 그 무주물을 소유 의사로 점유하는 것이라고 볼 여지가 있는 점 등을 종합하여 보면, 불을 놓아 무주물을 소훼하여 공공 위험을 발생하게 한 경우에는 '무주물'을 '자기 소유 물건'에 준하는 것으로 보아 형법 제167조 제2항을 적용하여 처벌하여야 한다. [2] 노상에서 전봇대 주변에 놓인 재활용품과 쓰레기 등에 불을 놓아 소훼한 사안에서, 그 재활용품과 쓰레기 등은 '무주물'로서 형법 제167조 제2항에 정한 '자기 소유 물건'에 준하는 것으로 보아야 한다. 여기에 불을 붙인 후 불상의 가연물을 집어넣어 그 화염을 키움으로써 전선을 비롯한 주변의 가연물에 손상을 입히거나 바람에 의하여 다른 곳으로 불이 옮아붙을 수 있는 공공의 위험을 발생하게 하였다면, 일반물건방화죄가 성립한다」고 판시한바 있다(대법원 2009. 10. 15. 선고 2009도7421 판결 [폭력행위등 처벌에 관한 법률 위반(집단・흉기 등 협박)・일반자동차방화미수(인정된죄명:일반물건방화)・재물손괴・일반물건방화])

• 문서죄・문서위조죄

Ⓗ文書罪・文書僞造罪   Ⓙ文書罪・文書僞造罪
Ⓓurkundenstraftaten / Urkundenfälschung
Ⓔcertificate offenses / forgery of documents
Ⓕfaux en écriture   Ⓘfalsita in documenti
Ⓢdocumentos falsos / delitos de certificado / falsificación de documentos

문서죄는 행사할 목적으로 문서를 위조・변조하거나 또는 허위문서를 작성하거나 또는 위조・변조・허위작성된 문서를 행사하거나 또는 문서를 부정행사하는 범죄이다. 보호법익은 문서거래안전과 신용이다. 보호정도는 추상적 위험범이다. 대법원은 「[1] 형법 제237조의2에 따라 전자복사기, 모사전송기 기타 이와 유사한 기기를 사용하여 복사한 문서 사본도 문서원본과 동일한 의미를 가지는 문서로서 이를 다시 복사한 문서 재사본도 문서위조죄 및 동 행사죄의 객체인 문서에 해당한다 할 것이다. 진정한 문서 사본을 전자복사기를 이용하여 복사하면서 일부 조작을 가하여 그 사본 내용과 전혀 다르게 만드는 행위는 공공의 신용을 해할 우려가 있는 별개의 문서사본을 창출하는 행위로서 문서위조행위에 해당한다. [2] 타인 주민등록증사본 사진란에 피고인 사진을 붙여 복사하여 행사한 행위가 공문서위조죄 및 동행사죄에 해당한다」고 판시한바 있다(대법원 2000. 9. 5. 선고 판결 [공문서위조·위조공문서행사·공문서부정행사·사기·사문서위조·위조사문서행사]).

• 뇌물죄

ⓗ賂物罪　ⓒ賂物罪　ⒹBestechungsdelikt
ⒺCrime of corruption / bribing / graft
Ⓕcrime de corruption / corruption　Ⓘcrimine di corruzione / corruzione
Ⓢdelito de corrupción / soborno / injerto

뇌물죄는 공무원 또는 중재인이 직무행위에 대한 대가로 법이 인정하지 않는 이익을 취득하는 범죄이다. 보호법익은 국가기능 공정성이다. 뇌물죄 본질은 직무행위 불가매수성과 공무원 직무 순수성이다. 대법원은 「뇌물죄는 직무집행 공정과 이에 대한 사회 신뢰에 기초하여 직무행위 불가매수성을 보호법익으로 하고 있다. 직무에 관한 청탁이나 부정한 행위를 필요로 하지 않는다. 그러므로 뇌물성을 인정하는 데 특별히 의무위반 행위나 청탁의 유무 등을 고려할 필요가 없다. 금품수수 시기와 직무집행 행위의 전후를 가릴 필요도 없다. 뇌물죄에서 말하는 '직무'에는 법령에 정하여진 직무뿐만 아니라 그와 관련 있는 직무, 관례상이나 사실상 소관하는 직무행위, 결정권자를 보좌하거나 영향을 줄 수 있는 직무행위, 과거에 담당하였거나 장래에 담당할 직무 외에 사무분장에 따라 현실적으로 담당하고 있지 않아도 법령상 일반적인 직무권한에 속하는 직무 등 공무원이 그 직위에 따라 담당할 일체의 직무를 포함한다」고 판시한 바 있다(대법원 2017. 12. 22. 선고 2017도12346 판결 [특정범죄가중처벌 등에 관한 법률 위반(뇌물)·제3자뇌물수수·위계공무집행방해·금융실명거래 및 비밀보장에 관한 법률 위반·뇌물공여]).

• 위증죄

ⓗ僞證罪　ⓒ僞証罪　ⒹMeineid　Ⓔperjury / false oath
Ⓕparjure / faux serment　Ⓘspergiuro / falso giuramento
Ⓢperjurio / falso juramento

위증죄는 법률로 선서한 증인이 기억에 반하는 허위진술을 하거나 또는 법률로 선서한 감정인·통역인·번역인이 허위 감정·통역·번역하는 범죄이다. 보호법익은 국가사법 기능이다. 보호정도는 추상적 위험범이다. 단순위증죄와 모해위증죄가 있다. 대법원은 「위증죄에서 '법률에 의하여 선서한 증인'이라 함은 '법률에 근거하여 법률이 정한 절차에 따라 유효한 선서를 한 증인'이라는 의미이고, 그 증인신문은 법률이 정한 절차 조항을 준수하여 적법하게 이루어진 경우여야 한다」고 판시한바 있다(대법원 2010. 1. 21. 선고 2008도942 전원합의체 판결 [위증]).

• 증거인멸죄

ⓗ證據湮滅罪　ⓒ証拠湮滅罪　ⒹBegünstigung
Ⓔpreferential treatment / abetting / convinnance
Ⓕfavoriser / traitement préférentiel　Ⓘfavoreggiamento
Ⓢfavoreciendo / instigación / favoriser

증거인멸죄는 형사사건·징계사건에 관한 증거를 인멸·은닉·위조·변조하거나 또는 위조·변조한 증거를 사용하는 범죄이다. 또한 형사사건·징계사건에 관한 증인을 은닉·도피시키는 행위이다. 보호법익은 사법작용에 대한 국가기능보호이다. 보호정도는 추상적 위험범이다. 증거는 타인의 형사사건 또는 징계사건 관련 증거이다. 자기증거인멸은 구성요건해당성이 없다. 독일 형법 제257조 제3항은 공범자의 증거인멸행위는 처벌하지 않는다. 대법원은 「형법 제155조 제1항 증거인멸죄는 국가형벌권 행사를 저해하는 일체 행위를 처벌의 대상으로 하고 있다. 그러나 범인 자신이 한 증거인멸의 행위는 피고인의 형사소송에서 방어권을 인정하는 취지와 상충한다. 그러므로 처벌의 대상이 되지 아니한다. 그러나 타인이 타인의 형사사건에 관한 증거를 그 이익을 위하여 인멸하는 행위를 하면, 형법 제155조 제1항 증거인멸죄가 성립된다. 그러므로 자기 형사사건에 관한 증거를 인멸하기 위하여 타인을 교사하여 죄를 범하게 한 자에 대하여도 교사범의 죄책을 부담케 함이 상당할 것이다」고 판시한 바 있다(대법원 1965. 12. 10. 선고 65도826 전원합의체 판결).

• 무고죄

Ⓗ誣告罪 Ⓒ誣告罪 Ⓓfalsche Verdächtigung
Ⓔfalse suspecting / false casting suspicion
Ⓕsuspicion / faux soupçons / faux soupçons de casting
Ⓘfalso sospetto Ⓢfalsa sospecha

무고죄는 타인에게 형사처분 또는 징계처분을 받게 할 목적으로 공공기관 또는 공무원에게 객관적 허위사실을 신고하는 범죄이다. 보호법익은 국가심판기능이다. 보호정도는 추상적 위험범이다. 대법원은 「[1] 무고죄는 타인으로 하여금 형사처분 또는 징계처분을 받게 할 목적으로 공무소 또는 공무원에 대하여 허위의 사실을 신고하는 때에 성립한다. 무고죄에서 형사처분 또는 징계처분을 받게 할 목적은 허위신고를 함에 있어서 다른 사람이 그로 인하여 형사 또는 징계처분을 받게 될 것이라는 인식이 있으면 족하다. 그 결과발생을 희망하는 것까지를 요하는 것은 아니므로, 고소인이 고소장을 수사기관에 제출한 이상 그러한 인식은 있었다고 보아야 한다. [2] 피고인이 수사기관에 '갑이 민사사건 재판과정에서 위조된 확인서를 제출하였으니 처벌하여 달라'는 내용으로 허위 사실이 기재된 고소장을 제출하면서 '갑이 위조된 합의서도 제출하였다'는 취지로 기재하였으나, 고소보충 진술 시 확인서가 위조되었다는 점에 관하여만 진술한 사안에서, 피고인이 제출한 고소장에 '합의서도 도장을 찍은 바가 없으므로 위조 및 행사 여부를 가려주시기 바랍니다'라고 기재한 내용이 허위의 사실이라면 이 부분에 대해서도 '허위 사실을 신고한 것'으로 보아야 한다」고 판시한바 있다(대법원 2014. 3. 13. 선고 2012도2468 판결 [무고]).

• 부록 참고문헌

Köbler, Gerhard / Schusterschitz, Mag. Gregor, Rechtsenglisch, Deutsch-englisches und englisch-deutsches Rechtswörterbuch für jedermann, Verlag Franz Vahlen München, 1996.

Köbler, Gerhard / Winkler Peter, Rechtsfranzösisch, Deutsch-französisches und französisch-deutsches Rechtswörterbuch für jedermann, Verlag Franz Vahlen München, 1996.

Köbler, Gerhard / Neulichedl, Esther / Hohenauer, Monika, Rechtsintalienisch, Deutsch-italienisches und italienisch-deutsches Rechtswörterbuch für jedermann, Verlag Franz Vahlen München, 1996.

Badura, Peter / Deutsch, Erwin / Roxin, Claus, FISCHER LEXIKON RECHT, Fischer Taschenbuch Verlag, Frankfurt am Main, 1987.

Creifelds, Carl(Herausgeber) / Weber, Klaus(Herausgeber, Bearbeitung) / Cassardt, Gunnar(Bearbeitung) / Dankelmann, Helmut(Bearbeitung) / Hakenberg, Michael (Bearbeitung) / Kainz, Martin(Bearbeitung) / König, Christiane(Bearbeitung) / Kortstock, Ulf(Bearbeitung) / Weidenkaff, Walter(Bearbeitung), Rechtswörterbuch, 22. Auflage, C.H. Beck München 2016.

Götze, Bernd, Deutsch-Japanisches Rechtswörterbuch, 独和法律用語辭典, 成文堂, 1997.

Küper, Wilfried, Strafrecht Besonderer Teil. Definitionen mit Erläuterungen. C.F. Müller Heidelberg, 1997.

Wessels, Johannes / Beulke, Werner/Satzger, Helmut, Strafrecht Allgemeiner Teil. Die Straftat und ihr Aufbau. 48., neu bearbeitete Auflage, C.F. Müller Heidelberg, 2018. Mit ebook: Lehrbuch, Entscheidungen, Gesetzestexte (허일태, 독일형법총론, 제20판, 법문사, 1991; 제27판, 세종출판사, 1998).

Wessels, Johannes / Hettinger, Michael / Engländer, Armin, Strafrecht Besonderer Teil/1. Straftaten gegen Persönlichkeits- und Gemeinschaftswerte. 42., neu bearbeitete Auflage 2018. Mit ebook: Lehrbuch, Entscheidungen, Gesetzestexte.

Wessels, Johannes / Hillenkamp, Thomas / Schuhr, Jan C., Strafrecht Besonderer Teil/2, Straftaten gegen Vermögenswerte. 41., neu bearbeitete Auflage, C.F. Müller Heidelberg, 2018. Mit ebook: Lehrbuch, Entscheidungen, Gesetzestexte.

형법 법률용어

- 형법 법률용어를 형법 교과서 순서로 분류하였다.
- 형법 법률용어는 형법전·판결문·교과서에 자주 나오는 용어이다.
- 형법 법률용어에 익숙하면 『낭독 형법 판례』를 쉽게 읽을 수 있다.
- 형법 법률용어를 한 자 한 자 또박또박 소리 내면서 정확하게 읽으면 옥음이 된다.
- 형법 법률용어를 매일 10분 소리씩 내면서 읽으면 형법 강의를 명확하게 들을 수 있다.
- 형법 일부개정 2023. 8. 8. [법률 제19582호, 시행 2023. 8. 8.] 법무부

죄형법정주의
법률주의
신법 우선주의
명확성원칙
소급효금지원칙
유추금지원칙

속인주의
속지주의
보호주의
세계주의

보호법익
보호정도

구성요건
행위주체
행위객체
행위
결과
인과관계와 객관적 귀속
범의
착오

범죄 종류
침해범
위험범
추상적 위험범
구체적 위험범
결과범
거동범
경향범
목적범
계속범
대향범
미신범
자수범
상습범
영업범
집합범
신분범
진정신분범
한시범
행위반가치
결과반가치

해석
논리해석
문리해석

목적해석
체계해석
유추

**범죄체계·
형법도그마틱·
신고전적 범죄체계론**
범죄성립요건
인과적 행위론
목적적 행위론
사회적 행위론
인격적 행위론

법인
법인 범죄능력
법인 형사책임

책임
책임 본질
책임 근거
책임조각사유
형사미성년자
심신장애인
심신상실

심신미약
청각 및 언어 장애인
강요된 행위
기대가능성
원인에 있어서 자유로운 행
    위(원자행)·책임을 스스로
    야기한 행위(책스야)
법률부지

고의
미필 고의
용인설
개괄 고의

과실
주의의무
예견의무
회피의무

착오
사실 착오
구성요건 착오
객체 착오
방법 착오
타격 착오
인과과정 착오
구성요건 부합설
법정적 부합설
구체적 부합설
법률 착오
금지 착오
포섭 착오
위법성 착오
법률 부지

인과관계
독립행위경합
동시범

위법성조각사유 전제사실
    착오

제한 책임설
법효과 제한 책임설

결과가중범

부작위범
진정부작위범
부진정부작위범
보증인 지위
보증인 의무

위법성조각사유
정당행위
사회상규
설명의무
정당방위
과잉방위
긴급피난
자구행위
피해자승낙
의무충돌
상당성

미수범
중지미수범
자의성
불능범
불능미수범
장애미수범
실행착수
음모
예비
예비 방조
예비 공동정범
예비 중지

정범과 공범
단독정범
공동정범
행위지배·기능적 행위지배
공동가공의사

공모공동정범
행위공동설
직접정범
간접정범
의사지배
공범
공범종속성
제한적 공범종속설

종범
방조범
교사범
기도된 교사
실패한 교사
공범과 신분
편면적 교사범
편면적 방조범
특수교사
특수방조

누범

죄수론
경합범
상상 경합
실체 경합

포괄일죄
연속범
결합범
상습범
집합범

법조경합
특별관계
보충관계
흡수관계
불가벌적 사전행위
불가벌적 사후행위
불가벌적 수반행위
택일관계

연결 효과

형(刑) 종류
징역
금고
형 선고
자격상실
자격정지
벌금
구류
과료
몰수
추징

형(刑) 양정
양형
자수
자복
작량감경
선택형
법률감경
가중감경
친족상도
판결공시

형(刑) 유예
선고유예
집행유예

보호관찰
사회내처우
사회봉사명령
수강명령

형(刑) 집행
사형
징역
금고
구류
벌금
과료

노역장유치

가석방

형(刑) 시효
시효효과
시효기간
시효정지
시효중단

형(刑) 소멸
형 실효
복권
기간
석방일

사면
일반사면
특별사면

국가법익
내란죄
외환죄
여적죄
간첩죄
국기죄
국교죄
공안죄

범죄단체조직죄
소요죄
다중불해산죄
전시공수계약불이행죄
공무원자격사칭죄

폭발물죄

공무원직무죄
직무유기죄
직권남용죄
불법체포죄

불법감금죄
불법폭행죄
가혹행위죄
피의사실공표죄
공무비밀누설죄
선거방해죄

뇌물죄
수뢰죄
사전수뢰죄
제삼자뇌물제공죄
수뢰후부정처사죄
사후수뢰죄
알선수뢰죄
뇌물공여죄

공무집행방해죄
위계공무집행방해죄
법정모욕죄
국회회의장모욕죄
인권용호직무방해죄
공무상비밀표시무효죄
부동산강제집행효용침해죄
공용서류무효죄
공용물파괴죄
공무보관물무효죄
특수공무방해죄

도주죄
범인은닉죄
집합명령위반죄
특수도주죄
도주원조죄

위증죄
증거인멸죄
모해위증죄
허위감정죄
허위통역죄
허위번역죄

무고죄

장례식방해죄
사체오욕죄
분묘발굴죄
사체영득죄
변사체검시방해죄

방화죄
실화죄
현주건조물방화죄
공용건조물방화죄
일반건조물방화죄
일반물건방화죄
연소죄
진화방해죄
업무상실화죄
중실화
폭발성물건파열죄
가스·전기공급방해죄
과실폭발성물건파열죄

일수죄와 수리죄
현주건조물일수죄
공용건조물일수죄
일반건조물일수죄
과실일수죄
수리방해

교통방해죄
일반교통방해죄
기차교통방해죄
선박교통방해죄
기차전복죄
교통방해치사상죄
도로교통법

음용수죄
음용수사용방해죄
수도음용수사용방해죄
음용수혼독치사상죄

수도불통죄

아편죄
아편제조죄
아편흡식기제조죄
세관공무원아편수입죄
아편흡식죄

통화죄
통화위조죄
위조통화취득죄
통화유사물제조죄

유가증권위조죄
유가증권작성죄
허위유가증권작성죄
위조유가증권행사죄
인지위조죄
우표위조죄
위조인지취득죄
위조우표취득죄

문서죄
공문서위조죄
공문서변조죄
공문서작성죄
허위공문서작성죄
공전자기록위작죄
공전자기록변작죄
공정증서원본불실기재죄
위조공문서행사죄
공문서부정행사죄
사문서위조죄
사문서변조죄
사문서작성죄
사전자기록위작죄
사문서기록변작죄
허위진단서작성죄
위조사문서행사죄
사문서부정행사죄
복사문서

인장죄
공인위조죄
공인부정사용죄
사인위조죄
사인부정사용죄

성풍속죄
음행매개죄
음화반포죄
음화제조죄
공연음란죄

도박죄
복표죄
상습도박죄
도박장소개설죄
복표발매조죄

살인죄
존속살해죄
영아살해죄
촉탁살인죄
승낙살인죄
위계촉탁살인죄

상해죄
존속상해죄
중상해죄
존속중상해
특수상해죄
상해치사죄
동시범 특례

폭행죄
존속폭행죄
특수폭행죄
폭행치사상죄

과실치상죄
과실치사

업무상과실치상죄
중과실치사상죄

낙태죄
의사낙태죄
부동의낙태죄

유기죄
존속유기죄
영아유기죄

학대죄
존속학대죄
아동혹사죄
유기치사상죄

체포죄
감금죄
존속체포죄
존속감금죄
중체포죄
중감금죄
존속중체포죄
존속중감금죄
특수체포죄
특수감금죄
체포치사상죄
감금치사상죄

협박죄
존속협박죄
특수협박죄

미성년자약취죄
미성년자유인죄
추행목적약취죄
추행목적유인죄
인신매매죄
약취, 유인, 매매, 이송 등
  상해·치상죄
약취, 유인, 매매, 이송 등

살인·치사죄
약취, 유인, 매매, 이송된 사
  람 수수·은닉죄
세계주의

강간죄
유사강간죄
강제추행죄
준강간죄
준강제추행죄
강간상해죄
강간치상죄
강간살인죄
강간치사죄
미성년자간음죄
업무상위력간음죄
미성년자간음죄
미상년자추행죄

명예훼손죄
사자명예훼손죄
출판물명예훼손죄

모욕죄

업무방해죄
신용훼손죄
경매방해죄
입찰방해죄

비밀침해죄
업무상비밀누설죄

주거침입죄
퇴거불응죄
특수주거침입죄
주거수색죄
신체수색죄

권리행사방해죄

강요죄
인질강요죄
인질상해죄
인질치상죄
인질살해죄
인질치사죄
점유강취죄
준점유강취죄
중권리행사방해죄
강제집행면탈죄

절도죄
야간주거침입절도죄
특수절도죄
합동절도죄
합동
현장설
위험한 물건
흉기 휴대
자동차불법사용죄
책략절도
친족상도례

강도죄
특수강도죄
준강도죄
인질강도죄
강도상해죄
강도치상죄
강도살인죄
강도치사죄
강도강간죄
해상강도죄

사기죄
소송사기
보이스피싱사기
컴퓨터사용사기죄
준사기
편의시설부정이용죄
부당이득죄

공갈죄
특수공갈죄

횡령죄
타인 재물
보관자
부동산 이중매매
업무상횡령죄

배임죄
타인 업무
처리자

타인 재산이익
손해
업무상배임죄
배임수중재죄
부정한 청탁
점유이탈물횡령죄

장물죄
장물
본범
장물보관죄
장물취득죄
장물운반죄

장물양도죄
장물알선죄
업무상과실장물죄
중과실장물죄

손괴죄
재물손괴죄
공익건조물파괴죄
중손괴죄
특수손괴죄
경계침범죄

참고문헌

김성돈, 형법각론, 제8판, 성균관대학교출판부, 2022.

김성돈, 형법총론, 제8판, 성균관대학교출판부, 2022.

김성천, 형법각론, 제7판, 소진, 2021.

김성천, 형법총론, 제10판, 소진, 2023.

김신규, 형법각론, 박영사, 2021.

김신규, 형법총론, 박영사, 2023.

김일수·서보학, 새로 쓴 형법각론, 제9판, 박영사, 2018.

김일수·서보학, 새로 쓴 형법총론, 제13판, 박영사, 2018.

김태명, 형법사례해설, 제2판, 정독, 2023.

김혜정·박미숙·안경옥·원혜욱·이인영, 형법각론, 제3판, 정독, 2023.

김혜정·박미숙·안경옥·원혜욱·이인영, 형법총론, 제5판, 정독, 2024.

배종대, 형법각론, 제14판, 홍문사, 2023.

배종대, 형법총론, 제17판, 홍문사, 2023.

신동운, 형법각론, 제3판, 법문사, 2023.

신동운, 형법총론, 제15판, 법문사, 2023.

신호진, 형법각론, 렉스스터디, 2024.

신호진, 형법총론, 렉스스터디, 2024.

오영근, 형법각론, 제8판, 박영사, 2023.

오영근·노수환, 형법총론, 제7판, 박영사, 2024.

원형식, 형법총론 판례중심, 개정판, 동방문화사, 2024.

이인규·정현석, 형법각론강의, 학연, 2024.

이인규·정현석, 형법총론강의, 학연, 2024.

이재상·장영민·강동범, 형법각론, 제13판, 박영사, 2023.

이재상·장영민·강동범, 형법총론, 제11판, 박영사, 2022.

이정원·이석배·정배근, 형법각론, 박영사, 2023.

이정원·이석배·정배근, 형법총론, 박영사, 2023.

이주원, 형법총론, 제3판, 박영사, 2024.

이형국·김혜경, 형법각론, 제3판, 법문사, 2023.

이형국·김혜경, 형법총론, 제7판, 법문사, 2023.

임 웅·김성규·박성민, 형법총론, 제14판, 법문사, 2024.

임 웅·이현정·박성민, 형법각론, 제14판, 법문사, 2024.

조균석·이상원·김성돈·강수진·김현석·김윤섭·최근영·김지언, 형법주해, 박영사, 2023.

최호진, 형법각론, 박영사, 2022.

최호진, 형법총론, 제2판, 박영사, 2024.

하태영, 형법조문강화, 법문사, 2019.

한국형사법학회, 죄형법정원칙과 법원 1, 박영사, 2023.

저자소개

1962년 부산에서 태어났다. 독일 유학 후 27년 동안 대학・대학원에서 형법・형사소송법・특별형법・생명윤리와 의료형법을 강의하고 있다. 1996년 9월 3일 《피고인에게 불리한 판례변경과 적극적 일반예방》으로 독일 할레대학교(Halle Universität) 법과대학에서 법학박사학위(Dr. jur)를 받았고, 1997년 3월 경남대 법대에서 교수 생활을 시작했다.

국외・국내 대표 저서는 《Belastende Rechtsprechungsänderungen und die positive Generalprävention》(Carl Heymanns Verlag KG, 2000), 《독일통일 현장 12년》(경남대학교출판부, 2004), 《형사철학과 형사정책》(법문사, 2007), 《형법각칙 개정 연구 – 환경범죄》(형사정책연구원, 2008), 《하마의 下品 1・2》(법문사, 2009・2016), 《의료법》(행인출판사, 2021), 《생명윤리법》(행인출판사, 2018), 《공수처법》(행인출판사, 2021), 《사회상규》(법문사, 2018), 《형법조문강화》(법문사, 2019), 《형사법종합연습 변시기출문제분석・형사법사례연습 변시기출문제분석》(법문사, 2023), 《죄형법정원칙과 법원 1》(공저, 박영사, 2023)이 있다. 특히 《형사철학과 형사정책》은 2008년 문화체육관광부 우수학술 도서로 선정되었다. 2014년 한국비교형사법학회 학술상을 수상하였다. 논문제목은 《해적재판 국제비교》이다.

2006년 3월 제1학기부터 현재 모교인 동아대학교 법학전문대학원(로스쿨)교수로 근무하고 있으며, 국회 제11기 입법지원위원・법무부 인권강사로 활동하고 있다. 한국비교형사법학회 회장・영남형사판례연구회 회장・법무부 형사소송법개정 특별분과위원회 위원・남북법령연구특별분과위원회위원으로 활동하였으며, 법무부 변호사시험 문제은행 출제위원・행정고시출제위원・채점위원(형법)・입법고시 출제위원・채점위원(형사소송법)・5급 승진시험 출제위원・7급 국가시험 출제위원・형사법연구 편집위원・형사법신동향 편집위원을 역임하였다.

약한 자에게 용기와 희망을 주는 세상보기로 사회와 소통하고 있다. 국제신문・경남도민일보 칼럼진으로 활동하였다. 2019년 1월부터 2020년 12월까지 국제신문 《생활과 법률》칼럼을 썼다. 시사칼럼 180여 편이 있다. 《밤이 깔렸다》로 2022년 제8회 이병주국제문학상 연구상을 수상하였다.